论法的精神

The Spirit of Laws

[法] 孟德斯鸠/著
于华忠/编译　郭烁/审定

全新插图
普及本

中国工人出版社

图书在版编目（CIP）数据

论法的精神 /（法）孟德斯鸠著；于华忠编译. —北京：中国工人出版社，2016.9
ISBN 978-7-5008-6532-2

Ⅰ.①论… Ⅱ.①孟… ②于… Ⅲ.①政治学 ②国家和法的理论 Ⅳ.①D0 ②D90

中国版本图书馆CIP数据核字（2016）第213591号

论法的精神

出 版 人 芮宗金
责任编辑 傅 娉
责任校对 董春娜
责任印制 黄 丽
出版发行 中国工人出版社
地　　址 北京市东城区鼓楼外大街45号 邮编：100120
网　　址 http://www.wp-china.com
电　　话 （010）62350006（总编室） （010）62005039（出版物流部）
（010）62379038（社科文艺分社）
发行热线 （010）62005049 （010）62005042（传真）
经　　销 各地书店
印　　刷 北京市密东印刷有限公司
开　　本 710毫米×1000毫米 1/16
印　　张 18.5
字　　数 290千字
版　　次 2016年10月第1版 2018年11月第3次印刷
定　　价 38.00元

推荐序

18 世纪的欧洲大陆，随着宗教改革运动、殖民地扩张的“狂飙突进”，随着象征着主权划分的三十年战争的“尘埃落定”，战争、政治、经济背后的思想革命也正以令人惊诧的速度发展着。从洛克到休谟，从莱布尼茨到贝克莱，还有卢梭、伏尔泰、狄德罗，一个又一个天才思想家的出现改变了人类对世界万物的认识，现代性思维由此诞生并影响了后世以及我们所有人。那是又一个“人类群星闪耀时”。

在这群恒星般的天才中，孟德斯鸠毫无疑问是无比夺目的那一颗。

孟德斯鸠（1689—1755）是法国启蒙思想家、社会学家，是西方国家学说和法学理论的奠基人。和与他同时期的诸多大家一样，孟德斯鸠是一位“百科全书式”的思想巨人。他出生于法国西南部波尔多附近的一个贵族家庭，在 19 岁那年他取得了法学学士并开始担任律师，后接替伯父出任波尔多高级法院的院长。在他成长以及出任法院院长期间，正是路易十四权力膨胀、大权独揽的年头，孟德斯鸠亲眼目睹了任意而绝对权力造成的影响，当时社会对“人”的不宽容以及政治结构、社会观念的不合理。到了 1721 年，孟德斯鸠匿名出版了《波斯人信札》，这本书借用异邦人的口吻讽刺和揭露了法国封建王朝的罪恶，勾勒出了一整套法国上流社会荒淫无道的图景。

1748 年，孟德斯鸠最重要的也是影响最大的著作《论法的精神》发表（彼时中国处于清乾隆时期）。这是一部综合性的政治学著作。这部书受到极大的欢迎，两年中就再版22次。本书所倡导之法制、政治自由以及权力分立理论成为了资产阶级革命与建设的重要思想基础，也成为了资产阶级国家构建民主制度与政治体制的组织原则。《论法的精神》这本书无论在思想史，还是在法哲学、社会学、政治学等领域中都发挥过、正在发挥着深远影响，也是现代性思维建立的重要著述之一，对于读者了解孟德斯鸠的思想具有重要意义。

一般认为，孟德斯鸠的思想包括相对主义的哲学思想、三权分立的政治建构理论、自然法学法制思想等几大部分，而这本《论法的精神》即是孟德斯鸠思想的集中体现。在本书中，孟德斯鸠主张社会演变论、相对理性论、三权分立论、刑罚合理论等，这些理论涉及人类社会的各种基本问题，孟德斯鸠对这些基础问题的探讨，既是对前人研究的整理发展，也为人类社会与思想的发展指明了一条进步的方向。

尤其重要的是，其书虽然已出版两百多年，其中诸多论述已成全人类普遍认知的经典，但迄今看来，仍有诸多现实意义。该书最为显著的成就即在于创立了“三权分立”的政治权力划分模型，后世之民主国家无不奉其为圭臬。孟德斯鸠认为，人民应享有宗教和政治自由，国家应当妥善地决定法的精神和法的内容，为达成上述目的、保证法治，就必须对权力加以限制。那么如何才能限制权力呢？孟德斯鸠提出了三权分立理论，即他把国家权力划分为立法权、行政权与司法权。立法权负责宪法和法律的制定和修改，它隶属于立法机关；行政权负责执行法律和按照法律管理国家，它隶属于行政机关；司法权是根据法律进行审判，它隶属于司法机关。他认为这三种权力必须分开行使，否则的话，两种或三种权力集中在同一个人或同一个机构手中，自由便不复存在了。这对于1787年《美国联邦宪法》、1791年《法国宪法》等均产生了直接影响。

另外可以提请读者朋友们注意的是，孟德斯鸠作为欧洲启蒙运动的代表之一，比较早地研究了东方社会的代表，即中国的社会与文化，这对后世西方对于中国的看法影响颇深。比如他将中国定义为一个恐怖的专制国家，在这种国家毫无“荣誉”可言，含义不明的“大逆罪”以及“父子连坐”就是典型例子；

再比如他非常情绪化地提到中国人虽然以“礼”治国，但同时又善于、乐意骗人，买卖中充满欺诈，买卖中的称都会准备三种，即买进用的、卖出用的以及标准称。

作为一个两百多年前从没有到过中国的异乡人，可以说孟德斯鸠的著作中对于东方的观察充满真知灼见的同时，又有诸多不合实际之处，这需要读者自行评断，但这丝毫不会影响这本书的经典与伟大。

郭 烁

2016年9月

编译者序

《论法的精神》是18世纪上半叶杰出的启蒙思想家、近代资产阶级政治与法理学思想体系的主要奠基人、近代历史学派的创始人之一孟德斯鸠（C.L.Montesquieu,1689—1755）的最主要著作，被称为“是亚里士多德以后第一本综合性的政治学著作；是到他的时代为止的最进步的政治理论书”。

18世纪上半叶社会正值启蒙运动之时，时代面临着“推翻一个世界”和“重建一个世界”的任务。孟德斯鸠从更广阔的史学资料中得到启示——“自由就是做法律许可的一切事情的权利”。他认为法律应同政体、地理环境、风俗习惯、宗教信仰、人口、商业等各方面因素有关，简言之，法律符合人类理性的必然性和规律性，这就是“法的精神”所在。

孟德斯鸠的可贵之处就在于他的全部理论都是建立在对当时世界各国古今政治社会与法律制度的实践分析基础之上。他从社会—历史—文化以及人们的生存环境中各个因素相互关联影响的动态关系中把握法律发展变化的规律。这种方法开创了法学政治学研究新篇章。

孟德斯鸠所倡导的法制、政治自由及三权分立理论是对神学和封建专制的有力抨击，也成为此后资产阶级大革命的政治纲领。特别是孟德斯鸠第一次正式提出的分权与制衡理论对近代以来的资产阶级政治实践和政治思想产生了直接而深远的影响。

将这样一部宏伟巨著重新编译，我们的初衷是在尊重原著的基础上变繁为简，将篇幅过长艰涩难懂的部分进行通俗化编译，从而使读者更加轻松地阅读，领略大师的哲思历程。

于华忠

2016年9月

目　录

全书导读……001

第一章　法律与政体

第一节　一般的法……003
法与万物的关系……003
自然法……004
人定法……005
第二节　源自政体性质的法……006
三种政体的性质……006
与三种政体相关的法律……007
第三节　各种政体的原则……008
政体性质与政体原则的区别……008
民主政体的原则……009
贵族政体的原则……010
君主政体的原则……010
专制政体的原则……011

第四节　教育法应与政体原则相适应 ……013
教育法……013
君主政体的教育……013
专制政体的教育……014
共和政体的教育……014
第五节　立法应和政体原则相适应 ……015
品德在政治国家中的意义……015
民主政治下，对共和国的爱意味着什么……015
怎样激励对平等和简朴的热爱……016
在民主政治下法律如何建立平等，培养简朴精神……016
维护民主原则的其他方法……017
法律应如何适应贵族政体的原则……018
法律应如何适应君主政体的原则……019
法律应如何适应专制政体的原则……020
三种政体原则的新推论……022
第六节　各种政体原则与民法、刑法的繁简及判决形式、处罚方式等之间的关系 ……024
各种政体下的民法、刑法的繁简……024
各种政体下的诉讼方法……026
各种政体下刑罚的轻重……026
日本法律的脆弱……028
罪与罚之间的恰当比例……028
拷问、罚金与酷刑……029
君主的仁慈……029
第七节　政体原则与节俭法律、奢侈以及妇女身份的关系 ……030
奢侈……030
中国的奢侈……031
中国因奢侈而产生的必然结果……031
民主政体下的节俭法律……032

贵族政体下的节俭法律……033
君主政体下的节俭法律……033
妇女的贞操以及妇女不贞的惩罚……034
妇女的身份地位及妇女的执政……034
第八节 三种政体原则的腐化……035
民主政体原则的腐化……035
贵族政体原则的腐化……037
君主政体原则的腐化……037
专制政体原则的腐化……038
民主政体的特殊性质……038
君主政体的特殊性质……039
专制政体的显著性质……039
中华帝国……040

第二章 法律与攻防力量、政治自由、赋税的关系

第一节 法律与防御力量的关系……045
共和国的安全谋略……045
联邦应由相同性质的国家尤其应由共和国组成……046
专制国家的安全谋略……047
君主国家的安全谋略……047
普通国家的防御力量……047
相对国力与邻邦的软弱……048
第二节 法律与攻击力量的关系……049
攻击力量与战争……049
征服的权利……050
被征服民族获得的某些利益……051
共和国所进行的征服……052
君主国所进行的征服……053

实行征服的专制主义国家……054
第三节　规定政治自由的法律与政治制度的关系……055
民主与自由的含义……055
保证自由实现的政治制度……056
我们熟悉的君主国……063
亚里士多德及其他政治家的想法……063
第四节　规定政治自由的法律与公民的关系……064
公民自由……065
依照犯罪的性质和轻重定罪有利于自由……065
有些控告尤其需要克制和审慎……067
性反常罪……068
亵渎君主罪……068
渎神罪和亵渎君主罪的滥用……069
思想罪……070
语言罪……070
文字罪……071
惩罚不当时对廉耻的破坏……072
诬告与揭发……072
共和国中的法律……073
君主国中破坏自由的东西……073
君主的治国策略……074
专制政体下能给人们少许自由的民法……075
第五节　赋税、国库收入与自由的关系……076
国库收入……076
存在农奴的国家与不存在农奴的国家的赋税……077
存在农奴的不同政体的国家……078
赋税的轻重与政体的关系……079
关于税收的惩罚……080
赋税轻重与自由的关系……081

自由的滥用…………………………………………………………………081
伊斯兰教徒的征服战争…………………………………………………082
扩军……………………………………………………………………………082
免税……………………………………………………………………………082
包税和直接征税哪个更好……………………………………………083
包税人…………………………………………………………………………083

第三章 法律与气候、民族精神的关系

第一节 法律与气候类型的关系 ……………………………………087
人们如何因气候的差异而不同……………………………………087
南方人民性格上的矛盾………………………………………………089
东方各国宗教、习俗与法律经久不变的原因……………………089
不与恶劣的气候抗争不是好的立法者……………………………090
农业生产与僧侣制度……………………………………………………090
中国的良好风尚与促进工业发展的办法…………………………091
有关禁酒和反对自杀的法令…………………………………………091
与气候疾病有关的法律…………………………………………………092
气候对政治生活的影响…………………………………………………094
第二节 民事奴隶制法律与气候类型的关系 ……………………094
民事奴隶制……………………………………………………………………094
罗马法学家与奴役权的起源…………………………………………095
奴役权的另外三个来源…………………………………………………096
对奴役黑人的辩护…………………………………………………………097
奴役权的真正起源…………………………………………………………097
奴隶制度的无益与弊端…………………………………………………098
确立民事自由的国家……………………………………………………099
奴隶制的类别………………………………………………………………099
奴隶过多的危险……………………………………………………………100

武装的奴隶……100
温和政体的预防措施……101
主奴关系的法律……102
释放奴隶……102
被释放的奴隶与太监……103

第三节　家庭奴隶制法律与气候类型的关系……105
家庭奴役……105
南方国家中两性之间的天然不平等……105
一夫多妻与抚养能力……106
一夫多妻与它的各种状况……107
马拉巴尔实行一妻多夫的原因……107
多偶制……108
平等对待多个妻子……109
男女隔离……109
管家与治国的关系……109
东方的道德原则……110
天然的贞洁……111
嫉妒……112
离婚与休婚……112

第四节　政治奴役的法律与气候类型的关系……114
政治奴役……114
各民族勇气的差异……114
亚洲、欧洲的气候及其结果……115
亚欧民族的征服活动及其影响……117
非洲与美洲……118
帝国的都城……118

第五节　法律与土壤性质的关系……119
土壤性质对法律的影响……119
平原与山区……119

最适合耕种的地方……120
土壤性质带来的其他后果……121
生活在岛屿的人民……121
建立在勤劳基础上的国家……121
法律的普遍性……122
土壤与国家的状况……123
未开化民族和蛮族……123
非务农民族的政治状态与法律……124
能够使用与不知使用货币的民族……124
迷信的力量……125

第六节　法律与民族精神和风俗习惯的关系 ……126
专制……126
民族普遍心理……126
社交情绪的作用……128
虚荣、傲慢与邪恶……128
西班牙人和中国人的性格……129
专制国家的礼仪与道德……130
改变一个国家的风俗习惯的自然方法……131
立法者对支配人们原则的混淆……132
中国政体的特点……133
中国的宗教、法律、礼仪和风俗……134
中国人身上的矛盾现象……135
法律与道德、礼仪的关系……135
法律在礼仪、风俗和性格的形成中所起到的作用……136

第四章　商业、人口与法律

第一节　从商贸的本质与特殊性来论证法律与贸易的关系 ……145
贸易精神……145

人民的贫困……146
不同政体下的贸易……147
从事经济等贸易的民族……148
兴旺的航海业所产生的某些后果……148
英国的贸易精神……149
如何限制经济贸易……149
贸易的排他性……150
适合于经济贸易的制度……150
贸易自由……151
有关贸易的法律法规……152
君主国贵族的贸易……154
不适于经商的国家……154

第二节　从世界贸易的变革论证法律与贸易的关系……156
各民族间贸易的差异……156
古今贸易的差异……157
历史长河中的贸易……158

第三节　法律与使用货币的关系……164
使用货币的理由……164
货币的性质……165
理想的货币……166
金银的数量……166
在标记性财富的变化中如何确定商品的价值……167
金与银相应的稀少性……167
兑换率……168
论罗马人采取的货币措施……170
帝王时期的货币措施……170
汇兑如何束缚专制国家……171
意大利某些诸侯国的惯例……171
国家得到银行家的救援……171

公债及其偿还问题……172
有息贷款……173
第四节 法律与人口的关系……174
人与动物的种族繁衍……174
婚姻及子女的身份地位……174
婚姻与家庭……175
关于不同政体下的私生子问题……176
决定婚姻的因素……177
不同国家的男女婴数量……178
关于海滨港口的人口繁衍……178
人口与土地的关系……178
人口与工艺的关系……179
从立法者的角度看待人口繁衍问题……179
关于希腊及其人口……180
罗马人繁衍人口的法律……180
罗马灭亡后的世界人口情况……181
如何补救人口的减少……181

第五章 法律与宗教

第一节 从宗教活动和宗教本身认识各国所建立的宗教与法律的关系……185
宗教与幸福……185
培尔的两个谬论……186
基督教、伊斯兰教、天主教、耶稣新教的特点及它们相适应的国家政体……187
宗教与道德……189
宗教与法规……190

宗教对人类社会有利或有害与其教义的真伪无关，而取决于
对教义的利用是否适当……193
宗教的地方性戒规……195
宗教传输到他国的不便利性……195
第二节 法律与宗教的建立、维系与变更……196
人们对宗教的感情及信奉不同宗教的动机……196
庙宇与宗教的使者……198
宗教的宽容性……200
宗教的变更……201
宗教与刑法……202
奉劝西班牙、葡萄牙宗教法庭的法官们……203
日本厌恶基督教的原因……206
宗教的传播……206
第三节 法律和它所裁定的事物秩序的关系……207
神定法与人定法……207
民法和自然法的对立……208
继承的顺序应根据民法和政治法，而不应取决于自然法……210
自然法和民法问题不应用神定法裁决……211
以民法为依据的事情不应依政治法裁定……213
以政治法为依据的事情不应依民法裁定……215
属于国际法的事情不应依民法裁定……217
不按民法一般规则来处理的特殊情况……218

第六章 民法的起源、变革及法律的立法方式

第一节 古罗马继承法的起源与变革……225
第二节 法兰西民法的起源与变革……226
日耳曼各民族法律的不同特征……226
野蛮人的法律……227

罗马法消失与保存的地方……228
野蛮人的法律与罗马法的变革与消失……229
决斗取证为何能广泛传播开……230
与决斗相关的习俗……230
决斗裁决的规则……231
诸多法律中的诉讼……232
第三节　制定法律的方式 ……234
立法者的精神……234
与立法者精神看似相反的东西往往与立法者意图相符合……235
违背立法者意图的法律……235
相似的法律未必总有相同的效果……235
相似的法律未必总会有相同的动机……236
相似的法律未必总会有相反的动机……237
不应把法律与它制定的目的分开来谈……238
不应把法律与制定法律时的情况分开来谈……239
有时法律应当自我矫正……240
制定法律应当注意的事项……240
整齐划一的观念……242
第四节　法兰克人的封建法律理论与君主国的建立 ……243
第五节　法兰克人的封建法律理论与他们的君主国变革 ……246

附：孟德斯鸠生平大事年表 ……271

全书导读

《论法的精神》是西方政治思想史及法学史上的经典之作，是一部涉及政治、法律、文化、宗教、道德、哲学、历史、地理、经济、军事等诸多领域的百科全书，它向我们展示了一幅包罗万象的思想画卷。

一、时代背景

孟德斯鸠生活在17世纪末法国大革命前夕，当时法国封建主义和君主专制正处于走向没落之时，社会结构分为三个等级：教会是第一等级，贵族是第二等级，资产阶级和劳动人民是第三等级。在政治上，第三等级毫无权利和自由可言，深受前两个等级的欺压。在经济上，劳动人民的生活极端贫困，严重阻碍了资本主义工商业的发展。《论法的精神》正是第三等级特别是资产阶级愿望的反映。

二、全书主要内容

第一，政治理论。

孟德斯鸠的政治理论主要包括政体分类理论、自由理论和三权分立学说。

孟德斯鸠将政体划分为三种——共和政体、君主政体和专制政体。共和政体是全体人民或一部分人民掌握最高权力的政体，它又可以分为民主政体和贵族政体。民主政体是最高权力掌握在全体人民手中的政体，贵族政体是最高权力掌握在一部分贵族手中的政体。君主政体则是指最高权力掌握在君主一个人手中，君主依照固定的法律来进行统治的政体。专制政体是最高权力掌握在君主一人手中，君主根据反复无常的意志来进行统治的政体。

关于自由理论，孟德斯鸠认为，自由意味着在法律许可范围内做一切事情的权利。如果一个公民能够做法律所禁止做的事情的话，那么他就不再自由了，因为其他人同样也有这个自由。法律是公民自由的界限，一旦公民的行为越过了法律，那么他的自由便不复存在。孟德斯鸠认为，权力对自由构成了极大的威胁。在他看来，一切有权力的人都容易滥用权力，有权力的人会无休止地使用权力，直到有界限的地方为止。所以为了捍卫自由，必须对权力进行限制。

既然必须对权力进行限制，那么如何才能限制权力呢？孟德斯鸠提出了三权分立理论，即把国家权力划分为：立法权、行政权与司法权。立法权负责宪法和法律的制定和修改，它隶属于立法机关；行政权负责执行法律和按照法律管理国家，它隶属于行政机关；司法权是根据法律进行审判，它隶属于司法机关。他认为这三种权力必须分开行使，否则只要两种或三种权力集中在同一个人或同一个机构手中，自由便不复存在了。并且，三种权力不但要分立，而且还要相互制衡。

第二，法律理论。

首先，法的定义和种类。孟德斯鸠认为法是由事物的本性产生出来的必然关系。他将法律分为自然法与人定法。自然法是人定法之前天然存在的法律。人定法是在建立社会之后，人们自己制定的法律。人定法又包括政治法、刑法、民法和国际法。

其次，法律与各种事物的关系。孟德斯鸠先后论述了法律与防御力量、进攻力量、政治制度自由、公民自由、气候、土壤、贸易、税收、宗教习俗、货币等事物的关系。

再次，刑法和民法理论。孟德斯鸠讲述了许多具体的刑法与民法理论。

最后，立法理论。孟德斯鸠认为，立法应与政体原则相适应。在民主政体下，立法应鼓励平等和节俭；在贵族政体下，立法应该限制贵族的骄横；在君主政体下，立法应该鼓励荣誉；在专制政体下，立法要倾向于恐怖。孟德斯鸠还讲了制定法律的方式。法律的表述应该简洁，不能像学术著作那样，搞烦琐的论证；法律应该以事实为基础；如无充足的理由，就不要变更法律；删除无用的法律，以防止它们妨碍有用的法律等。

第三，经济理论。

孟德斯鸠认为，私有财产权是人类的自然权利。在他看来，民事行为中的公共利益与个人利益都是平等的。个人利益应该让步于公共利益的说法，是不恰当的。在公共利益与个人利益的问题上，公共利益绝对不能动用政治手段和法律手段去剥夺个人的财产，哪怕是最微小的财产，公民的财产权利必须得到切实的保障。同时，他认为劳动是财富的源泉，财富是从劳动中产生的。应该大力发展工商业，反对苛捐杂税和横征暴敛。

第四，地理环境决定论。

孟德斯鸠认为地理环境，尤其是气候、土壤等，和人的性格、感情有关系，法律应考虑这些因素。他着重分析了气候对人们各方面的影响：生活在寒冷地区的人们，充满了精力，因此，他们有着较强的自信和勇气；生活在炎热地区的人们，缺乏勇气，年轻人像老年人一样懦弱。在寒冷的地区，人们对快乐和痛苦的感受比较迟钝；在温暖的地区，人们的感受就要敏感些；在炎热的地区，人们的感受则十分敏感。在南方，人们器官娇嫩，对疼痛十分敏感；在北方，人们皮糙肉厚，对疼痛感知迟钝。在寒冷的国家，人们比较勤劳；在炎热的国家，人们比较懒惰。在寒冷的国家，人们的品性纯朴，性情率真，邪恶少，美德多；在炎热的国家，人们的行为往往越出道德的边界。

三、时代意义

《论法的精神》中的理论和思想对世界资产阶级革命运动产生过极其深远的影响。尤其是其中提出的行政、立法和司法分立，相互制衡，保障公民自由这一脍炙人口的理论为历代资产阶级所啧啧称赞。这一理论被载入美国的《独立宣言》以及法国的《人权宣言》。19 世纪各国的资产阶级革命都在不同程度上受到这部著作的影响。孟德斯鸠也是最早思考阶级与政治制度的人之一，他对阶级这个概念的阐述甚至比马克思早了 100 年。

除了三权分立学说之外，孟德斯鸠还多次提及“中华法”，在某种程度上也改变了欧洲大陆对东方法律制度的某些偏见看法。

第一章

法律与政体

The Spirit of Laws

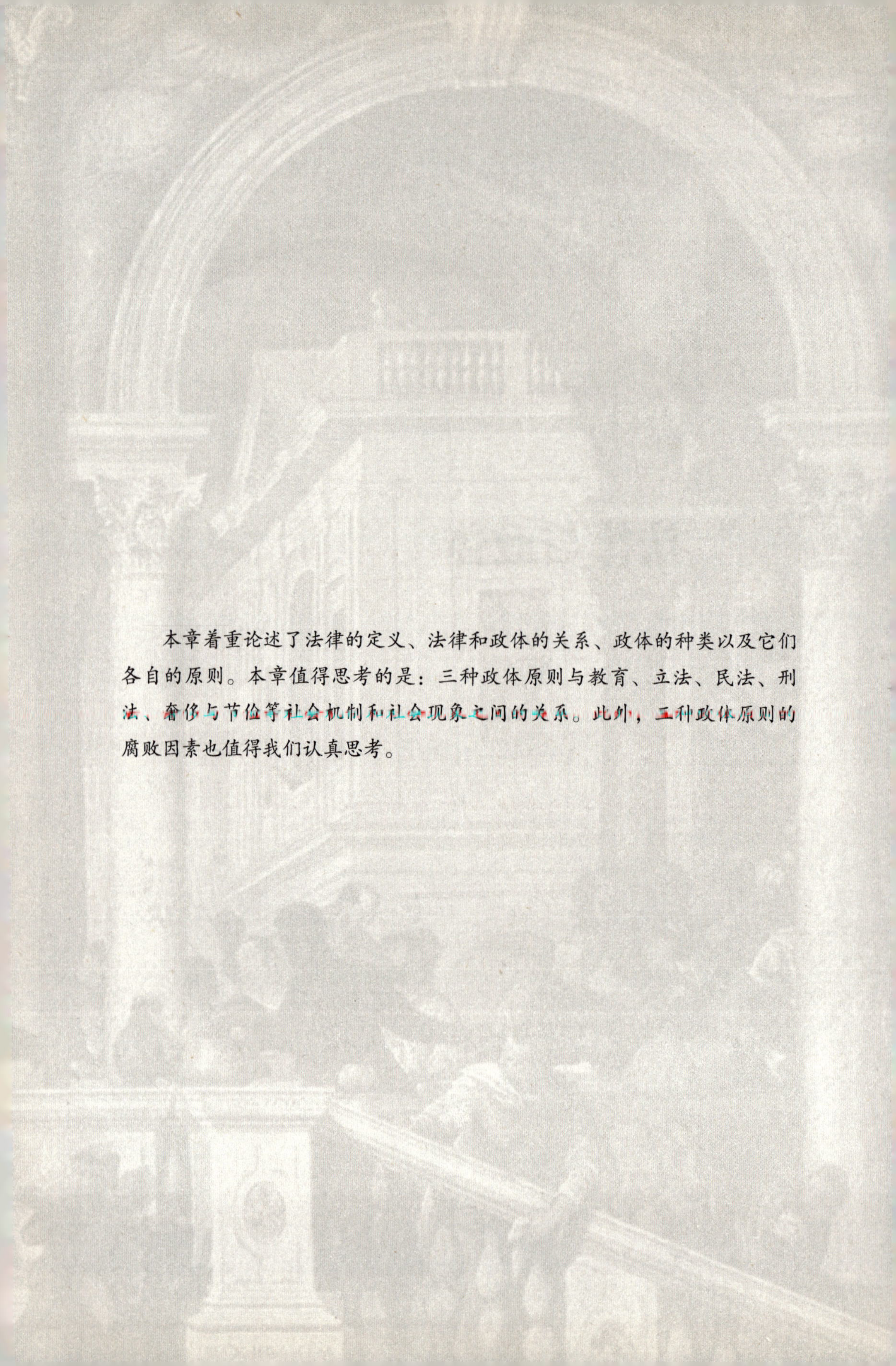

本章着重论述了法律的定义、法律和政体的关系、政体的种类以及它们各自的原则。本章值得思考的是：三种政体原则与教育、立法、民法、刑法、奢侈与节俭等社会机制和社会现象之间的关系。此外，三种政体原则的腐败因素也值得我们认真思考。

第一节
一般的法

法与万物的关系

广义上讲，法是客观事物性质的必然关系，即事物之间的内在规律。从这个意义上讲，法律指的就是规律。世间万物皆有自己的法，上帝有上帝的法，神有神的法，动物有动物的法，人也有自己的法。

有人说，世间万物都源于盲目的命运，这种说法荒谬至极。因为盲目的命运竟然能创造“具有智能的创造物”——人类，这岂不是天方夜谭吗？

于是，便有了一个原始的理性存在，法便是这种原始的理性存在与各种存在物关系的总和，同时法也体现着各种客观存在物彼此之间的关系。

上帝与世界的关系就是上帝是世界的创造者和维护者。上帝依据规律创造了世界，同时他又依据规律维护世界。上帝凭借智慧和权力制定了这些规律，所以他了解这些规律，因为他了解这些规律，所以他能按照这些规律来行动。

▶ **法律**

法是事物之间的内在规律。从广义上讲，法就是规律。世间万物皆有自己的法。

我们的世界是客观存在的物质世界，即使没有人类它也是客观存在的，这个物质世界的运动有它自己恒定不变的规律。如果存在人们所臆想的另外一个世界的话，那么这个世界也必然有它恒定不变的规律，否则这个世界就要灭亡。

因此，上帝创造世界看上去是随意的行为，但却是有规律可循的，上帝正是依据这些规律才能管理好这个世界。

人类自己能够创造法律，但有些法律并不是人类创造的。在没有人类之前的一些法律并不是人类创造的，即使人类出现后有些法律也不是人类创造的。在制定法律之前，人类就已经有了道德规则，但是道德规则的执行缺乏后盾，于是，道德规则必须转化成法律规则。从这种意义上来说法律早就存在了，在人类制定法律之前就已经有自然法存在。所谓自然法就是一些道德规律和戒条，它们先于人类法律而存在。比如，自然法告诉我们：不能杀人、奸淫、偷抢。人类法律中许多内容就是依据这些自然法而制定的，所以许多法律并不是人类创造的，人类只是发现了它而已。

人类作为一种客观存在物，同其他物体一样受客观规律所支配，但同时人类作为一种智能存在物，又具有自身的主观性、任意性，所以不会一成不变地遵循上帝的法律。不仅如此，人类世界自身的法律也不是一成不变的，他们也会不断改变自己的法律。但是，人类的自身局限性导致了他们的无知和盲目。他们自以为自己掌握了规律可以任意改造世界，但实际上他们的这种想法是狂妄至极的，是无知的体现。

不仅如此，人类还拥有无穷无尽、千奇百怪的欲望，在这些欲望的支配下，人类忘记了上帝，忘记了真理，有时候人类甚至陷入沉沦堕落。作为感性存在物，人类拥有各种情绪：兴奋、悲痛、忧虑、愤怒、恐惧，等等。人类在这些情绪的支配下做了许多伤天害理的事，因此，人类需要救赎。宗教律令使他们记起上帝，哲学以道德规范来警示他们，而法律则制约他们的各种欲望和激情，使他们不至于做出伤害自己和他人的事情。

自然法

自然法是人定法（即人类制定的法律）之前存在的法律。自然法源于我们的自然本性，因此要认识它，首先就要认识我们的自然本性。

我们把社会成立之前的状态称为自然状态，在这种状态下，人类在身心两方面的能力几乎均等，每个人对同一事物都享有同样的权利。但人本性是自私的，每个人都想行使自己的自然权利，并用一切手段去获取它，这就产生了利害冲突，导致人与人之间的战争冲突。如此一来，人的生命安全便没有了保障。人的内在理性告诉他们，要摆脱这种状况，就要建立大家都要遵守的法规，只有这样才能避免战争和杀戮，人类社会的各项活动才能有序进行。

自然法就是大家都要遵守的这种规则。

自然法思想萌生于古希腊早期自然哲学家的“逻各斯”概念。它是自然的普遍规律和法则，是高于人间法律的最高支配力量。斯多葛派则试图把自然和人性协调起来。他们认为，整个宇宙受一个普遍性规则的支配，人是宇宙的一部分，必然也受宇宙理性法规的支配，这个最高的普遍法就是自然法。它是一切法律的来源，高于其他任何法律。霍布斯则认为自然法是理性的一般法规，它制约人们去做一切伤害自身生命的事情。人们在它的约束下尽力寻求和平，必要时要放弃自己的某些权利，这便是所谓的第一和第二自然律。

综上所述，在我看来，对自然法的界定主要有以下四条：第一，和平。人与人的交往首先要杜绝争斗，只有这样才能保证个体的生命安全。第二，不断创造财富。为了避免对财富资源的争夺，人类要不断努力创造财富，以缓解这种争夺所带来的伤害。第三，相互关爱。人们之间的相互关爱可以减少冲突的发生。第四，对美好社会生活的渴望。对美好生活的渴望使人们不会一味追求个人利益，而是更多地承担自己的社会责任，为人类社会发展谋求利益。

人定法

自然法在自然状态下为人类提供法规，但仅有这些是远远不够的。如果有人破坏了自然法而得不到惩罚，那么自然法便荡然无存，所以还必须建立国家，由国家机关制定和颁布相应的法律，以确保人们遵守自然法规。由国家机关制定和颁布的法律便是人定法。

统治者和被统治者之间的法律称为政治法，它规范着统治者和被统治者之间的关系；公民与公民之间的法律称为民法，它规范着公民与公民之间的关系。通过遵守政治法、民法，统治者与被统治者、公民与公民都能和平相处，国家则安享太平。

但是，就如同人与人之间的关系一样，国与国之间的关系有时仍然会出现战争的状态。为了制止国家之间的战争就需要制定国际法，用来规范不同国家之间的关系。但如果没有国际法的最高仲裁者使其得以强制执行的机关，国与国之间以强凌弱的战争仍然会发生。波斯帝国、马其顿帝国、罗马帝国、阿拉伯帝国、蒙古帝国等，哪一个不是建立在侵略别国的基础之上？

在我看来，法律的制定应遵循以下原则：第一，法律应与政体性质相适应。君主制政体下的法律应与君主制相适应，贵族制政体下的法律应与贵族制相适应，共和制政体下的法律应与共和制相适应。第二，法律应和国家的地理、气候、人种、风俗、宗教信仰、人口、商业贸易等自然状况及风俗习惯相关。第三，不同法律之间也息息相关。法律和它的渊源，法律和立法者皆相互关联。

第二节 源自政体性质的法

三种政体的性质

政体有三种类型：共和政体、君主政体、专制政体。

共和政体是全体人民或一部分人民掌握最高权力的政体，它又可以分为民主政体和贵族政体。民主政体是全体人民掌握最高权力的政体，贵族政体是贵族即一部分公民掌握最高权力的政体。君主政体是最高权力掌握在君主一人手中，但君主会依照固定和稳定的法律来进行统治的政体。专制政体是最高权力掌握在君主一人手中，君主根据自己反复无常的意志来统治的政体。

与三种政体相关的法律

在民主政体下，人民掌握国家权力，他们是国家的主人，人民有指派官员代理自己行使权力的权利，这种权利是法律规定的，任何人不可剥夺。因此，民主政体下的几项基本法律为：第一，规定选举方式的法律。选举的方式主要有选择和抽签两种基本方式。第二，规定投票方式的法律。投票的方式分为秘密投票和公开投票。西塞罗[①]曾指出，实行秘密投票是罗马共和国灭亡的主要原因，鉴于此，我个人比较赞成公开投票。第三，只有人民才能制定法律。人民是共和国的主人，除人民外，任何人不得制定法律。

▶ 西塞罗在元老院演讲

西塞罗以广博的知识和雄辩的艺术，被誉为罗马最伟大的演说家。他的思想是沟通古希腊与欧洲中世纪乃至近代的桥梁。图为西塞罗在罗马元老院发表著名的“对威勒斯的控告”的演讲。

贵族政体是人民中的一部分人掌握最高权力的政体，因此其法律与民主政体下的法律有着本质的不同。在贵族政体下的法律是由贵族制定的，其他任何人不具有制定法律的权利。人民在这种情形下毫无权利可言。因此，最理想的贵族政治便是处于最低阶层的那部分人民成为占统治

① 西塞罗，（公元前106—前43），古罗马著名的政治家、演说家、雄辩家、法学家和哲学家。

地位的那部分人民的私人奴隶，就像波兰的贵族政治那样，农民是贵族的奴隶。因此，贵族家庭越平民化，贵族政治越是靠近民主政治，便越趋于完备。

君主政体是指最高权力掌握在君主一人手中，君主依照固定和稳定的法律进行统治的政体。在这种君主政体下，首先要拥有一个强大的中间阶级，君主的权力必须通过“中间途径”得以实施，因为某个国家如果单凭一人的冲动来治理，那么这个国家的法律便荡然无存。而这种中间者的权力便是贵族的权力。从这个意义上讲，贵族是君主政体的要素，其基本准则是：没有贵族便没有君主，没有君主亦没有贵族，他们唇齿相依。其次在君主国中仅仅拥有强大的中间阶级是远远不够的，还必须有一个法律保障机构。这个保障机构产生于众多政治团体之中，他们在法律制定时将之公布于众，以备当人们遗忘法律之时唤起他们的记忆。

专制法律是最高权力掌握在君主一人手中，君主根据反复无常的意志来进行统治的政体。在这种政体下，法律被君主随意的情绪所取代，人民毫无权力可言。实行专制政体的国家，君主往往通过一个单独个人来代替他行使权力。因为当他面对文武百官的追捧奉承之时便开始懈怠，沉湎于淫逸，不事政务，而如果他把权力交予几个臣子，他们便会互相争斗，所以最好的统治便是把政务托付于一个大臣。

第三节
各种政体的原则

政体性质与政体原则的区别

政体性质和政体原则的区别在于：政体性质是构成政体的要素，而政体原则是政体行为的关键。前者是政体特殊的架构，后者是推动政体运行的人类情感。

民主政体的原则

在实行民主政治的国家里，民主政治的运行有一种强大的原动力，那就是公民的品德，公民的品德在很大程度上决定着他们的行为。如果公民品德败坏，那么他们的行为便会因过度自由而堕落，民主政治便名存实亡。所以，民主政体的原则是品德。

上个世纪英国人曾为了自己建立的民主政治而竭尽全力。然而其所有的努力却变成了一场场闹剧，因为那些参政的人们毫无品德可言。那个叫克伦威尔的人的业绩激起其他人的野心，于是宗派争斗，政府更迭。惊慌的民众在混乱中寻求民主政治却无能为力。终于在经历了动乱震荡之后，这个国家重新又回到那个曾经被它所摒弃的政体里残喘休憩。

一个民主政治国家，当品德丧失殆尽时，野心便贪婪地侵蚀着人们的心灵，欲望无限膨胀。人们不再依据法律争取自由，而是为获得自由对抗法律。公共财产被私人瓜分，共和国成为人们巧取豪夺的对象。它的力量仅仅在于某些公民的权力以及全体民众的放纵，民主政体离毁灭也不远了。

雅典无论是在它称霸天下的时候，还是在它受尽屈辱奴役的年代，都拥有同样的力量。当它与拉栖代孟争夺霸权时，当它入侵西西里时，它都有两万公民。当德梅特里尤斯•法列内乌斯像在市场上清点奴隶一样清查人口时也有两万公民。当菲利普企图统治希腊而出现在雅典大门前的时候，他同样拥有两万公民却错失良机。在德莫斯提尼斯的著作中可以看到雅典的觉醒是何等困难：他们畏惧菲利普并不是因为他是自由的死敌，而是因为他是享乐的敌人。

与雅典相比，当汉尼拔担任迦太基的裁判官时，他禁止官员们掠夺共和国的财富。可是那些官员们却跑到罗马人那里控告他，最可悲的是他们放弃了自己的城市却要做这个城市的公民，并且还要借助毁灭者的手来维护自己的财产！不久罗马向他们索要三百个高等公民做人质，又要他们交出武器和船只，然后向他们宣战。从迦太基人拼死在保卫战中的成果就能判断出迦太基人在品德的帮助下所表现出来的超强气势。

贵族政体的原则

▶ **拿破仑一世**

拿破仑一世是整个法国乃至欧洲的一代枭雄。这幅19世纪的绘画展现了拿破仑手握大权的英姿。

如同民主政治需要品德一样，贵族政体亦然。但后者并非绝对需要品德。人民和贵族的关系如同臣民与君主的关系，人民因受到法律的制约而较少地需要品德。而贵族怎样受到约束呢？如果也用法律制约贵族则会使执法者认为这样对他们自己不利。因此，贵族政体的本质是贵族需要具备品德。

贵族政体具有民主政体所不具备的某种力量。贵族依据其特权并为各自私利形成团体抑制人民。他们只要拥有法律并使之实施便足够了，他们抑制人民轻而易举，可抑制自己却并非易事。他们拥有法律权威却将自己排除在外。如此一来，贵族只能通过两种方法来自我约束：要么以高尚的品德约束自我寻求与人民的相对平等，从而形成一个大共和国；要么具备较低的品德，至少达到贵族之间的平等，达到共商的目的。因此，建立在品德而非怠惰和胆怯基础之上的节制是贵族政体的灵魂。

君主政体的原则

在君主国家里，由于政策的影响，人们很少运用品德。取而代之的是法律。人们不需要任何品德，国家也不需要人们具备这些品德。

尽管犯罪具有公众性，但人们还是将之分为公罪和私罪。所谓私罪就是那些对个人侵犯甚于对社会侵犯的罪行。在共和国里，私罪更具有公罪性质，即这些罪行触犯国家政体多于个人。而在君主国里则恰恰相反，公罪具有私罪性质，即触犯个人利益多于国家政体。如此一来，在君主国里，人民要具备品德是非常困难的。品德并非君主国的原动力。

在君主国里，取代品德的是另一种动力——荣誉，即每个人和每个阶层的成见。在君主国里荣誉能唤起优美的行为，并与法律相结合，引导政府达到其目的。在君主国里人们需要有高贵的出身和贵族血统。荣誉的性质要求人们得到优先的待遇和高贵的头衔。因此，荣誉在这个政体中非常重要。

野心在共和国里是危险的，但在君主国里则有很好的效果。它为君主政体注入活力，使人们从中受益。因为野心在这种政体中一直受到控制。

荣誉推动了君主政体各部位的运行并将之连接起来。因此，每个个体的进步推动了整体的进步。从哲学角度讲，这是一种能左右君主政体各部分的虚假荣誉，然而它与真实荣誉对于个人的作用却是一样的。

专制政体的原则

在专制国家里，荣誉与其政体是背道而驰的，因为只有在有固定政体和法律的国家里才谈得上荣誉。荣誉有固定的法规和特殊的意志，这些专制国家都不具备。在专制国家里，暴君的喜怒无常远远高于所有人的一切。因此，荣誉在专制国家里是不被人所知的。

如同品德是民主国的原动力，荣誉是君主国的原动力一样，专制国也有自己的原动力，那就是恐怖。专制国家的君主把大权委托给他看中的人，那些有能力的人便可能发动革命，所以君主要用恐怖扼杀人们的勇气，扑灭他们的野心。

一个温和的政体可以放松它的原动力而不至于发生危险。它依靠法律及自身的力量来维持。而专制国家的君主如果放下他高举在半空中的手时，当他不能立即消灭那些身居显赫地位的重臣时，他便会一败涂地。因为其原动

▶ **恺撒之死**

公元前 44 年 3 月 15 日，恺撒在罗马元老院会议厅遭政敌刺杀。他的被刺身亡标志着罗马共和派反对独裁政治的开始。

力——恐怖已不复存在了，人民也失去了他们的保护者。土耳其的官员们深知如此，他们要求自己的君王不要被自己的诺言所束缚，以防止君王的权威受到限制。历史告诉我们，多米提安的残忍打击使官员们恐惧异常，但民众的生机却因此得以恢复。

在专制国家里，政体性质要求人们绝对服从。在这样的国家里没有限制、和解、平衡、商榷、进谏可言。人们像傀儡一样完全顺从君王的个人意志。人的命运与牲畜无别，只有本能、服从和惩罚。人的一切情感都毫无意义，只要服从命令就足够了。不过有一种方式是可以对抗君王意志的，那便是宗教。宗教的法规是至高无上的，这些法规不但支配着民众，也支配着君王。

至此需要说明的一点是，我们所讲的三种政体原则并非是说，共和国里人们都有品德，君主国里人们都有荣誉，专制国家的人们都心存恐惧。而是说，他们理应如此。

第四节
教育法应与政体原则相适应

教育法

教育法是我们最早接受的法律。教育法也是为我们要成为公民做准备的法律。教育法在不同的政体下也是不同的：在共和国里是品德；在君主国里是荣誉；在专制国里是恐怖。

君主政体的教育

在君主国里，人们接受教育的场所不是学校而是社会。社会是给予人们荣誉的学堂，荣誉则像一位博学的校长一样无处不在地指引着人们。在这里，人们经常听到三条准则：我们应该具备高尚的品德，我们应该坦率地处世，我们的举止应该优雅。在这里，所谓的品德，往往是人们对自我应尽的义务，而非对他人应尽的义务。在这里，评判行为的标准并非好与坏，而是美与

▶ **古罗马的教育**

这是一幅在古罗马墓穴中发现的壁画。画中描述了一位家庭教师正在教导贵族家庭的孩子学习。

丑；并非正确与否，而是伟大与否；并非合理与否，而是非凡与否。

荣誉有其自身的最高规律，教育则必须适应这些规律。首先，荣誉允许人们重视财富，但禁止人们重视自己的生命；其次，人们绝对不能做出与自己身份地位不相称的事情；最后，与法律相比，荣誉所禁止的事情更为严格，荣誉所要求的事情更为坚决。

专制政体的教育

君主国的教育力图提高人们的心智。而专制国家的教育则追求降低人们的心智。所以，专制国家的教育是奴隶性的教育。对于君主而言，他当暴君的同时也当奴隶。

绝对的服从，不但意味着服从者是愚蠢的，也意味着命令者是愚蠢的。因为他不需要思索、求证和推理，只需要表达意愿就够了。

专制国家用恐怖吞噬人们的心灵，将简单的宗教原则灌输给人们。在那里，知识是危险的，竞争是致命的，至于品德，亚里士多德认为它不属于奴隶。所以教育在专制国家的生存空间非常狭窄，甚至是无关紧要的。专制国家培养出一个劣质的公民就如同培养出了一个好的奴隶。

共和政体的教育

与君主政体和专制政体不同的是，共和政体需要教育的全部力量。在共和政体下，人们始终将公共利益置于个人利益之上，人们热爱法律和自己的祖国。这种爱是共和国家所特有的，教育就是要培养这种爱。使儿童具备这种爱的最合理的方法就是使他的父母为他做出榜样。父母将知识传授给孩子的同时也将更多的情感注入孩子的生命中。如果这一切不能实现，那么一定是教育被外界的影响所破坏。年轻人不会退化，只有当成年人已经腐化之后他们才有可能堕落。

第五节
立法应和政体原则相适应

品德在政治国家中的意义

在共和国里，品德是对共和国的热爱，它是感性的而非理性的。即使是最卑贱的人也拥有与地位高尚的人同样的情感。当民众一旦接受了良好的规则后，他们比那些绅士们更能持久地遵守规则。腐败往往不是从民众开始的。他们才能平庸，对业已形成的法规有着强烈的依附性。

▶ 梭伦改革前雅典贵族的激烈辩论

公元前 594 年，梭伦出任雅典的第一执政官，他进行了具有重大意义的改革，这项改革遭到了当时贵族们的强烈反对。梭伦同贵族们展开了激烈的辩论，力排众议，最终改革案得以通过。

对祖国的热爱有益于改善风俗，风俗的改善又促使对祖国的热爱。民众越是减少对私欲的满足，就越能为社会奉献感情。

民主政治下，对共和国的爱意味着什么

在民主政治下，热爱祖国就是热爱民主政治，就是热爱平等。

对民主政治的热爱就是对节俭的热爱。在这里，每个人都享受同样的利益和幸福，也拥有同样的快乐和希望，如果没有节俭意识，这将很难实现。

在民主政体下，对于平等的热爱使人们的野心局限在一种愿望和快乐之中，以此促使自己对国家的贡献超过他人。公民对国家的服务不会平等，但每个公民都以平等的地位为国家服务，即使有着丰功伟绩的人也不能完全放弃平等。因此，一切名望源于平等。

在民主政治下，热爱简朴限制了人们的占有欲，人们只追求家庭生活的必需品，其余的则交给国家。财富产生权利，但是公民不能用它来满足私欲，因为那将导致不平等。财富使人快乐，但公民不应无节制地享受这种快乐，因为它与平等背道而驰。因此，出色的民主共和国是建立在民众节俭的基础上的。

怎样激励对平等和简朴的热爱

当平等和节俭制定于法律之中时，便会激发人们对平等和节俭的热爱。

在君主和专制国家里，人们对平等不敢奢求。每个人都想要出人头地、统治他人，即使最卑微的人也想成为别人的主人。

在君主和专制国家里，节俭同样也不存在，那些享受安逸和奢华的人们不会节俭，那些贫穷羡慕别人的奢华的人同样也不热爱节俭。

因此，在共和国中为了让人们热爱平等和节俭，就要将之置于法律之中。

在民主政治下法律如何建立平等，培养简朴精神

尽管建立平等的观念对于共和国来说至关重要，但是这并不是易事。如果立法者推行土地均分制却没有给予其法律支持，那么这种制度不久便会消亡。没有法律的地方，不平等就会乘虚而入，共和国便会瓦解。

因此，要保持平等，就要对妇女的嫁妆、捐赠、继承、遗嘱以及所有契约制定规章制度。因为如果私人财产可以随意转让的话，个人意志就会扰乱法律

的秩序。对于民主政治来说，雅典禁止一个人继承两个人的遗产是一条合适的法律。这条法律源于土地均分制，它禁止一个人获得多份利益。

民主政治中的不平等都源于政体性质，甚至源于平等本身。例如，人们担心那些靠劳动维持生计的人因担任公职而过分贫穷，或担心他们玩忽职守，或担心手艺人变骄傲，或担心被释放的奴隶数量超过原有公民。在此情况下，公民间的平等可能会被取消，但取消的仅是表面上的平等。因为如果一个担任公职的人倾家荡产，他的情况可能比其他公民更糟，而如果他玩忽职守，那么其他公民的情况则会比他更糟。

在一个良好的民主国家里，仅仅土地均分是不够的。而应像罗马人那样将土地均分的数量限制在最小程度。

如同财富平等促进节俭一样，节俭也推动财富平等。两者虽有不同，却唇齿相依，互为因果。其中一个性质发生改变，另一个也会随之变化。

在一个以经营贸易为主的民主国家里，贸易自身蕴含着节俭、勤奋、谨慎、安分、秩序和法律的精神。这种精神使得财富的创造不会产生坏的影响。一旦过多的财富破坏了这种精神，人们便感到了不平等。为了培养这种精神，就应由主要公民亲自经营贸易，使他们知道财富来之不易，使他们明白节俭的重要。

维护民主原则的其他方法

土地均分制并不适用于所有的民主国家，有些时候这种制度甚至会动摇政体本身。如果人们认为这种制度不再适合国家，那么就应该采用其他制度。

对国家来说保持旧有的风俗习惯大有好处。腐化的人民很少有伟大的作为，而那些风俗质朴的人民创造了国家大部分的文明。因此，唤醒人们对箴言训诫的记忆能把人们拉回道德的正途之上。

此外，革命的诞生和新政的实施都要历经艰辛。那些闲散腐化的人很少能赢得革命胜利，建立新政。而那些赢得革命胜利的人若没有建立良好的法律就想享受革命果实，几乎是不可能的事情。一个腐化已久的国家如果想要改变现状就要下一番大功夫。

保持风俗的最好办法就是年轻人绝对服从老者。年轻人尊重老者，老者则以此尊重他们自己，双方都受到约束，这对双方来说都有好处。

法律最具力量之所在，莫过于公民服从官员。如果说年轻人服从老者是源于对老者经验和智慧的尊重，那么公民因何要服从官员呢？在有些情况下，官员的道德品质甚至不及普通公民，人民的服从不过是慑于法律的约束罢了。因此，在没有法律约束或者法律不起作用的地方，官员往往成为民众斗争的对象。

法律应如何适应贵族政体的原则

在贵族政体下，如果公民具备品德，那么他们便与民主国家公民一样享受幸福。然而事实上在贵族国家里，品德因财产不均而所剩无几。因此，在君主国家中，法律应用宽容代替品德，其地位如同民主国家中的平等一样。

每一种政体都有各自的性质和原则。贵族国家不应将君主国家的性质和原则据为己有。如果某个贵族独揽大权，其他贵族的权力被剥夺得微乎其微，那么贵族国家就蜕变成君主国家了。

贵族国家有两个主要的致乱之源，一是贵族和平民间的严重不平等，二是贵族和贵族之间的不平等。这两种不平等都会导致嫉妒和怨恨，法律则应给予预防和制止。

第一种不平等的症结所在是贵族所引以为荣的恰恰是平民感到耻辱的。就像罗马的法律里禁止贵族与平民结婚，它使贵族变得更加傲慢无理，使平民更加憎恶贵族。这种不平等的另一种表现是平民与贵族所承担的赋税截然不同。有四种情况：（一）贵族有免税权；（二）贵族以欺诈的手段逃避纳税；（三）贵族以其担任职位所拿到的俸禄为借口而占用公款；（四）贵族把平民变为附属，进而侵吞他们所缴纳的赋税。最后一种情况并不常见，如果存在，那么这种贵族政府将是所有政府中最残忍的一个。

将财富分给民众，这在贵族政治中是有益的，它很好地避免了上述的弊端。当罗马处于贵族政治时期时，官员们不接受任何与他们报酬无关的财富，他们纳税有时甚至超过了民众，他们不仅没有享受国家的税收，相反将财富返还给了民众，他们因此也获得了民众的谅解。

法律还应当禁止贵族经商。因为这样会导致贸易垄断，贸易平等将不复存在。即使贵族们诚信经商，他们也会获得大量额外的财富。

法律应该运用最有效的手段使贵族公正地对待民众。所有对犯罪的庇护都使法律无法执行，也会使贵族政治走向覆灭。

贵族政治中有两种有害的情形，即贵族过于贫穷和富裕。预防贵族贫穷应要求他们偿还债务。预防贵族过度富裕应通过法律对其财富进行适当的控制。但要做到既不能取消贵族的债务，又不能没收他们的财富，否则将后患无穷。

▶ **查理一世**

查理一世是英国斯图亚特王朝最后一位君主。他是英国封建史上最后一位国王。他曾因对抗议会、打击清教徒和工商业资产阶级而导致了资产阶级革命。

法律应如何适应君主政体的原则

君主政体的原则是荣誉，其法律则应与这一原则相适应。法律应尽力维护贵族，荣誉与贵族的关系就如同父子关系。

在君主国家里，贵族具有世袭性，这不应成为君主权利与民众软弱性的界限，而应成为它们的桥梁。

君主国允许人们将财产的绝大部分留给一个子女，这种许可只存在于君主国家。

法律应允许与君主政体相适应的一切贸易，这样人民才能满足君主及其国家所需的一切，而不至于毁掉自己。

法律在征税方式上应建立一种秩序以避免征税规则比征税本身更为复杂。

沉重烦琐的赋税使人民感到艰苦疲惫，进而使人精神懈怠，不利于君主国的稳定。

君主政体比共和政体有一个显著优点，即国家由一个人统领，实施起来迅速便捷，为了避免过于轻率，法律则应使其放慢速度。法律不仅要维护各种政体，同时也要矫正各种政体下的弊端。

君主政体比专制政体的一个显著优点，即君主之下有许多与其政体密不可分的阶层，这就如同大树的根基一样，使得君主国更加稳固。在此情景下，明智而有权威之人便脱颖而出，他们采用温和的手段解决问题，纠正弊端，于是法律得以恢复，并约束人们的行为。

专制国家中，宽容无处藏身，君主不具备伟大的品质，更无任何荣誉可言。而在君主国家中，臣民簇拥着君主，每个民众都享受着伟大品德的洗礼。

法律应如何适应专制政体的原则

专制政体的原则是恐怖。胆怯、愚昧、沮丧的民众不需要太多的法律，恐怖就足够了。在专制国家里，每件事情只取决于两三个概念，所以没有增加新概念的必要。

▶ 萨达那帕勒斯之死

这幅画描述了阿尔及利亚第一王朝最后一位皇帝被人民推翻时，皇帝将珍宝同自己一起焚烧的恐怖场景。

通常情况下，君王不会在宫中遇到违背他的人，若有人向他武力挑衅，他便会义愤填膺。因为他不懂得真正的光荣，他发动战争往往具有战争狂暴的野性。与其他国家相比，他的国家所遵循的国际法也较为狭窄。

这样的君王有许多弱点，所以他很惧怕自己的弱点暴露于众。他深藏宫中，使民众对他的情况不得而知。所幸的是民众已然习惯他的统治了。

君王一旦被俘，那他就等同于死亡，另一个君王将代之登上王位。那个被俘的君王所签订的条约被视为无效。当他是君王的时候，他就是国家，就是法律，而一旦他不是君王了，便一文不值，如果他不被视为死亡，国家便会灭亡。

国家的维系就是深居后宫的君主的维系。只要不直接威胁到这个禁宫和他的城池，就不会触动那些无知自大、存有偏见的人。而对于这以后发生的一系列他们也不去追溯和思考。因此，政治与其原动力受到限制，这种政体也必然存在极大的局限性。政治统治和民事治理一样的简单。

专制国家的原则是恐怖，其目的是平静，但是这种平静并不是和平。那只是敌人蓄谋入侵前的平静而已。

在宗教国家里，宗教的影响超乎想象，它是恐怖之上的恐怖。在伊斯兰教国家里正是宗教维系着人民对君王的尊敬。同样，土耳其的民众并不以国家强盛和荣耀为荣，而是以宗教的力量和原则维系与国家的关系。

在没有基本法的国家里，王位的继承是不固定的。君主拥有选择继承者的权力。继承人或通过君主宣布，或通过大臣宣布，抑或通过内战宣布。因此，这种专制国家比君主国家更易走向灭亡。

王室中的每位王子都拥有继承权，他们篡夺王位和互相厮杀的野心超乎想象。例如，土耳其的继承者把他的兄弟挖去双目，波斯则是把他们变成疯子。如果不采取这些防范就会像摩洛哥那样，出现王位真空，于是更加可怕的内乱接踵而至。

在专制国家里，君主的兄弟既是他的奴仆又是他的敌人。因此，为了防止他们叛乱，君主便把其软禁起来甚至杀掉。特别是在伊斯兰教国家里，胜利与成功都是由上帝来裁判。而那些没有获得王位的王子们深知自己被软禁和杀戮的结局，他们篡夺王位的野心超乎想象。这一点在东方国家的历史中得到了印证。

专制国家的君王往往亵渎婚姻制度，他们后宫佳丽无数，尤其是专制主义已经根深蒂固的东方国家。君王妻妾成群，儿女众多，他们几乎不能给予子女爱，子女之间也因王位的争夺而互相残杀，这个看似枝繁叶茂、庞大无比的家族实际上异常脆弱，甚至瞬间就会灰飞烟灭。

▶ **身世显赫的皇室联姻**

中世纪时期，欧洲大多数王室都采用联姻的手段扩大自己的统治。这种高效率低代价的方式比战争的方式更合理。

从地域的角度来看，专制更盛行于炎热的地区。那里的人们成熟较早，他们结婚很早，彼此很少往来，浪费财产的危险较少。那里不存在财产让予，人们依赖自身多于财产。在这种国家里，人民的贫困和财产的不稳定导致了严重的盘剥，商人不会扩大经营规模，因为那样将要面临资金困难，国家也没有贸易法规加以规范。

当人们在正确的途径上无法获得财富，那么贪污便成为自然。在专制政体下，贪污是一种普遍罪行，国家采取没收财产的方法来慰藉人民，同时也增加君王的贡税。更何况那些被没收财产的家族没有一个是君王想要保护的。

在专制国家里还有一种约定俗成的习惯，即对上级送礼，即使对君王也不例外。在莫卧儿，如果臣民们空手而来，君王则不会接受他们的任何请求。在共和国里送礼是品德极力排斥的事情，在君主国里，荣誉比礼物更具鼓舞作用。然而在专制国家不存在品德和荣誉，人们只得希冀凭借送礼来谋求相对的安逸。

三种政体原则的新推论

第一个问题：法律是否应当规定公民必须接受公职？我认为在共和国里有这个必要，而在君主国里则没有必要。在共和国里，公职是品德的体现，是国家对公民的信任和委托。而在君主国家，公职是荣誉的象征，而荣誉具有偶发性。

第二个问题：在军队里，是否应强迫公民接受一个低于之前军职的职位？我认为在共和国里可以，因为品德要求公民奉献，要做一些与自己私欲相悖的事情 。在君主国里，荣誉的存在不允许有降职事件的发生。在专制国家里，荣誉、职位、等级同样地被滥用，人们对于君主变奴隶或是奴隶当君主漠不关心。

第三个问题：同一个人是否可以同时担任文职和武职？我认为在共和国里可以，而在君主国里应当分开。在共和国里如果军职成为一种特殊的职业，将极其危险。同样在君主国里如果把文武两职交予同一人也将极端危险。

第四个问题：公职是否可以被买卖？我认为在专制国家里不能，那里的公民任职和革职都由君王一人裁定。但在君主国里，这种做法有利无害。因为它促使人们从事不愿意为品德而从事的职业。在共和国里则是非常危险的。柏拉图不能容忍这种事情的发生，他说："这就像在一条船上，收到某人的钱财，便能让他去当舵手或船员，这条规则对其他任何职业都有害，难道就对共和国有益吗？"

第五个问题：什么政体需要设立监察官？我认为在共和国里应该设立，因为共和政体的原则是品德，亵渎品德的行为并不局限于犯罪，疏忽、谬误、爱国力量的减弱、坏榜样、腐败等行为往往能逃避法律而破坏品德。因此，这些行为应该由监察官加以纠正。在君主国家里，不需要监察官，荣誉的存在使得每个人都是监察官。专制国家同样不需要监察官，然而中国是一个例外。

▶ **古罗马监察官**

这幅浮雕体现了监察官对于新富豪的猛烈抨击。

第六节
各种政体原则与民法、刑法的繁简及判决形式、处罚方式等之间的关系

各种政体下的民法、刑法的繁简

君主国家的法律不能像专制国家那样简单。君主国必须有法庭。法庭要作出判决，为了保证判得一致，法院作出的判决将会被保存起来，以供研究和借鉴。只有这样，公民的财产权和才能、人身安全才能同国家政体一样稳固安定。

在君主国里，司法行政不仅对生命和财产的事宜作出判决，而且也对荣誉作出判决，因此司法一定要极其谨慎。

君主政体建立了一整套等级、出身、社会地位的差别体系，使得财产性质产生了差异，而且与政治体制相关的法律也认可这些差异的存在。

在有身份差异的国家里必然存在特权，这使法律变得十分复杂，也造成了许多例外。有一种特权对于社会来说最为简便，即特权人可以任意选择诉讼法院。但这样也会带来另一个困惑，即特权人所选的法院不同，于是困难就出现了。

在专制国家里，人民的境况迥然不同，我们看不出立法者要制定何种法律。因为所有土地都是君主的，于是就没有土地所有权的法规；因为君主有继承一切财产的权力，所以也没有关于遗产的民事法规；因为贸易由君主垄断，所以贸易法形同虚设；因为存在与女奴通婚的现象，所以也没有关于婚姻和妇女权利的保护法；因为奴隶众多，所以也没有人为自己的行为负责而接受法庭询问。

荣誉在自大无比的专制国家里毫无地位可言。因此，当旅行家向我们描述

专制主义国家时，极少谈及民法问题。

因此，在专制国家中没有产生纠纷和诉讼的机会。想要进行诉讼的人们往往受到野蛮的对待。诉讼中的不公平不会减少，也不会得到法律的保护。

有时候，如果我们检查一遍法律程序的话，就会发现，司法程序的烦琐往往使得民众经过许多烦琐的麻烦才能获得他们失去的财产或补偿。但事实却是，正是那些烦琐的法律程序保障了公民的人身自由和财产安全，烦琐和麻烦只是他们为自由付出的代价而已。

在政治温和的国家里每个公民的生命和财产都会受到尊重。他的生命和财产如果没有经历一个长时间的审讯是不能随意被剥夺的，即使是在面对国家指控时，他也有为自己辩护的权利。而当一个人拥有绝对权力时，他首先想到的是为方便个人简化法律，而没有把公民自由放在第一位。在共和国和君主国中，公民的生命、财产、荣誉、自由越受到重视，其法律程序就越复杂。尤其是在人人平等的共和国。

一个政体越是接近共和制，其判决的方式就越明确。在拉栖代孟和罗马，监督官在法律尚不明确时判案，往往是武断的，因而产生了一系列麻烦，以至于后来求助于建立明确的法律。

在专制国家更无法律可言，法官自己就是法律。君主国有其自己的法律，法律若明确，法官就有法可循；法律若模糊，法官也会尽其所能。在共和国里，其政体性质要求法官按照明确的法规判案，否则就会作出有损于公民利益的裁决。

在专制国家里，君王自己就是法官。在君主国里这种现象是被禁止的，因为那样国家的法律则荡然无存。如果君主成为法官，那么他将失去自己的最高权力——特赦权，而且还会造成概念的混乱，即什么人被特赦将会混为一谈。

法律就是君主的眼睛，通过法律，君主能看到那些他不曾发现的东西。如果君主成为法官，那么他将不再为自己而忙碌，而是为那些欺骗他的奸佞而劳动。

各种政体下的诉讼方法

在罗马共和国，公民可以控告另一个公民，这是符合共和国精神的。在共和国，每个公民都应对共和国利益抱有无限热忱，并都应被认为掌握国家的一切权力。到了罗马帝国时代，这种控告逐渐沦为告密者取悦君主的手段。

不同政体，诉讼和裁决的方式都会有所不同。君主政体下，裁决方式是公断，由法官们共同审议，最后协商达成一致。在共和政体下，法官们不需要为了大众而改变自己的意见，他们有保留自己意见的权利。

各种政体下刑罚的轻重

酷刑往往适用于以恐怖为原动力的专制政体，而不适合君主政体和共和政体。因为君主国以荣誉为原动力，共和国以品德为原动力。

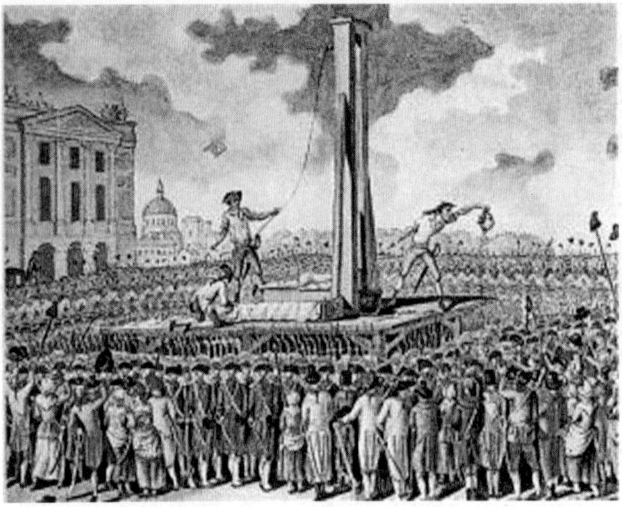

▶ 斩首的刑罚

斩首的刑罚历史相当长，古代多国均有斩首刑罚。对贵族受刑人采取斩首，最早是在古希腊和古罗马时期。

在政治温和的国家里，爱国心、廉耻心、害怕受到责难的心理都具有约束力，能有效地防止诸多罪行。因此，在这样的国家中，立法者防御犯罪胜于惩罚罪行，用良好的社会风范教育民众优于施用刑罚。

中国的学者有一

个不变的看法，在他们的帝国，刑罚越重，爆发革命的危险就越大。因为刑罚过重意味着民众的道德沦丧。几乎可以说在所有的国家里，刑罚的轻重与民众的自由程度成正比。在专制国家里，民众对死亡的恐惧超过了对生活的热爱。所以它的刑罚更重。而在政治宽松的国家里，民众对丧失生活乐趣的恐惧感甚于对死亡的恐惧，因此，它的刑罚只需剥夺民众的生活就够了。

处在幸福两端的人更倾向于酷刑。僧侣和统治者就是例子。只有生活平凡，处于幸福之间的人才会有温柔和怜悯之心。

个人面对的一切也是国家所要面对的。在野蛮国度，人们生活艰难。在专制国家，只有君王一人能受到幸运女神的眷顾，其他人则受到无尽的凌辱，只有在政治温和的国家才会有仁慈之光。当我们读到苏丹行政残酷的历史时，不禁为人性的残忍而惊叹。

在一个政治宽松的国家里，一个优秀的立法者懂得运用各种手段进行惩罚。在拉栖代孟有一种特殊的刑罚，即剥夺丈夫把妻子借给别人或接受别人妻子的权利，却允许其与处女共处一室。简言之，法律规定什么是刑罚，它就具备什么样的效力。

历史告诉我们，在刑罚较轻的国家，公民在精神上受到法律的影响与酷刑国家一样深刻。

残暴政府对待国家出现的麻烦和弊端的方法是让其立刻消失。并且这个政府不是沿用旧有法律，而是建立一种更加残酷的新刑罚以解决麻烦。可是政府的原动力也会因此失去弹性，一旦人们适应了新的酷刑，对酷刑的恐惧就会减轻，先前因恐惧酷刑而被遏制的罪行又会再度发生。

在我所生活的年代，人们以死刑来处罚逃兵，但是这样做并没有使逃兵减少。原因很简单：士兵们已经习惯将生命置之度外，他们轻视生命甚至以此为荣。所以对于逃兵来说与其处死不如让其蒙羞。这样刑罚看似加重了但却是减轻了。

经常有立法者认为，严酷的刑罚能更好地纠正弊端。但是如此一来，一个弊端解决了，另一个更严重的又会出现。这样弊端被纠正了，人们看到的却是残酷的刑罚，他们的精神世界随之被腐化，并开始习惯专制统治。

世界上存在两种形式的腐化：一种是人民不尊重法律，另一种是法律导致人民的腐化。后者是无药可救的腐化，因为治愈它就会导致更多形式的罪行。

日本法律的脆弱

过分刑罚甚至能导致专制政体的腐化。日本就是一个例证。

在日本，几乎所有的罪犯都会被判死刑。因为违抗天皇本身就是极端重罪。被判处死刑不再是应有的惩罚，而成了天皇维护权威的复仇。这种做法来源于奴隶制，即天皇拥有一切，因此几乎所有的罪犯都会违抗他的利益。在法官面前说谎就要被判死刑，这是有悖于人类自卫的本性的。甚至有些谈不上犯罪的行为也会被施以重刑，如赌博将被判死刑。

日本民众的性格固执、刚毅而又古怪。他们不惧怕任何危险。看上去，这样会使立法者免受责难，不会被人指责所立法律严酷。但实际上有些人天生不惧怕死亡，而常常为了一些微不足道的幻想剖腹自杀。

在日本，专制主义者滥用权力已经达到极限，而且已经超越了专制主义本身的残忍。有些人天生就充满了暴虐，只有通过更加残忍的方式才能支配他们。

这就是日本法律的精神。这些法律的残酷已经超出了法律本身所具备的力量。我在欧洲读到的史料记载，在日本的首都京都，被暴徒致死的人无法计算；许多年轻人被劫持，他们赤裸地被装进麻袋，丢弃荒野。暴徒的理由仅仅是让他们不知道自己走了什么样的路；他们将骑马者的马肚剖开，以使骑马的人落马，然后将他们劫持；他们推翻马车，劫持妇女身上的衣饰；荷兰人被告知不要在露台上过夜，否则将被暗杀，结果他们选择了离开。

罪与罚之间的恰当比例

刑罚的轻重程度是至关重要的。避免防范重罪要优于防范轻罪，防止危害社会大的犯罪甚于防止危害社会轻的犯罪。

如果一个抢劫的人和另一个既抢劫又杀人的人被判以同样的刑罚，这无疑是错误的。为了社会安定，有分别地判刑是必须的。在中国，抢劫杀人的人要被判凌迟，而只抢劫的人则不会被判如此重的刑，所以在中国抢劫的人往往不会杀人。在俄罗斯抢劫和杀人的刑罚相同，因此，抢劫的人往往会杀人灭口。

所以，当刑罚没有区别的时候，就应该在赦免上有所分别。例如，在英国，因为抢劫者不杀人就有可能减刑，而如果杀人的话便没有任何赦免的希望了。

▶ **钢铁处女**

这是欧洲中世纪的一种非人道的拷问刑具。刑具外形类似棺材，雕刻着少女的脸，内侧各个地方都装有铁钉，靠改变钉刺的不同部位进行拷问。

拷问、罚金与酷刑

由于人类有邪恶的一面，所以法律总是假定的比真实的要好些。当惩处罪犯时，有两个证人就足够了。法律相信证人，把证人的话当作事实。但是拷问罪犯却完全不同，拷问就本身而言完全没有必要。

当然，刑罚的选择不能仅用罚金的方式，同样也不能仅用酷刑的形式。

专制国家最善于用简单的法律，所以立法者大量使用同等报复的法律[①]。在中国，子女犯罪，父亲也要受到惩罚，这种刑罚源于专制强权。

君主的仁慈

在君主国，君主的仁慈是必要的。在共和国，品德是原则，仁慈没有那么

① 这是《可兰经》所创立的。

必要。在专制国家，几乎不存在仁慈。

君主国的原动力是荣誉。荣誉要求君主仁慈，君主们能因此获得更多好处。仁慈的君主容易获得民众的爱戴以及无上的光荣，其统治自然更加稳固，因此，君主们很乐意表示他们的仁慈。

第七节 政体原则与节俭法律、奢侈以及妇女身份的关系

奢侈

奢侈与财富的不均成正比。奢侈不会存在于财富均分的国家里，因为奢侈建立在从他人的劳动获得财富的基础上。

若要做到财富均分，法律就要给予每个人维持生活的必需品。如果超过这个限度就会产生财富不均。

在奢侈程度上，一个国家的奢侈程度取决于公民间财富不平均的程度以及各国间财富的不平均程度。比如在波兰，财富分配不平均极其严重，但是由于国家整体的贫穷使波兰不可能像其他富裕国家那样奢侈。

奢侈还和城市人口的数量成正比。人口越集中，人们的虚荣心越强，越想在细小的事情上表现出与众不同的风格。人口的迅速增长使得人们彼此之间变得陌生，那么他们的虚荣心也会增强，因为这样使他们成功的希望增大。于是每个人都表现出一种非常出众的状态，其结果就是人们失去个性变成了一个模样。当每个人都受到瞩目时，谁也便不被任何人所瞩目了。

如此一来，便产生了普遍的不便。有着某些特殊技能的人便开始针对自己

的技术随意定价，才疏学浅的人也跟着效仿，于是打破了人们的需求和财富平衡。

有的人认为，人口的高度集中会导致商业活动的减少。但是我认为，恰恰是因为人口的集中才激发了更多的需求和希望。

中国的奢侈

在有些国家里，需要限制奢侈。人口由于气候的影响而增多，维持生计的生活条件很不稳定，因此让所有居民都经营农业非常必要。在这样的国家奢侈就很危险。限制奢侈的法律应当非常严格。所以判断奢侈是否禁止首先应该观察当地的人口数量和最易生存的手段之间的关系。在英国，土地除了吃穿的基础供给外还绰绰有余，所以出现了与生存无关紧要的艺术。法国的农产品也足以养活农民和工人们，加上其对外贸易进口了许多必需品和那些无关紧要的物品，因此那里的人民并不惧怕奢侈。

中国却恰恰相反，妇女的生育能力很强导致了人口众多，耕地的数量远远不及人口的增长。居民只能勉强维持基本生活。因此，奢侈在中国是有害的。而勤劳和节俭的精神在中国是必要的。

中国历代皇帝的圣旨中就包含着这种精神。汉高祖说："我们的祖先训诫我们，若男不耕女不织，帝国的人民就要饱受饥寒。"于是，他下令拆毁庙宇。明朝的永乐皇帝在位时，有人向他献上矿山的宝石，他却下令关闭矿山，因为他不能让人民为了一些不能满足他们吃穿的东西而辛劳。

中国因奢侈而产生的必然结果

中国的历史上曾出现过二十二个朝代，也就是说，中国曾历经了二十二次全国性质的革命。这其中还包含无数次特殊革命。最初的三个朝代存在时间较长，这是因为统治者当时比较明智，版图不大便于管理。但是我们仍然发现，每个朝代建立之初都是非常好的，良好的品德，谨慎地做事，但是这些在朝代末便荡然无存了。实际上，开国皇帝们都是在征战中成长起来的，他们深感天下来之不易，所以重视品德、励精图治。但是在四五代皇帝之后，皇帝们逐渐忘记了得天下的艰辛，开始腐化奢侈、骄横淫逸。他们深居后宫，寿命变得短促，人们习惯了把小孩推上王位，权贵兴起，宦官得宠，帝国也逐渐走向灭亡。

民主政体下的节俭法律

▶ 凡尔赛宫

路易十四从 17 世纪开始兴建凡尔赛宫。在之后的一百年里，这里成为法国国王的主要居住地及政府所在地。

在平均分配财产的共和国里，不存在奢侈的现象。这种平均分配是共和国的优势所在，因此在共和国里，奢侈越少，它就越完善。在罗马初期和拉栖代孟时期都是这样。在没有丧失平等的共和国，劳动和品德促使人们愿意依靠自己的财产生活，而奢侈是不必要的。

在某些急需重新分配土地的共和国，限制奢侈是有益的。这些法律只有在操之过急时才产生危险。突然剥夺和赠予某个人财富会使他的家庭发生变革，也会引发全国性的变革。

在共和国，如若奢侈占有了一席之地，人们便开始追逐私利。当人们只被允许获得生活必需品而放弃其他时，他们就必须把个人荣誉和国家光荣放在第一位。但是一个被奢侈腐化的灵魂有更多的欲望，而且他很快会成为限制他欲望的那些法律的敌人。

罗马人腐化之后，欲望变得永无止境。各种道德沦丧的丑行百出，每个人都沉湎于骄奢淫逸，在这样的国家，还有什么品德可言呢？

贵族政体下的节俭法律

在政治体制不健全的贵族政体下，贵族们拥有财富却不能随意花费。奢侈因与节制原则不符而必须被抛弃。因此，在这样的国家里，既存在着没有财富极为贫穷的人，也存在着非常富有却不能随意花费的人。

在希腊共和国，政治优越使其在这方面有着令人羡慕的法律制度。它规定贵族必须把财富用于节日庆典、歌咏比赛、车马费、官职开销上。因此，富裕和贫穷都是一种负担。

君主政体下的节俭法律

塔西佗[①]曾说："日耳曼民族中的遂安人崇拜财富，他们生活在一人统治的君主政体下。"由此可看出，奢侈适合君主政体，在君主政体下法律不会限制奢侈行为。

为了使君主国家维系，奢侈之风应不断壮大。从农夫、手工业者、商人、贵族、官吏、王公、大包税人直至君王本人，奢侈层层加剧，否则国家就会毁灭。

在奥古斯都时期，奥古斯都以巧妙的手法避开元老们的整顿妇女奢侈之风的建议，因为他正在为瓦解共和国建立君主国而努力。

奢侈在君主国是必要的，在专制国家同样如此。前者认为奢侈是享受自由的产物，后者则认为奢侈是剥削奴隶的劳动成果。

从中我们得出一个结论：共和国会断送于奢华；君主国则会毁灭于贫穷。

---

① 塔西佗（55—120），古罗马元老院议员、历史学家。

妇女的贞操以及妇女不贞的惩罚

妇女们一旦丧失品德，其灵魂便开始走向堕落。在平民政治的国家里，淫乱之风是使其走上灭亡的原因之一。

所以优秀的共和国立法者要求妇女具备端庄的品德。尤其是风月场所的妇女更容易堕落，所以应该摒弃。有时候她们在自己还没有腐化前就已经将别人腐化了。一个国家的风月场所越多，它的道德沦丧得就越快。

有些国家对妇女的淫乱会施以重刑。罗马和伊斯兰国家的法律都有对淫荡的妇女施以重刑的规定。

妇女的身份地位及妇女的执政

在君主国里，妇女受到的限制很少，她们可以自由进出宫廷。由于女性自身的软弱性使她们不会骄傲，但是虚荣心和奢侈却一直伴随着她们。

在专制国家里，妇女不能奢侈，却成为奢侈本身的对象。她们是绝对的奴隶，没有自由可言。君主们玩弄女性，为避免事端将之幽禁在深宫之中。

在共和国里，法律规定妇女是自由的，但她们受着风俗的禁锢。奢侈腐化都是被禁止的。

在埃及，妇女作为一家之主是违背常理的。但这与妇女统治国家是两码事。前者是由于妇女天性软弱所致，但当她们统治国家时，这种软弱性促使她们更加仁慈和宽容。与残暴严厉的男性相比她们更能管理好国家。

在印度，人们对于妇女执政非常认可。印度法律规定，如果一个男性的母亲没有皇族血统而一个女性的母亲具有皇室血统，那么就由这位女性继承王位。在非洲国家、英国、俄罗斯都有许多例子证明妇女无论是在温和还是专制的国家里执政都能作出一番成绩。

第八节
三种政体原则的腐化

民主政体原则的腐化

民主政治的腐化包含不平等精神和极端平等。前者使民主政治变成贵族政治或君主政治，后者则使其变成专制主义。

在共和国，一旦出现这两种情况中的一种，品德则不复存在。人民行使官员的职权，官员将不再受到尊重，人们不尊重老者继而不孝顺父辈，妇女不顺从丈夫，奴仆不顺从主人。社会没有风纪，人们沉湎于放纵，最终品德就会沦丧。

在色诺芬的《盛宴记》中就描绘了一个共和国的民众是怎样滥用手中的平等权利的。每个客人都轮流向大家诉说自己愉快的理由。查米德斯说："我现在很快乐，因为我贫穷。以前的我富有却不得不奉承那些告密者，因为我知道我被他们陷害的机会远远多于我诬陷他们的机会。我总不能避开共和国向我征收的新税。可自从我成为穷人，便拥有了权威。没有人恐吓我，我却能威胁别人。我能自由来往，那些富人甚至离开自己的座位给我让路，我从前是奴

▶ 罗马人的颓废

罗马共和国中期，政局动荡不安，贵族们沉浸在荒淫的享乐中。这幅画描述了放荡的男女拥挤在一起寻欢作乐的场面。

隶，现在是国王了。我从前要向共和国纳税，现在共和国要养活我。我不怕失去什么，只希望获得什么。”

当人民所信任委托之人企图掩藏自己的腐败并开始竭力腐败别人时，人们就会陷入不幸之中。他们只谈人民的伟大以此来掩埋自己的野心，他们极力奉承民众以掩埋自己的贪婪。

腐化在这些贪婪的官员中蔓延，也将在那些被腐化的民众中膨胀。这些人贪污公共财产。他们贫穷却奢华，除了国家财富，再也没有其他能满足他们的了。

我们不应该惊讶于花钱拉票的现象。既不能给予民众过多也不能过量索取。过分索取只会让国家走向灭亡。人民在自由中获得的越多，那么他们就越快失去自由。于是开始出现许多小暴君，他们具有大暴君的邪恶特质。不久，一些残存的自由也变得无处安身。独裁的大暴君由此诞生，人民丧失一切权利，就连腐化带给他们的那些利益也荡然无存。因此，民主国家应该避免这两种极端。

当然，那些使希腊各个共和国腐化的人们并没有成为暴君。因为他们酷爱雄辩胜于武力，还因为希腊人民对那些颠覆共和国政体的人充满了仇恨。因此，希腊无政府状态之后就走向灭亡，而并没有发展为暴政。

真正的平等精神和极端平等有着天壤之别。真正的平等不会暗示人们指挥或服从旁人。而是指挥和服从与我们同等地位的人们。这种精神并不是摆脱主人的权威，而是应该没有主人，人人平等。

在原始社会，人们生而平等，但是这种平等并不能长久，社会会使他们丧失平等，只有通过法律才能恢复其平等。

一个秩序井然的民主国家与一个秩序混乱的民主国家的区别就在于：前者使公民平等，后者则是让官员、父亲、主人等身份之间平等。

品德的本质是自由，而品德距离极端自由和奴役就十分遥远了。

当人民获得巨大成功时，成功就使他们产生骄傲情绪，以至于他们自己无法驾驭。他们嫉妒官员，继而演变为对所有官员的妒忌；他们敌视执政者，不久又会演变为敌视这个政体。这就是为什么在沙拉米斯海峡对波斯人之战的胜利会腐化雅典共和国。也正因如此，雅典的失败导致了西拉库赛共和国的灭亡。马赛共和国就从来没有这种由弱及强的转变，因此这个共和国总是明智地自我管理，保持着自己的原则。

贵族政体原则的腐化

如果贵族们变得独断专行，贵族政体就腐化了。统治者和被统治者也就不再具备任何品德了。

如果统治阶级中各家族遵守法律，就会出现一个大的君主国中派生出几个小的君主国的现象，且它们都是非常卓越的君主国。它们都受到法律的约束，但如果它们不受法律约束，就会出现由一个专制君主统治的专制国家。

如果贵族不守法，共和国存在于贵族间，统治者之间是共和制，而被统治者则处于专制状态。这就形成了两种对立的团体。

当贵族转为世袭，其腐败也达到了极点，他们毫无宽容可言。如果贵族数量较少，他们的权力越大，他们的安全程度越会降低；反之他们的权力会很小，但安全性会高些。由于权力增大、安全降低，最终就会出现一个有着无限权力和极端危险的暴君。

君主国需要自信获得荣誉与稳定。共和国则需要忧患意识。比如，对于波斯的恐惧使希腊的法律得以维持。迦太基与罗马的相互惧怕使它们更加强大。奇怪的是这些国家越是安全，就越像一潭死水，腐败便从中蔓延。

君主政体原则的腐化

当人民夺走元老院、官员和法官的职能时，民主政治就消亡了。当君主逐渐夺走贵族和城市的特权时，君主政体也腐化了。前者是多数民众的专制主义，后者是君主一人的专制主义。

一位中国作家曾说："秦朝和隋朝灭亡的原因是君主对政务不是只做一般性的监督，而是事必躬亲。"他一语道破了所有君主国家腐败的原因。

当君主认为改变事物规律可以显示他的权威时；当君主剥夺一部分人的世袭职位而赐予另一部分人时；当他随心所欲超过自己的意志力时；当君主事事

亲为，把全国政务集中于首都，又将首都事务集于他一人之身时；当君主误解了自己的权威、地位以及人们对他的爱戴时；当他不认为自己处于安全之中却像暴君那样认为自己处在危险之中时，君主政治将走向灭亡。

当头等爵位变成头等奴役者时；当大人物不再受尊敬而变得武断专横时；当其得到的荣誉与其自身性质矛盾时；当高贵的爵位加诸一个拥有高贵爵位的人时，君主政体的原则便腐化了。

君主政体原则的腐败带来的危机，不是将政治温和国变成另一个相似的政治温和国，而是从一个温和政体变成一个专制政体。

专制政体原则的腐化

专制政体的原则是不间断地腐化着，这是由其政体性质决定的。其他政体的灭亡是由某些特殊的事破坏了政体原则。而专制政体的灭亡是必然的，是由它自身的不完善决定的。任何偶然的变故都不能阻止它的腐化。所以专制政体只有在气候、宗教、形式及民众的聪明才智等因素受到周围环境约束时，才能维持下去。它要求民众遵从已经设置好的规章。民众只有一点点权利。但如果专制政体性质不变，专制政体的残忍就会继续下去。

民主政体的特殊性质

共和国政体自身的性质决定了其领土不应太广阔，否则它将无法长久下去。一个国土辽阔的共和国必然拥有大量财富，因而缺少节制。大量财富掌握在一人手中，他们用各种手段扩大私人财产。最初，他们并不会想到自己的荣耀是靠压迫人民得来的，渐渐地，他们就会通过践踏自己的国家来获得财富和显赫。共和政体也就彻底被腐化了。

在一个庞大的共和国中，公共利益会因多种因素变成牺牲品。公共利益取决于并服从于许多例外。在一个小共和国中，公共利益显而易见，被公民了解，弊端也较少。

拉栖代孟之所以长期存在是因为每次战争后它都不扩充疆土，它唯一的追求就是自由，它自由的唯一利益就是荣誉。

君主政体的特殊性质

君主国的领土应大小适中。如果太小，它将变成一个共和国；如果太大，就容易导致诸侯割据。许多小诸侯的势力就会超出君主的控制范围，他们所在之地形成了大大小小的割据势力。这种情形使他们深信法律不能迅速制裁他们的罪行。他们表面上尊君主为王，实则自立为王。因此，如果君主国太大，很容易导致国家分裂。

▶ 亚历山大大帝

亚历山大大帝是马其顿国王和希腊的统治者，他征服了从小亚细亚到印度的波斯帝国。他开创了一个融合的时代。

所以查理曼大帝在刚刚建立帝国之初就不得不被迫将之分裂[①]。亚历山大死后，他的帝国也被瓜分，阿提拉死后，他的帝国也瞬间瓦解了。罗马帝国同样难逃分裂的命运。

迅速建立没有限制的权力是一种防止帝国分裂的补救方法。然而，这种方法却导致了另一种灾难，即陷入成为专制国家的深渊。

专制政体的显著性质

一个领土广阔的专制帝国，其君王必须要掌握专制权力。君主的决定被迅速地传达以弥补那些因距离遥远而导致的不便。要使远方的官吏畏惧君主的权

① 这次分裂奠定了今天的法国、德国和意大利版图的基础。

威，以防他们玩忽职守，法律就只能出自君主一人之手。并且还要根据一些突发事件不断变更。一个国家版图越辽阔，其突发事件就越频繁。

从上述论述不难看出，领土面积小的国家适合共和制，领土面积中等的国家适合君主制，领土辽阔的国家适合专制制度。因此，为了维持各自的领土，为了维持已建立的政体，国家精神是随着国家领土的大小而改变的。

中华帝国

传教士告诉我们，那个幅员辽阔的中华帝国，其政体令人称赞。它的政体原则竟然集恐怖、荣誉、品德于一体。这样看来，我所提出的三种政体原则的区分便存在这样一个异议。

但是我的疑问是，在一个多民族国家里，只用棍棒来解决问题，怎么会有荣誉可谈呢？而且我们的商人回来后从来没有谈及这个国家的品德。

巴多明神父曾记载：中国有几个亲王因皈依基督教而激怒了皇帝，并因此受到重罚。

错误本身也有其真实性。由于某些特殊情况，使中国政府没有达到应有的腐化程度。在中国，由于气候的影响，曾对道德观念产生了很大的影响，并且产生过奇迹。

中国的气候有利于人口的繁衍。那里的妇女生殖能力很强，即使最残酷的暴政也不能让其停止繁衍的步伐。中国人口繁衍将战胜暴政。

中国和其他生产稻米的国家一样，经常发生饥荒。当人民将要饿死，就会四处逃荒寻找食物。于是他们三五成群结为盗贼。其中一部分在结盟初期就被镇压了，还有一些成长起来的盗匪也被国家镇压了，而另一部分偏远地区的盗贼则获得了成功。他们不断壮大并武装自己直至其首领登上王位。

中国的皇帝与我们的君主不同。我们的君主如果失败了会感到他们来世会缺少幸福、财富和权力。而中国的皇帝很清楚他的失败意味着他的帝国和生命将被剥夺。

尽管中国有弃婴现象，但它的人口仍在增长。人们只有不停地辛勤劳作才能维持生存。这需要政府的关注。每个人都在劳动，而不担心自己劳动的果实被剥夺。因此，与其说是政府在管理国家，不如说是在操持家政。

这就是人们议论中国规章制度的缘由。他们试图将法律用于专制政体。然而，任何事物只要和专制主义联系在一起，就必然会失去力量。中国专制主义试图给自己套上枷锁，但最终只是徒劳。它用锁链武装自己，变得更加恐怖。因此，中国是一个以恐怖为原则的专制国家。

第二章

法律与攻防力量、政治自由、赋税的关系

The Spirit of Laws

本章重点论述了自由的概念、法律自由与政体的关系。孟德斯鸠将国家政体的权力分为立法权、行政权和司法权三种。通过英格兰实行“三权分立”的经验和罗马等国家行使三种权力的教训，从正反两方面论述了三种权力的关系，并告诉我们：三者关系处理得好坏将关系国家政体的巩固，民众、社会团体、党派等阶层的政治自由能否得到保障。

第一节
法律与防御力量的关系

共和国的安全谋略

共和国若领土较小，就容易亡于外力；如果版图太大，则容易亡于内部纷争。

这种双重危险在民主国家和君主国家都存在。这与其政体自身的好与坏无关，而在于事物的本质，因此它无法根治。

所以，如果人们不能创造出一个既具有共和政体的内部优点，又具有君主政体抵抗外部能力的政体，那么人类则会被迫永远生活在一人统治之下的专制政体下。而避免这一切的政体就是联邦共和制。

这种政体的组成结构是：由许多小国通过协约的形式联合而成一个大国。这是个由多个社会构成的新的社会。它以保障成员国的安全为目的，并以新的成员国的加入而扩大。

▶ **条顿骑士军团**

条顿骑士军团是中世纪时期来自德意志的骑士组成的作战军团。他们意志顽强英勇剽悍，曾有过辉煌的战绩。

正是这种联邦政体制使希腊得以长久繁荣。罗马人也曾依据这种联合称霸世界。欧洲视荷兰、德意志、瑞士同盟为永久共和国也正是基于此。

在古代，城市间的联盟较之今天重要许多。那时，弱小的城市要面临更大的风险。征服不仅使它们丧失行政和立法权，还会使它们丧失专属人类的所有东西[①]。

而联邦共和国则有能力抵御外敌，维护国家尊严，并杜绝国内腐化。因此，联邦制能防止一切弊端。

试图在联邦共和国篡夺权力的人是不会得到所有联邦成员的拥护的。如果他在某个成员国的权力太大，那么其他成员国便会产生恐慌；如果他占领了一部分地区，那么那些自由地区就会联合他所占领地区的独立力量在他尚未建立自己势力之时就将之推翻。

如果联邦中某个成员国发生叛乱，其他成员国就会联合平乱。如果一些弊端在某些地区滋生蔓延，那么其他法律健全的地区则会予以纠正。联邦国家中某一部分灭亡不会导致整个联邦的灭亡。联邦共和国可能被解体，但解体后每个成员国仍保留自己的主权。

在联邦共和国中，每个成员国都分享其优越的政治权利。这是它拥有的民主制的优点。在对外关系中，每个成员国联合起来拥有强大实力，这是它拥有的大君主国的优越性。

联邦应由相同性质的国家尤其应由共和国组成

迦南人之所以灭亡，是因为它都是一些小君主国，没有联合在一起共同防御。因为君主国的性质决定了它们不适合成为联邦。

德意志是由自由城市和某些隶属王公的小国组成的，很明显它不及荷兰和瑞士共和国完善。

君主国的精神是战争与扩充，共和国的精神是和平与宽容。除非强制，否则两种不同性质的国家无法在同一联邦共存。

像德意志这样的联邦共和国之所以存在，是因为其首领既是联邦的行政长

---

① 人类所特有的东西，即公民的自由、财产、妻室、子女、庙宇甚至土地。

官，又是联邦君主。

专制国家的安全谋略

共和国以相互联合谋求安全。而专制国家以自我孤立的方式谋求安全。专制国家以牺牲一部分领土为代价。比如破坏或使边境荒芜，使帝国腹地远离敌人。

几何学中有条公理：物体体积越大，其周长比例越小。所以这种破坏边境自我封闭的做法在大国中比在小国中更易让人接受。

专制国家的所有恶行就像一个凶残的无法被制止的敌人在攻击自己。专制国家的另一个隔离方法是在边远地区设立藩镇。莫卧儿、波斯和中国的皇帝都有自己的藩王。土耳其人将鞑靼人、摩尔达维亚人、瓦拉几亚人和从前的特兰西瓦尼安人安置在自己与敌国之间，认为这样才能保障自己的安全。

君主国家的安全谋略

君主国家不会像专制国家那样自我破坏，但一个中等规模的君主国容易受到外敌的侵略。所以它设有要塞保卫边境，并派军队驻守边塞。边境的每寸土地都要用战术、勇敢和决心去争夺。专制国家彼此进行侵略，而只有君主国家进行这种战争。

设置要塞对于君主国家来说是必要的。专制国家则畏惧要塞，并且不敢把要塞托付给任何人。因为在专制国家里，没有人热爱祖国和君主。

普通国家的防御力量

要保证国家具有强大的防御力量，就应该使自己的疆域大小适中，这样当遇到敌国入侵时就能迅速挫败敌人。无论入侵者侵略何处，都能将其击退。因此，国土面积适中，才能使军队从一个地方迅速转移到另一个地方。

法国和西班牙的国土面积适中，这使它们的防御力量可以灵活调动、集结，并迅速赶赴边境线。但像波斯这样庞大的帝国，一旦受到进攻，将分散各地的军队集结，就需要数月的时间，没等军队到达，边塞就已经沦陷了。此时，如果没有邻近地区的援军相助，敌人就会长驱直入，直逼都城。到那时，再召集军队赶赴首都为时已晚，首都早已沦陷。那些因惧怕刑罚而效忠的人，当国家即将沦陷、刑罚离他们远去时，他们便不再效忠国家与君主了。他们会为个人利益而四处奔波。于是，这个庞大的帝国便走向灭亡。

相对国力与邻邦的软弱

所有的强盛、力量和权力都是相对的。所以值得注意的是，在竭尽全力寻求实际强盛时不能削弱相对的强盛。

在路易十四统治期间，法国的相对强盛曾达到顶峰，而德意志、意大利却都没有出现这样伟大的君主。英格兰和苏格兰还没有成为联合王国；阿拉贡也没有与卡斯提合并；与西班牙较远的分支被其削弱，又反过来削弱了西班牙；而当时的俄罗斯与克里米亚在欧洲还是不知名的小国。

如果与一个走向衰败的国家相邻，就要倍加小心，避免加速它的灭亡。因为这样对于一个君主而言，有邻国的君主代替其接受命运的所有打击与侮辱，是更为便利的事，而对于征服者而言，征服这样一个弱国，并不能增强国力，反而会削弱其相对国力。

第二节
法律与攻击力量的关系

攻击力量与战争

进攻力量是由国际法规定的。国际法是国家间相互关系的政治性法律。

国家的生命与人类的生命含义相似。人类进行正当防卫时具有杀人的权利；国家为了捍卫主权领土完整有进行战争的权利。

▶ 十字军东征

十字军东征是一系列在罗马宗教的准许下进行的、持续了近200年的宗教性军事活动。由西欧的封建领士和骑士，对地中海东岸的国家，以收复阿拉伯所占领的土地为名发动的战争。

在公民之间，正当防卫没必要诉诸武力，只需向法院申诉即可。在紧急情况下，在法律救援不能及时到达时，他们才能行使具有攻击性的自卫权。然而，国与国之间有时候需采取进攻形式。比如，当一个国家发现持久的和平可能会使另一个国家消灭自己时，选择进攻是防止自己灭亡的唯一方式。因此，小国往往比大国拥有更多发动战争的权利。因为小国常处于担忧被大国灭亡的状态中。

所以，战争的权利基于必要性及严格的正当性。那些支配君主良知和决策的人，如果不能遵守这一原则，结果则会非常可怕。如果他们以专横的荣耀发动战争，那么，大地上将会血流成河。

诚然，君主依靠权威固然能增强国力，但是君主若用公正治理国家就会振兴百业。

征服的权利

战争权利产生征服的权利，后者是前者的结果，因此征服权利应追随战争权利的精神。

征服者对被征服者拥有的权利将受四类法律的支配：第一，自然法，它使万物得以保存。第二，自然理智法，它要求人们将心比心。第三，政治社会构成法，即大自然对政治社会存在期限不加限制。第四，最后一种法律来自政府本身。征服是一种获得，获得的精神是保护及运用，而非破坏。

征服国对被征服国采取四种方式中之一种：第一，遵照被征服国原有的法律法规，保留原有的行政机构。第二，建立新的政治及民事统治机构。第三，摧毁被征服国原有的社会结构。第四，消灭被征服国的全体人民。

第一种方式与我们今天的国际法相符，第四种方式符合古罗马人的国际法。哪种进步、哪种落后毋庸置疑。我们反对那种野蛮暴行的同时还要赞美当代社会的理性与文明。

某些法学家假定征服者拥有杀人的权利，这简直荒谬透顶。他们从这一原则出发，建立了某些可怕的准则，而稍有理智的人是不会采取那些准则的。显然征服一旦完成，征服者就不再拥有杀人的权利了。因为，征服者已不再拥有自我保护和正当防卫的理由了。

那些法学家的错误在于：他们主张征服者拥有毁灭一切的权利。这是一个错上加错的结论。既然社会能被消灭，那么构成社会的人也不例外会被消灭。然而社会是由人群而非个人构成，公民可以被消灭，人类却是永存的，又怎能消灭呢？

在法学家这个错误论点中，政治家们又推出了另一个错误的论点：征服者有奴役被征服者的权利。征服的目的是维护而非奴役，奴役仅仅是为达到某种维护目的而使用的手段而已。

永久性的奴役是违背事物自身发展的规律的。应该把那些被奴役的人民变成征服者的臣民。奴役仅仅作为一种权宜之计，当征服国与被征服国在风俗习惯、婚姻、法律、交流上融为一体时，奴役就应该停止。因为征服者的奴役权力是建立在这一切未融合的前提下的。

所以，优秀的征服者总是将被征服的人民从奴隶恢复到自由人的身份。查理曼为了驯服撒克逊人，剥夺了他们的人身自由和财产。而路易使他们恢复了自由，这是路易在位时作出的最明智的举措。

被征服民族获得的某些利益

如果政治家们把目光从那些征服者的权利上转移到如何给予被征服民族某些利益的话，将是再好不过的事了。如果国际法能在世界范围内确立并得到严格的遵守的话，人民会对其有更深刻的感受。

被征服的国家国力和政体往往处于非正常状态。腐化已达到极限，统治者骄奢淫逸，人民生活贫困，法律也名存实亡。如果被征服没有使它灭亡，没有人会怀疑被征服使其获得了相对利益。如果它无法变革，为何要失去被改造的机会？当征服者看到被征服者存在弊端，我认为征服者就应该对其整顿。

减免，征服者也不会像以前君王那样贪婪。此时，弊端自然消失。有时，征服者节俭治国，甚至可能将前君主的财产和生活必需品归还给人民。我斗胆认为，征服有时能将一个处于水深火热的国家置于一个更好的明君统治之下。

西班牙征服者对墨西哥人几乎没做什么好事。他们给墨西哥人带去了狂热的迷信，而并未向其传授慈悲的宗教；他们把自由的民众变为奴隶，而并没有将奴隶变为自由人；他们没有教化墨西哥人破除祭祀活人的恶俗，而是屠杀了大量的墨西哥人。他们对墨西哥人犯下的罪行罄竹难书。

征服者总要为他们的行为付出某些代价。征服的权利有它的必要性和合法性，同时又是一种不幸的权利，它会给征服者留下一笔关于人性摧残的巨额债务。

共和国所进行的征服

在联邦共和国里，一个联邦成员征服另一个联邦成员是违背事物发展的常理的。而如果是在混合型的联邦国[①]发生这种情况就有它的合理性，而不至于让人们如此惊讶。

如果一个民主共和国征服了某个地区，而不把民主精神推广到这里也是违背事物发展的常理的。被征服的人民应该享有自治权。而且被征服人民的数量应该受到限制，使之符合实行民主政治所对应的公民数量。

如果一个民主共和国将被征服的人民作为臣民来统治的话，那么它自身的自由就危险了，因为那些被派往被征服国家的官员将拥有巨大的权力。

亚里士多德曾赞美迦太基上议院的明智，没有真理的支持他们不会作出任何决定。汉诺想把汉尼拔交给罗马人，并非他们惧怕罗马人，而是因为他们害

▶ 滑铁卢战役

滑铁卢之战是一场一流的战役，取胜的是二流的军队。它不仅彻底结束了拿破仑的军事生涯和政治生命，也改变了整个欧洲的历史进程。

① 混合型联邦国是由一些小共和国和小君主国联合而成的。

怕汉尼拔。

民主国家对外征服还存在另一种不便，即它的统治会受到被征服国的憎恨。这种统治表面上看更像君主制，但实际上比君主制还要残酷许多。

另外，被征服的人民是悲惨的，因为他们既不能享受共和国的利益，也无法享有君主国的利益。

所以，当一个共和国把另一个国家作为自己的附属国家时，应该尽其所能弥补由此而产生的所有弊端，并为这个附属国家制定出优良的政治法和民法。

君主国所进行的征服

如果一个君主国能够在由于扩张而导致国力衰退之前维持长久的繁荣，它将成为一个令人生畏的强国。而它周围的小君主国又会使之长期保持强大的国力。

因此，君主国应在它的政体许可范围内征服。一旦超出这个限制，就应停止征服行为。这种征服应该将被征服国的法院、法律、习惯和特权等予以保留，而只改变军队和统治者的名称。

当一个君主国长期进行征服，那么，它原有的领土上则会劳民伤财、不堪重负。这些地区要忍受新老两种弊端。它的人口也会因大城市的崛起而倍减。如果征服国对被征服国的统治也像对待原来人民那样，国家就要走向衰亡。因为征服所带来的新的财富不会发到原有地区，这样边境就会日益萧条，边防也随之变得脆弱不堪。原有人民也会出现反叛心理，边防部队的生存基础也会动摇。

一个视扩张为己任的君主国，其都城繁荣奢华，而偏远地区却凄惨凋敝，而更加边缘的地区又很富裕。就像地球一样：中间是疯狂的烈火，表面是青草绿树，而干旱、寒冷和贫瘠的土地介于两者之间。

当一个君主国征服了另一个君主国时，如果被征服的国家较小，就容易建造堡垒加以保卫；如果被征服国较大，则更适合以殖民地的方式加以统治。

在被征服地区，让被征服者保留其风俗有时候比让其保留原来的法律更加重要。因为一个民族对自己的风俗总要比对原有的法律更为熟悉、更加热爱，也更愿意去维护。

法国人曾9次被逐出意大利。史学家记载，是因为他们对女性的粗野无礼所致。对于被征服国而言，要忍受征服者的趾高气扬已属不易，更何况还要忍受他们的傲慢无礼和粗暴行径。

当一个君主征服了一个大国时，有一种非常好的方式，既可以调剂专制力量，又能维持被征服地区。中国的征服者曾使用过这种方法。

为了避免被征服者绝望，同时也防止征服者过于傲慢，防止政府军国化，使两个民族都能够自我约束。中国的满清皇室制定了这样的规定，即国家的每支军队都由各占半数的汉满两族组成，朝廷也由汉满两族对半组成。这样做的好处有：第一，两个民族可以互相监督。第二，两个民族各自拥有军事和民事权力，使一方不至于被另一方消灭。第三，满族可以扩大自己的势力而不至于被削弱甚至被灭亡，并且还有能力抵御外敌。这种制度非常明智。

实行征服的专制主义国家

当征服幅员辽阔的国家时，就会产生专制主义倾向。当军队被分派到各个省份后，兵力不足的现象就会出现，这样君主身边就必须拥有一支誓死效忠的军队，以便随时听从他的命令去平定叛乱。这支军队必须勇猛无敌，装备精良，这样才能制约其他部队，使他们不敢叛乱。中国的皇帝身边就有一支这样的满族军队，他们随时准备投入战争。在莫卧儿、土耳其、日本等国家的君主都有一支这样的近卫军，以震慑其他军队。

▶ 恺撒征服高卢

高卢战争使整个高卢地区都臣服于恺撒，自此恺撒大帝走向他权力的顶峰。这场战争也加速了罗马共和国的解体和走向帝制的步伐。

专制君主应把被征服国家作

为自己的附属国。历史学家曾高度赞美那些将王冠再度交还被征服者的征服者们，这种做法是非常必要的。如果征服者直接治理被征服的国家，他委派的官员就会不知道如何约束被征服的臣民，征服者自己也不能约束那些派去的官员。此外，征服者还必须要抽调国内军队去保卫新的疆土。两个民族所有的痛苦就会交织在一起。原本国内的不稳定就会蔓延到另一个国家中。相反，如果征服者让被征服者的国家在服从附属的前提下重新统治自己的话，他将获得一个重要的盟友国。这样的结合可以增强他的国力。波斯王那第尔征服了莫卧儿王国，掠夺了他们的财富之后，又将印度斯坦留给了莫卧儿。

第三节
规定政治自由的法律与政治制度的关系

民主与自由的含义

自由有多种含义。关于什么是自由众说纷纭。有人认为，能罢免享有专制权力的人是自由；有人认为，有权选举官员是自由；有人认为，能拿起武器实施暴力的权力就是自由；有人认为，只受本国民族统治，并只受本国自己的法律约束是自由；还有人将自由与具体政体联系起来，排斥其他政体。崇尚共和政体的人说共和政体有自由；崇尚君主政体的人说君主政体有自由，最终人们把那些符合他们习惯和倾向的统治称为自由。在共和国，人们往往看不清导致苦难生活的原因。在那里，法律的呼声很高，而真正执行法律的人很少。所以，人们通常会认为共和国有自由，君主国无自由。最后，在共和国中，人民似乎是想做什么就能做什么，并把这称为自由，而将权力与自由混为一谈。

确实，在民主国里，公民想做什么就可以做什么。但政治自由并非如此。在一个法制社会里，自由是人们能做其应该做的，而不是被迫做不该做的事。

我们应该弄明白什么是独立、什么是自由。自由是在法律允许范围内做自己想做的事的权利。如果一个公民能够做法律所禁止的事，那么他就不再自由了。因为其他人也同样拥有这样的权利。

民主政治和贵族政治国家，在本质上并不是自由的国家。政治自由只存在于温和政体里。而且只有那里的国家权力不被滥用时才存在国家自由。然而事实经常是这样，那些拥有权力的人很容易滥用权力，直至权力离他们远去，这是亘古不变的经验。道德自身也需要界限。

要防止滥用权力的事情发生，就必须以权力制约权力。有这样一种政体，它不会强迫人们去做法律禁止的事，也不禁止人们做法律容许的事。

保证自由实现的政治制度

一般情况下，所有国家都有一个共同目标，即和平安定，但每个国家又有其独特的目标。比如罗马的目标是扩张，拉栖代孟的目标是战争；犹太人的目标是宗教，马赛的目标是贸易，中国的目标是和平，罗德人的目标是航海，野蛮人的目标是天然自由；君主国家的目标是君主和国家荣誉；波兰的目标是每个人的独立。

▶ 自由引导人民

这幅描绘巷战场面的画作，表现了巴黎市民为自由英勇战斗的精神。

世界上还有一种国家，它把政治自由作为最终目标。我们要对它建立的原则进行考察。如果是合理的，那么自由就能很好地实现。

每个政体都有三种权力：立法权、对国际法的执行权和对民法的执行权。依据第一种权力，国王或执行官能制定暂时性或永久性的法律，并修改或废除旧有法律。依据第二种权力，君主可以讲和或宣战，派遣或接见使节，维护公共安全，防御侵略。依据第三种权力，君主可以惩罚罪犯，解决民众纠纷。我们把后一种称为司法权，而把另一种权力称为行政权。

对于公民来说，政治自由仅是心理上的安抚罢了。这种安抚源于人们对自身安全的评价，为了获得自由，政府应建立在公民无惧怕感的基础上。

当立法权和行政权集于一人之身或集于同一机构之手，自由就不存在了。因为人们会害怕这个君主或机构制定暴虐的法律，并强制执行。

如果司法权没有同立法权和行政权分立，自由也同样不会存在。如果司法权和立法权合并，人民的生命和自由将处于专制统治之下，因为法官就有立法权。

如果同一人或由贵族、显要人物和平民组成的同一机构行使以上三种权力，自由将彻底消失。

大多数的欧洲国家属于温和政体。国王拥有前两种权力，而把第三种权力交给人民。其他国家则不然，土耳其、苏丹集三种权力于一身，实行残酷的专制主义，毫无自由可言。

在意大利共和国，这三种权力结合在一起，其拥有的自由比君主国还少，为了维护自己的统治，这些国家也需要采用土耳其那种残暴手段。国家设立了监察局、检举箱，告密者可以随时以书信的形式控告别人。在这样的共和国里，公民的境遇无比悲惨。同一个机构，既拥有司法权，又拥有立法权。立法权使它可以用公共意志来破坏国家，司法权使它可以用特殊意志摧毁每个公民。

当三种权力融为一体时，尽管看不到专制主义奢华的外表，但人们却时刻感受到专制主义的存在。

因此，实行专制的君主总是从独揽各种要职开始。欧洲的许多国王就是独揽一国所有要职。

我得承认意大利共和国纯粹的世袭贵族政治与东方的专制主义完全不同。有时官员的数量很多，因此官僚机构会变得温和一些。贵族们的意见也不会总一致，因此会有许多特殊法庭的存在，其目的是调和贵族间的不和。但是，这些法庭的法官都来自同一团体，所以这里只行使相同的权力。

司法权不能交给议会，而应该交给民众中有头衔的人，由他们组成法院，在一年的某些时间里依照法律规定行使司法权。这样，令人畏惧的司法权既不依附于某种职业，也不依附于某个阶级，它是无形的，人们畏惧的不再是某个法官而是执法的机关。这个法庭存在的时间要根据需要来确定。

其他两种权力则可以交给官员或常务机构，因为这两种权力都不与任何个人相关。一种属于国家意志，而另一种则是执行这种意志而已。

但如果法院不是固定的，那么判决应是不变的。因为准确的法律条文才是判决的依据，如果判决取决于法官个人的观点，那么人们就不会明白自己所承担的义务。法官甚至应与被告人处于同等地位，这样，被告就不会担心法官有可能因个人喜好而错判。

▶ **威尼斯共和国**

1848 年 3 月 23 日，威尼斯共和国宣告成立。自此威尼斯从奥地利的统治下解放出来，并确立了新的共和国制度。

此外，立法机构也不能允许执行机构把能为自己的行为作出保证的公民监禁起来，因为那样就无自由可言了。每个公民都受到法律的保护，都享有人身自由的权利，除非公民犯了重罪，需要立即逮捕审讯。

但是，当立法机构认为某种谋反或串通外部敌人的行为使整个国家处于危险境地时，它可以授权执行机构在规定期限内逮捕有犯罪嫌疑的公民。这些人在被逮捕期间暂时失去自由。但这恰恰是为了永久的自由所作出的牺牲。

在自由国度里，每个人在精神上都是自由的，不受他人的支配，所以全体公民都应拥有立法权。但是这在大国里是行不通的，即使在小国也不可能实行。人民应由他们的代表来代替他们做无法处理的事务。

人们对自己所在城市的需求的了解远胜于外地人，他们对左邻右舍的才能评估比对其他同胞的评价更确切。因此，立法机构的成员一般不应该在全国范围内选举，而是由每个区域的当地居民选举出自己的代表。代表的最大优势是他们具有参政议政的能力，而民众则不能，这也是民主政治的一大缺陷。

▶ 美国芝加哥工人大罢工

建立了民主制度并不代表可以一劳永逸。1857 年，美国爆发了严重的经济危机并很快蔓延到欧洲，许多劳动者开始游行、罢工。

代表虽然由公民选举产生，但也不必像在德国那样，事事请示选民。因为这样会造成无限制地拖延时间，议员之间的沟通也会产生困难，甚至在紧要关头，整个国家的权力部门也会因此瘫痪。

除了那些社会地位极其卑微且没有自我主张的人以外，每个地区的公民都应有选举代表的权利，这是公民的基本权利。

代表团不是为了作某种决议而被选出的，因为他们并不适合作某种决议。但是，代表团能够制定法律并监督其能否有效执行，这是代表团能做好的事，而且只有它才能做好这些事。

一个国家中，总是有些出身高贵，或者腰缠万贯，或者声名显赫的人。如果他们与广大民众一样有投一票的权利，那么，共同的自由就会成为对他们的束缚，他们丝毫不会有保护这种自由的兴趣。因为大多数决议将与他们的意志相悖。他们在立法中享有的权利应与他们在其他方面享有的利益一致。如果他们有权制止平民的侵犯，那么平民也有权制止他们的侵犯。

因此，贵族团体和被平民选举产生的代表团体都应拥有立法权，他们都应有各自的议会，以及各自的主张和利益。在以上的三种权力中，司法权从某种意义上讲是不存在的。这样就只剩下两种权力，这两种权力间需要有一种调节权，使得它们变得温和。由贵族承担立法这项任务最合适。

贵族团体应该是世袭的，首先这是由它的性质决定的。其次贵族有保留其特权的强烈愿望。在自由国家，这些特权本身是令人憎恶的，也是非常危险的。然而，世袭权很容易成为少数人追求个人利益的工具。这种世袭权在立法上应该只有反对权而无决定权。

所谓的决定权是指制定法律或修改其他人制定的法律的权力。所谓反对权是指取消别人作出的决议的权力。

行政权应掌握在君主一人手中，因为这种权力要求行动快捷，所以由一个人发号施令比由几个人管理要容易得多。而涉及立法方面的事情则由几个人处理要比一个人处理好些。

如果没有君主而把行政权交给某些立法机构选举出来的人，自由就不复存在了。因为前面提到的两种权力就会合为一体，有时候一人同时享有两种权力，而且他总能享有其中一种权力。

如果立法机构很长时间不召开会议，自由也会消失。因为这样，至少就会出现以下一种情况：一是不再有立法机构的决议，国家陷于无政府状态；二是由行政机构作出决议，行政权就会变成专制统治。

当然，立法机构频繁开会也无必要。这不仅会给代表们造成不便，而且也会占用他们的时间和精力，于是他们就会不思政务只想着如何保住自己施政的特权。

此外，如果立法机构连续开会，新议员去顶替死去的议员。在这种情况下，立法机构一旦腐败，就无可救药了。人民一旦看到了它的腐败，就不再会对它所制定的法律抱有任何希望。

立法机构不应自行召集会议，因为一个团体只有在召开会议之后才被认为有了统一的意志。如果不召开全体会议，就很难说清哪一部分才是真正的立法机构，是参加了会议的部分，还是未参加会议的部分。如果立法机构有自行休会的权力的话，那它就会永不休会，这种情况在它想侵犯行政权时就会变得非常危险。另外，立法机关开会的时间有适宜和不适宜之分。所以，行政机构应根据具体情况来规定会议的召集时间和期限。

如果行政机构无权制止立法机构的侵犯，后者就会变成专制。因为它会宣称自己拥有它所能想象到的一切权力，而摧毁其余一切权力。但是，立法机构无权限制行政机构的权力。因为行政权从性质上规定了它的权限。此外，行政权总能迅速地行使自己的职权。罗马的行政长官就拥有不当的权力，他们不但可以阻止立法，甚至还可以阻止执行，这就带来了无穷的危害。

但若在一个自由的国家，情况就不同了，立法机构不应有限制行政机构的权力。而它只有检查它所制定的法律执行的权力。这正是英格兰政府比克里特和拉栖代孟政府的高明之处。但是，不管如何检查，立法机构都无权审判行政官员。因为行政官员不受侵犯对于国家防止立法机构走向专制是必要的。行政官员一旦受到指控，自由就无从谈起了。

在这种情况下，国家就不再是一个君主国，而成为一个没有自由的共和国。但是，执政者如果没有坏顾问在身边的话，事情就不会变得很糟。尽管法律为他们提供了正常人的保护，这些人仍然要受到法律的追究或惩罚。这是英格兰政府比尼德政府的过人之处。

一般情况下，司法权不与立法权的任何部分相关联，但也有三种司法权建立在受审人的私人利益基础上的例外情况。

达官显贵总是受到平民的羡慕和嫉妒，如果把他们交给平民来审判，就会处于危险的境地，他们甚至不会享受到在自由国家中公民所应享有的最少的待遇。因此，贵族不应在普通法院受审而应交由立法机构中由贵族组成的那部分人去审判。

有时还会出现这种情况：某个公民在执行公务时侵犯了人民的利益，其罪行是执法机构所不能或不愿惩罚的罪行。但是，一般来说，立法机构不能进行审判，尤其是在立法者代表被侵犯一方的民众时。为了维护人民的尊严和被告人的安全，应该由立法机构中代表平民的那部分阶层向立法机构中代表贵族部分的阶层提出上诉，他们之间既无共同利益也无相同的嗜好。这正是英格兰政府比其他古代共和国的优越之处。后者的弊病在于，民众既是法院又是原告。

如前所述，行政官员在立法中应享有反对权，否则他们将失去自己的特权。但如果立法者参与执行，行政权也同样会失去作用。

如果国王以命令的形式参与立法，自由就会消失。但是，当他为了维护自己的统治而要参与立法时，就必须通过行使反对权来参与。

罗马政体的变更原因就在于，拥有一部分行政权的元老院和拥有另一部分

▶ 恺撒在元老院

恺撒妄图独裁的阴谋遭到了元老院的反对。在最后一次听证会上支持恺撒的罗马士兵冲进会场逮捕了那些态度强硬的议员，恺撒彻底与元老院决裂，罗马开始走上独裁之路。

行政权的行政官员都没有人民享有的否决权。这就是英格兰政府的基本政体，即立法机构由两部分组成，它们彼此都拥有反对权，并彼此制约；它们都受行政权的约束，而行政权本身又受立法权的约束。

这三种权力本应处于静止不动的状态。但由于事物必然的运动迫使它们运动，因此它们只好协调一致地前进。

行政机构在立法中只拥有反对权，而没有参与立法问题辩论的权力。

它甚至不需要提案，因为它总能够否决其不希望人民提出的议案。

如果行政机构除了表示同意之外还能够对国家征税作出决定，自由将会不复存在。因为它在立法的最重要问题上变成了立法机构。

如果立法机构在税收问题上不是逐年进行，那么，立法权就会有丧失自由的危险。因为这样行政权将不依赖于立法权。而且当行政机构永久地取得了这种权力，那么对它而言，这种权力是它所固有的还是他人授予的就无关紧要了。

为了预防行政机构可能出现压迫行为，委托行政机构指挥的军队就应该是人民组成的军队，并且其精神应该如同马利乌斯时代的罗马一样。为了做到这一点，只有两个办法：一是在军队服役的人应有较多财产，作为他在行为上对其他公民负责的担保，并且服役期限以一年为限，就像罗马那样。二是如果没有常备部队，军队的士兵是由国内最卑贱的人充当的，立法机构则应有随时解散军队的权力，士兵则应与民众居住在一起，没有单独的营地和练兵场。

军队一旦成立，就不能直接听命于立法机构，而应受行政机构的指挥。因为在职责上，军队注重行动甚于言论。

正如世间万物都有终结一样，国家有朝一日也会失去自由，走向灭亡。罗马、拉栖代孟和迦太基不就是灭亡的例子吗？当立法机构比行政机构更腐败时，这个国家就会灭亡。

我的目的不是考察英国人现在是否真正地享有这种自由，我只想说这种自由是由他们的法律建立的。我无意借此贬低其他政府，我只是认为适中往往比极端更适合人类。

我们熟悉的君主国

我们熟悉的君主国，不像英格兰那样把自由作为直接目标。它们只追求公民、国家和国王的荣誉。然而，这种荣誉中产生了一种如同自由本身一样给这些国家带来福祉的自由精神。

在这些国家里，三种权力的划分和建立并非像英格兰的政体模式那样。每一个国家的划分都有它独特的方法。这些划分方法，或多或少地带来了一些自由。否则，君主政体就会变为专制统治。

亚里士多德及其他政治家的想法

亚里士多德在论述君主政体时，把君主国分为五种。他按突发事件，如君主的美德或堕落，或根据外部事件如篡夺或被继承来区分。他把波斯帝国和拉栖代孟王国[①]都分到君主国的行列。

古人因为不懂得专制君主政体中的三权分配，所以对其不能作出正确的评价。为了使这种政体变得温和，伊庇鲁斯王阿利巴斯[②]倾向于共和国这种体制。

---

① 一个是专制国家，另一个是共和国家。

② 见查士丁尼《世界史纲》第 17 卷。

▶ **亚里士多德**

古代先哲，堪称希腊哲学史上的集大成者，是一位百科全书式的科学家。他的著作涵盖道德、美学、逻辑、科学、政治和玄学多个领域，构建了西方哲学的第一个广泛系统。

摩洛西人不知道如何限制专制君主政体，因此设立了两个国王①。如此一来，对国家的削弱超过了对国王统治权力的削弱。他们本想让两个国王彼此竞争，结果却使两个国王互相为敌。

在本章中我想深入探究每个温和政体中三权分配的情况，并依次评价在每种政体中人民享有自由的程度。但我又不应该在这个问题上消耗大量笔墨，而是给读者一点思考的空间。

第四节
规定政治自由的法律与公民的关系

关于政治自由，我们除了要讨论它与政体的关系外，还应该从它与公民的关系上去探究。在与政体的关系方面，政治自由是通过三权分立而形成的。但在与公民的关系方面，政治自由是指要让公民有安全感。

有时候，政体是自由的，而公民却毫无自由可言；还有时候，公民是自由的，而政体却毫无自由可言。这就出现了两种情况：前者是政体在法律上是自由的，而事实上不自由；后者是公民在事实上是自由的，而在法律上不自由。

在自由和政体的关系上，建立自由只是法律的条文而已，甚至是基本法的

① 亚里士多德《政治学》第5卷第9章。

规定。但是在自由和公民的关系上，风俗、规矩和惯例都能产生自由，甚至某些民法鼓励自由的形成，在本章将要谈到这些问题。

公民自由

哲学上的自由是能自由行使自己的意愿，或者如果要从所有体系来说的话，自由是我们能自由行使自己的主张。政治自由就是要有安全感，或者至少自己认为自己是安全的。这里的安全指的是在公或私两方面的控告中受到的威胁。所以，公民的自由取决于好的刑法。

刑法并不是一次就达到完善，甚至在那些人们非常向往自由的地方，也不是总能找到它。亚里士多德告诉我们，在丘麦，原告的父母可以做证人。在法律极不完善的罗马君王时代，塞尔维乌斯·图里乌斯亲自宣告对安库斯·马尔蒂乌斯的子女暗杀他们岳父的判决。在法兰西初期，克洛泰尔制定了一项法律，规定被告未经审讯不得判罪。

人们在某些国家已经获得的知识或在其他国家将要获得的知识，以及在审判中所遵守的最稳妥的法律，要比世界上任何东西都值得关注。只有这些知识被应用于实践，自由才有可能建立起来。在一个拥有最好法律的国家里，哪怕是一个被判就要绞死的人，也比土耳其的一位高官要自由。

单凭一个证人就把人处死的法律会毁灭自由。更加合理的做法是要有两个证人，因为一个证人证明犯罪，被告可以否认，这就需要一个第三者出来打破这种僵局。

依照犯罪的性质和轻重定罪有利于自由

如果刑法依据犯罪的具体性质来确定惩罚力度，自由就容易实现了。专断没有了，刑罚不再依照立法者的主观意志，而是按照犯罪的性质和轻重而定。这就不是人对人施暴了。

▶ 苏格拉底之死

苏格拉底死于一次民主审判，他被雅典城邦的公民们公决为离经叛道，被判死刑。雅克的这幅画作描述了苏格拉底行刑前的情景，表现了他为信仰和真理而献身的精神。

犯罪的种类主要有四种：第一类是侵犯宗教罪，第二类是道德犯罪，第三类是扰乱公共治安罪，第四类是危害公民安全罪。判刑时应该根据不同类型的罪行加以区分。

第一类有关宗教的犯罪，我指的是直接侵犯宗教的罪行，如一般的渎圣罪。因为那些骚扰宗教活动的犯罪，会危害公民的安宁与安全，所以我认为应将其划归相应的类别。对于渎圣罪者的惩罚是剥夺宗教给予他的一切权利，如驱逐出庙宇；暂时或永久不准与其他教徒来往；将犯罪者孤立；憎恶、诅咒犯罪者等。

危害国家的安宁的秘密行动需要司法部门管辖。但是侵犯神的行动只要不是公开进行的，就不存在犯罪问题。它发生在人与上帝之间，自然由上帝去确定合适的刑罚进行惩罚。如果法官追查的话，那便侵犯了公民的自由，这样就会使那些胆怯和勇敢的信仰者都开始与公民作对。灾祸就是从“要为神复仇”开始的。我们应该敬神而不应为他报仇。因为如果按照为神明复仇的这种思想去惩罚，刑罚就会永无穷尽。

第二类是道德犯罪。如违犯了公共或个别的禁欲规定。这类犯罪从本质上看，并不是有意为恶，而是忘记了自制。惩罚可以是剥夺犯罪者享有崇尚纯洁风尚者所能享有的好处，罚款、羞辱、强迫藏匿、驱逐出城、禁止社会交往，以及足以制止两性不检点行为的一切属于轻罪范围的惩罚。当然，这里所涉及的是纯粹道德方面的问题，至于诱拐与强奸等危害公共安全的罪行属于第四类。

第三类是扰乱公民安宁的犯罪。对这类犯罪的惩罚应依照案件的性质，实施如关押、流放、矫正惩戒以及其他惩罚，使那些罪犯重新遵守既定的秩序。对于违犯安宁罪，我指的是一般的治安损害，而那些扰乱安宁的同时又危害安全的犯罪应该归于第四类。

第四类犯罪的惩罚被称为“酷刑”，是一种“对等报复”，即社会对一个剥夺或企图剥夺他人安全的公民拒绝给予其安全。这种惩罚是从案件性质出发的，其根源是人类善恶的天性。当一个公民侵犯他人安全并剥夺或企图剥夺他人生命时，就应该被处死。死刑是病态人际交往的药剂。侵犯财产安全的罪行有时候也有理由处以极刑。通常情况，对危害财产安全的罪行最恰当的惩罚还是没收财产更好些。但是，因为犯罪人没有自己的财产而又占有别人的财产就需要用肉刑来代替罚金。

有些控告尤其需要克制和审慎

我们需要注意的是，对“魔法”和“异端”的起诉要非常慎重。对这两种罪行的起诉可能会导致自由的毁灭。如果对其不加以限制，它甚至会诱发无休止的暴政。因为这种控告多半是针对公民个性所形成的见解或观点。民众越无知，它就越危险。在这种情况下，即使那些拥有最规范的行为、最高尚的道德的公民也可能成为被控告的对象。因此，每位公民都处在被控告的危险之中。

在马奴哀尔·孔尼奴斯统治时期，新教徒[①]被指控阴谋反对皇帝。这个皇帝的传记中写道，阿伦在读所罗门的一本书时被人们当场抓到。人们认为读这本书能使大量魔鬼出现，而魔法能够召唤魔鬼，因此人们认为魔法师是世界上最能扰乱和破坏社会的人，要对他们实行无限的惩罚。当人们认为魔法能够摧毁宗教时，他们就会更加愤怒。

君士坦丁的历史[②]记载，某位主教受神启示，由于某一个人的魔法使一个神迹停止了，于是这个人和他的儿子被判处死刑。

---

① 尼塞达斯《马奴哀尔·孔尼奴斯传》第4卷。

② 梯奥非拉克都斯《玛乌列斯帝传》第11章。

梯欧多露斯·拉斯加露斯皇帝把他的病归咎于魔法。被控告犯有魔法罪的人只有用手拿烧红的烙铁而不被烫伤才能为自己洗清罪名；在希腊，要证明自己未犯魔法罪就先要成为一个魔法师；在菲利普·隆时代，犹太人因被指控让麻风病人毒化泉水而被驱逐出国。将最不确凿的证据加诸在最不确定的犯罪上，这种做法荒谬至极。当然，我并不是否认惩处异端，只是想要强调对这类犯罪的惩处应该非常谨慎。

性反常罪

但愿我的观点没有减少公众对这种宗教、道德和政治共同谴责的行为的憎恶。这种从一种性取向转为另一种性取向的行为应该被禁止，它使人们在青少年时期就开始堕落直至其不光彩的晚年。这种丑恶的行径所带来的耻辱无法消除，但是我们不能滥用人们对于这种犯罪的憎恶而对其施行暴力。

通常情况下这种犯罪是隐藏的，因此常有立法者单凭一个小孩的证言就进行惩处，进而为恶意中伤者大开方便之门。

关于魔法、异端和性反常这三种罪，第一种被证明并不存在；第二种会有无数区别、解释和限制；第三种通常是难以名状、非常晦涩的。而要对这些所谓犯罪都处以火刑则是非常荒谬的事情。

我认为，如果民众不去提倡某种风俗习惯的话，性反常罪是绝不会蔓延发展的。比如在希腊，青年人裸体进行各种体育锻炼；那里的家庭教育已经废除；在亚洲有的人占有大量受到他们歧视的女人，而另一些人则一个女人也得不到。从某种程度上讲，这些风俗都人为地制造了犯罪。而我们应该用正确的治安措施，就像惩治其他道德犯罪那样，去禁止它。

亵渎君主罪

中国的法律规定，任何人对皇帝不敬的行为都要处以死刑。因为在法律上没有明确规定什么样的行为才叫不敬，所以皇帝可以用任何借口以不敬之罪剥夺他人的生命，甚至毁灭一个家族。

在中国宫廷里，有两个编写谕报的人，因记载某一事件失实，被以欺君之罪判定死刑[①]。有一位亲王，不慎在有皇帝朱谕的手谕上写了几个字，就被认定是对皇帝无礼，最终导致他的家族遭到了中国历史上最残忍、最恐怖的迫害。

渎君罪的含混不清，足以使一个国家堕落到专制统治的地步。

渎神罪和亵渎君主罪的滥用

将渎君罪强加于非渎君罪的行为，是一种粗暴的滥用职权。罗马有一条法律规定，凡是对君主的判决表示异议或对君主任用的人选有怀疑者就以渎神罪提起诉讼。另一条法律则宣称，谋害大臣和官员就像谋害君主本人一样，定为亵渎君主罪。

▶ 弗里内之死

弗里内是希腊一位高级妓女，因渎神而被判刑，当她被带到法庭终审时，为她辩护的希佩里德斯忽然当众扯下她的衣服，她美丽的身体使得法官和民众折服，于是改判无罪。

瓦连提尼耶诺斯、提奥多西乌斯和阿加底乌斯还有另一条法律[②]宣布，伪造货币属渎君罪。

英格兰在亨利八世时期通过一项法律，凡预言国王死亡的人被定为叛国罪，这条法律同样含混不清。结果在这个国王临终前重病卧床时，医生们谁也不敢说他病危。

① 杜亚尔德《中华帝国志》第1卷第43页。

② 《提奥多西乌斯法典》第9条，关于伪造假币。

思想罪

有些国家法律中存在思想罪。马尔西亚斯梦见他割断了迪奥尼乌斯的咽喉[①]，因此被迪奥尼乌斯处死。这是一种极端专横、无比荒唐的行为。因为一个人想什么只有他自己知道，外人是无从判断的。法律只惩罚外部表现出来的不法行为而不是人的内在思想。

语言罪

在有些国家，把不慎的言辞作为判定渎君罪的依据。言语可以有很多种解释，不慎和恶意所使用的词句相似但二者之间却有很大的差别。因此，法律不可能因言语而处以极刑，除非明确规定应定罪的语言。

言辞仅仅停留在思想上而并不构成犯罪行为，它本身同说话的语气及情景相关，相同的话可能表达出不同的意思，有时候沉默不语甚至比任何演讲所表达的意思还要深刻。可以说单凭言辞判断是最容易混淆是非的了，又如何依据言辞来判定渎君罪呢？自由又何从谈起呢？

已故俄国皇后曾因一位亲王对其使用下流言辞而将之处死，并且还处死了另一位恶意解释皇后向帝国颁布的诏书的亲王。

我并不想减轻人们对污辱君主荣誉行为的义愤，但若想让专制统治趋于温和，轻判渎君罪更为恰当。

罪行不是每天都发生，因为每天的行为都会暴露于众。在这种情况下，诬陷很容易被揭穿。当言语和行为相结合，和言语相关的犯罪行为才会呈现出来。因此，一个人在公共场所鼓动人民造反，即犯渎君罪，因为这时言语已经和行动结合起来，这时所作出的处罚针对的不是言语而是不法的行为。言语本身不

---

① 普鲁塔克《迪奥尼乌斯传》。

能构成犯罪，只有同犯罪行为结合时才可能构成犯罪。如果法律仅仅凭借言辞判定死罪的话，社会就会陷入一片混乱。

文字罪

相比言辞，文字更具永久价值。但是，文字如果不是因渎君罪而写，就不能视为犯了渎君罪。

奥古斯都、提贝留斯都曾以文字加罪于人[1]。奥古斯都因某些攻击名人的字据将其治罪。提贝留斯则因他认为一些字据是为反对他而写的而将他人判罪。这使罗马的自由遭受重创。

▶ 伊凡雷帝杀子

列宾的这幅名画原名叫《1581 年 11 月 16 日恐怖的伊凡和他的儿子》，16 世纪沙皇伊凡雷帝因怀疑儿子阴谋篡位，盛怒之下用拐杖敲碎了他的脑袋。

在专制国家中，人们不懂得讽刺性文章。因此，由于沮丧与无知，人们不能也不愿意写讽刺性文章。在民主的国家中，不禁止讽刺性的文章，因为讽刺性的文章通常是针对有权势的人而写的，它宣泄了人民对统治者的怨恨情绪。在君主国讽刺性文章是被禁止的，但只是被视为治安问题而非犯罪来对待。讽刺能将一般的怨恨转变为娱乐，使不满的人得到安慰，宣泄对统治者的怨恨，增加人民承受痛苦的能力。贵族政府对讽刺性文章禁止最严。在贵族国家里，官吏都是道德低下的统治者，他们无法忍受公开的讽刺，也经不起任何咒骂。因此，贵族国家中，讽刺性文章的作者是要被处死的。

① 塔西佗《史记》第 1 卷第 72 章。

惩罚不当时对廉耻的破坏

廉耻之心，人皆有之。世界上几乎所有民族都有保护廉耻的准则。惩罚犯罪应以恢复秩序为目的，而不能违背这些准则。

罗马有一个古老的习俗，未到生育年龄的女子不能判处死刑。提贝留斯想到一个歹毒的方法，先让刽子手玷污这些女子，然后再处死[①]。这是多么阴险残忍的违反道德的行为！

当日本官吏让犯罪的妇女在公共场所裸体爬行并模仿野兽的叫声时，他们的廉耻已经丧失殆尽[②]。

诬告与揭发

“如果你的兄弟，或你的儿子，或你的女儿，或你心爱的妻子，或你的好友偷偷地告诉你说，我们去找别的神吧，你就应该用石块击毙他。首先打他的是你的手，然后才是全体人民的手。”旧约圣经《申命记》中这条揭发自己亲人和朋友的戒律不能作为多数国家的民法，因为这将为各种犯罪大开方便之门[③]。

有些国家的法律规定要揭发阴谋，违者处死。这种惩罚十分严酷，很容易引发暴政。因此，非常有必要加以限制。

在日本，法律推翻了人类的一切理性和良知，在那里，最普通的犯罪也按知情不报罪论处。日本有两位少女因为一个涉嫌奸情，另一位没有揭发而被关在布满钉子的柜子里，一直到死[④]。

---

① 苏埃多尼斯《提贝留斯》第 61 章。

② 《创建东印度公司历次航行辑录》第 5 卷第 3 篇。

③ 参见《申命记》第 13 章第 6、7、8、9 节。

④ 参见《创建东印度公司历次航行辑录》第 5 卷第 2 篇第 423 页。

共和国中的法律

在崇尚自由的共和国里，有这样的法规，即为了保证更多人的自由而牺牲个别人的自由。例如，英国就有这类法律，它类似于雅典规定一个人须经六千人一致同意才能定罪这类法律①，也与罗马人为惩处个别公民而制定的所谓“特殊法”相似。西塞罗曾主张废止罗马这种法律，因为他认为法律是针对所有人制定的。但是在某些情况下即使最自由的民族也需要用面纱把自由遮蔽起来，就像人们遮盖神像一样。

共和国里的控告是公开的，并且每个人都有权控告他想要控告的人。这就需要制定保护无辜公民的法律。例如，在雅典，如果原告得不到五分之一的赞成数，就要罚款一千得拉姆。在罗马，对无根据的控告人，要在他的前额印上字母“K”作为标识。告知人们有人专门看护以防止此人贿赂法官或证人②。

当两个公民发生债务关系时，债权人比债务人有一种明显的优越感。在这种情况下，如果法律还要增加债权人对债务人的支配权，那么情况就会变得越来越糟。

雅典和罗马起初允许卖掉那些无力还债的债务人③。梭伦将其纠正为：不得强迫任何人以卖身清偿民事债务，但是罗马就没有那么好的命运。尽管有梭伦的法规可供借鉴，但是罗马官员们却不愿去效仿。

君主国中破坏自由的东西

在君主国家中存在两种破坏自由的力量：一是任命不称职的委员审理私人案件；二是君主安排密探以及匿名控告的盛行。

---

① 规定不要专为某个人制定法律，除非6000人同时认同。

② 见普鲁塔克论文《如何从敌人那里获得好处》。

③ 有些人靠出卖自己的子女来还债，见普鲁塔克《梭伦传》。

为审判某个人而任命委员对君主来说毫无意义，从他们那里君主几乎得不到任何帮助。亨利八世时期，当贵族被控告时，贵族院就会选派委员进行审判，用这种办法，人们就可以杀掉所有他们想要杀的贵族。

君主国中优秀的君主通常不指派密探。作为臣民遵守法律，那么他就履行了对君主和国家的义务。他有固定的住所，他的行为受到法律的保护。作为君主对待他的臣民应该坦诚、信任。一旦君主充满焦虑、猜疑和恐惧时，他就会感到局促不安。如果君主无所畏惧，这种不安就会消失，人民也会热情地拥戴他。人们爱戴和拥护君主的一个原因是对他充满了信任，君主则不能辜负人民对他的信任和期望。

如果有人为了公共的利益控告他人，他将不向容易带有偏见的君主而向掌握法规的官吏控告。这些法规对于诬告者来说是可怕的。因为诬告者不愿意让法律在他与被告之间作出裁决，而我们能给他的最低限度的处罚，就是不理会他。

▶ 彼得大帝

俄国最杰出的沙皇。他制定了西方化政策。在面对强大的保守派势力时，他坚持不懈地进行改革，奠定了俄国成为西方列强之一的基础。

君主的治国策略

国王的权威是一个国家的原动力，它本应该轻松自如地发挥作用。中国人夸耀他们皇帝的统治像天一样，即和上帝的统治是一样的。

有些时候，君主应该竭尽所能发挥他的权力，还有些时候，君主使用权力应有所节制。行政管理的高明之处就在于精通在不同情况下如何用权，宽严得当。

同法律一样，君主的德行关系到自由。如果君主崇尚自由精神，那么他就会拥有天下臣民；如果他喜欢懦弱，他就会拥有奴隶；如果他热爱艺术，那么他就应注重荣誉与道德。君主应该取悦人心，而不能压抑臣民的心灵。一位深孚众望的君主，很容易享受到来自臣民的拥护和爱戴。

君主要慎于戏言，更不能污辱任何臣民。亚洲人有一种偏见，即把君主的污辱当作慈爱的表现。而在我们看来，污辱无论对谁都是一种残忍的伤害。

专制政体下能给人们少许自由的民法

尽管专制政体，从本质上看都一样。但是由于环境、宗教信仰、偏见、惯例、思想倾向、方法、道德等方面的不同而使它们之间产生很大的差异。

在专制国家，建立某种价值体系是非常有用的。因此，在中国，君主是人民之父。在阿拉伯帝国之初，君主是宣讲师。

用圣书作为某种规范是很有必要的，比如阿拉伯人的《可兰经》、波斯人的佐罗亚斯特的经典、印度人的《吠陀经》和中国人的经典著作。宗教法典不仅补充了民法的不足，还从某种程度上限制了专制统治。

残暴的专制统治规定，如果父亲犯罪，那么他的儿女妻室都要受到牵连。这些不幸的人是无辜的，而君主还要等那些哀求者出现并以此平息他的愤怒，炫耀他的公平和正义。

在某些专制国家，把向国王求情期待国王的赦免看作对国王的不敬。这些君主是在竭力地将仁慈的品德抛弃。

波斯有一种很好的风俗，就是允许臣民随意出国。与之相反，在专制统治下，把臣民看作奴隶，出国者就是逃亡的奴隶。因而波斯人的这种风俗用来对付专制主义非常有效。在这种专制统治下，由于害怕债务人逃走，官员们与债权人就会停止或减轻对债务人的压迫。

第五节
赋税、国库收入与自由的关系

国库收入

▶ 英国圈地运动

14、15世纪，在农奴制解体的过程中，英国新兴的资产阶级和新贵族通过暴力把农民从土地上赶走，剥夺农民的土地使用权和所有权。

国库收入是由每个公民所上交的一部分个人财产组成的，目的是保证其余财产的安全。国库收入应该兼顾国家和公民两方面的利益。不能为了国家设想中的需要而不考虑人民的实际需要。

所谓设想中的需要，即是执政者感情和虚弱的表现，它是一种对虚荣的病态妄想，以及对幻想的无力抗拒。那些精神恍惚的官员，为国王掌管国家大事的人，常常把自己渺小灵魂的需要当作国家的需要。

臣民手中财产的分配，拿走多少与留下多少，是最能体现统治者的智慧与贤明的了。决定国家国库收入的，绝不是以国民能够缴纳多少来计算，而是要看他们应缴多少。如果按国民能缴纳多少计算，也应当以他们的交付能力作为计算的依据。

人们发现，在某些君主国中，一些免税小国与它周围那些重税的邻邦同样贫穷。原因在于：被包围的小国家没有自己的工业、技术和手工业，周围的大国有自己的工业、技术和手工业，并制定了国家间利益的法规，这给它带来了种种障碍。因而不管征税多少它注定要贫困。

据此有人还得出这样的结论：要使人民勤劳，就必须课以重税。结果贫富差距拉大，贫穷的人整日劳作却更加贫穷，富裕的人则把懒惰休闲当作全部的幸福所在。一个国家富裕的力量在于使每个人都充满雄心壮志；贫穷的后果使人们丧失希望与信心。雄心从劳动中受到激励，失望在懒惰中得到安慰！

存在农奴的国家与不存在农奴的国家的赋税

封建国家中有些农奴制度是在被征服之后建立起来的。在这种情况下，奴隶应与奴隶主共同分享劳动成果。只有利益关系才能使那些命里注定享受的人与那些命里注定干活的人和睦共处。

如果一个国家所有的人都是公民而不存在农奴，国家就可以征收人头税、土地税或商品税，或者征收其中两类，或者三类税全部征收。

征收人头税时，按照财产的比例来征收是不公平的。雅典把公民分为四个等级。财产收益无论是干的还是液体的，达到五百末苏尔的要交国家一塔兰，收益为三百末苏尔的要交半塔兰，收益为二百末苏尔的交十米那，即一塔兰的六分之一，而第四等级则一点也不交。这样征收赋税是公平的，尽管还不太成比例，因为它是按财产的比例而不是按需要的比例而征收的。雅典人认为每个人的物质上的基本需求都是一样的，而这些物质上的基本需求是不应被征税的。其次是实用财产，对这种财产应当征税，但要征税的数额要小于那部分财产的价值。如果对多余的财产课以重税就会阻止多余财产的产生。

在征收土地税时，要对土地分类造册登记，但是要了解土地不同类型之间的差别是很困难的，要找到了解土地差异性的人就更为困难。因此，便产生了两种不公平，一是人的不公平，二是物的不公平。但从总体上看，如果税收不高，人民基本物质需要比较充足，那么这些个别的不公平不会带来明显的危害。可是，如果留给人民的物资只能勉强维持生活的话，哪怕是最轻微的不公也会带来非常严重的后果。

纳税较少的公民，他们的富裕往往促进国家的富裕。纳税较多的公民，一旦破产将会形成对国家的反对力量。如果国家的财富与个人的财富能维持适当的比例，那么个人的富裕将会推动国家的富强。

商品税是人们最不容易觉察到的税。因为这种征税没有任何形式上的要求。它巧妙地使人民察觉不到自己交了这种税。其主要原因是出售商品的人纳了税。出售商品的人知道自己没有纳税，他们将税金与商品的价格合在一起，将税款转嫁给购买商品的人。

欧洲有两个王国，对酒类征收重税。其中一个国家向酿酒商征税，另一个国家则无差别地向所有购酒人征税。前一个国家的人民没感觉到税收的负担，而后者的臣民则感到赋税的难以承受。在前一个国家，臣民感受到不纳税的自由，而在后一个国家人们觉得自己是被迫纳税。

更严重的是，为了迫使公民交税，有些国家还要经常不断地搜查民众的住宅，没有什么比侵犯公民自由更严重的了。那些制定这类税规的人一定是还没有幸运地找到解决增加税收的良策。

要使纳税人产生错觉，将商品的价钱和税金混淆，就应该使商品和商品税之间保持某种比例，对于没有什么价值的货物不应征收重税。有些国家税金超过商品自身价值的十七倍，这就消除了臣民对税收的错觉，臣民开始清楚地认识到自己不合理的处境，并深感自己所受奴役之残酷。

当君主要征收一种与商品的价值极不相称的税时，就必须亲自销售这种商品，人民就不可能到别的地方去购买，从而引发了无穷的弊端。

走私有利可图，对于走私的惩罚是没收商品。但这种惩罚远远不能遏制走私。于是，对于走私的惩罚实行重罚。一切量刑的标准被取消了，那些不应该被当成坏人对待的人们却被当作重犯处罚。这是世界上最不符合温和政体宗旨的事了。

存在农奴的不同政体的国家

当一个共和国征服了另一民族使其为自己耕种土地，那么它就不应该允许它的公民增加奴隶的贡物。

在君主国里，当贵族让被征服的人民为自己耕种土地时，就不应该再增加税收。此外，如果君主还要向贵族的奴隶征税的话，最合适的办法是，先由贵族替奴隶纳税，然后贵族再向奴隶征税。反之，贵族和君主将轮流不断地向奴隶横征暴敛，直至奴隶饿死或逃亡。

在专制国家里，上述法规更为必要。那里的贵族随时都有可能被剥夺土地和奴隶，因此他们对保存土地和奴隶并不热心。彼得一世效仿德意志的做法，以货币征税，制定了一条很明智的法规，即绅士向农民征税，然后再交给沙皇。绅士所交税款不依农民人数的减少而减少，也不依农民人数的增加而增加。这样一来，为了自身利益，绅士就不会欺压农民。这条法规至今俄罗斯仍在执行。

赋税的轻重与政体的关系

在专制政体下，赋税应该特别轻。否则谁又愿意付出辛苦耕种土地呢？国民又怎会愿意对毫无作为的政府缴纳税款呢？

▶ 不动产登记

这是一幅描绘古代官府登记不动产的图画，政府登记不动产的唯一目的就是收税。

在君主国家君王的权力惊人强大时，人民就显得软弱无力。因此，人民与君主之间不存在含混不清的事。赋税的征收应该很清楚明确才对，使收税人无法增减税款。君主国只适合征收土地收益税、人头税和一定比例的商品税。

在专制政体下，商人应该有一定的人身保障，应该得到社会的尊重，否则他们将无法与君主的官员们争辩。

大部分共和国都可以增加赋税。因为公民认为是为他们自己而交税，所以他们愿意纳税。君主国可以增加赋税的另一个原因是温和的政体能够产生更多的财富。由于君主尊重法律，税收就是对他的一种奖赏。相反，专制国家不能增加赋税，因为在那里，对人民的压榨已经到了极点。

人头税适用于奴役统治，商品税适用于自由，因为商品税与人身没有直接关系。在专制国家里，君主用土地代替现金发给士兵和朝臣，并对这些土地征收少量的赋税。如果君主发放现金的话，最适合征收的就是人头税。但为避免滥用职权也只能征收很少一点。所以，在这样的国家，就有必要制定一种连最穷苦的人也能承受的税率。

在温和政体中，最适宜的是商品税。它是由商人支付，实则是消费者交纳的赋税。所以它是商人向消费者提供的一种贷款，商人既是国家的总债务人，又是每一个消费者的债权人。商人向国家预交买主所要交的税，这样人们会明显感受到：政体越温和，人民越自由，财产越安全，商人所交税款越多。在英国，一个商人可以借贷给国家五六十镑的酒税。而在土耳其哪个商人敢这样做呢？

关于税收的惩罚

在税收处罚上，欧洲税收处罚的严酷程度远远超过亚洲。在欧洲没收商品，有时甚至连货船和车辆也一起没收。而在亚洲，这两类东西则不会被没收。其原因在于欧洲商人可以向法官寻求法律援助，而在亚洲，专横的官员本身就是压迫者。

但是，专制者本身也会有所收敛，偶尔流露出几分温和。土耳其只收进口税，商人纳税后，在全国可以畅行无阻。如果被发现走私，既不会没收货物，也不会增加进口税。在中国，不会打开非商人的包裹进行检查。鞑靼王族对过境商品也不征税。在日本，一旦发现商业走私，就会处以极刑。因为他们要禁止同外国的一切交往。在这种情况下，走私不被看作违反了商业法规，而被看作违反了维护国家安全的法律。

赋税轻重与自由的关系

一般规律是：国民的自由越多，税便越重；国民所受的压迫越重，就越要减轻赋税。这是一条从人的本性出发恒定不变的规律。在英国、荷兰以及自由正趋于消失的国家，甚至在土耳其都可以找到这条规律。瑞士看似是在这条规律之外，因为那里的人们不纳税，这是有特殊理由的。就是在这种情况下，瑞士的某些情况也证实了那条规律。在瑞士贫瘠的山区，粮食价格昂贵，人口十分稠密，一个瑞士人向大自然交纳的“赋税”是一个土耳其人交纳给苏丹的赋税的四倍。

雅典和罗马这样的统治民族，他们统治着被征服的民族。他们也不按自由的程度纳税，因为他们已经不再是人民而是帝王。

这条规律是永存的。在政治上比较温和的国家，自由会补偿人们的重税负担。而在专制国家，有一种和自由相似的东西，它就是减轻赋税。

自由的滥用

自由强大的优越性引起了人民对它的滥用。温和政体产生了令人仰慕的效果，人们便抛弃这种温和。因为他们收取了大量赋税，便想征收更多的赋税。人们不感谢为之带来这一切的自由，反而去向拒绝一切的奴役求助。自由带来更多的赋税，但是越来越多的赋税带来的则是奴役，又造成赋税的减少。

在亚洲国家，君主们几乎每年都要免除某些省份的赋税，以此彰显其对民众的恩德。但是在欧洲，人们总会在赦令到来之前发愁担忧，因为君主的赦令总是伴随着更多的需求，而不提人民的需求。

由于政体本质常常受气候的影响，亚洲国家的大臣们非常懒惰。懒惰使他们不会向人民提出更多新的需求。因为懒于作新的计划，所以国家开支不会快速增加。人民得益于他们的懒惰。但是，在欧洲，不存在长久不变的财政规则。

因为，我们始终知道我们要做一些事，却不知道这些事情是什么。

伊斯兰教徒的征服战争

伊斯兰之所以能够顺利地征服他国，一个很重要的原因就是这些被征服国征收过重的赋税。贪婪狡诈使那些帝王想出各种苛捐杂税压榨民众，使民众难以负重。而在伊斯兰，人民只负担一种赋税，且交纳容易。这样，被征服民族的民众感受到服从一个野蛮的外族比服从以前那个腐败的政府还要幸福。

扩军

有一种新的疾病在欧洲蔓延。一个国家的君主建立了庞大的军队，这种做法就会迅速蔓延到他国，结果就是每个国家都在不断地扩军，就仿佛他们的国家将要遭遇灭国之灾。有些人把“人人自卫”的局面叫作和平。欧洲因此而衰败到如此地步，由于扩军，人民要拿起武器变成士兵，这使他们缺衣少食，无法生活。我们拥有全世界的财富并进行世界贸易，却变得贫穷了。

不仅如此，一些大国还要设法与周边结成同盟。于是国家差不多要天天损耗钱财，赋税连续不断地增加。君主们不再依靠国家的收入，而是靠国家的资本去打仗。有的国家甚至在和平时期就把资产抵押出去，并使用一些他们叫作非正常的手段而走向毁灭。

免税

东方国家免除受灾省份赋税的政策被许多君主国采纳。于是，有些君主国也制定了这样的政策，然而，人民反而受到了更沉重的压迫。这是因为君主的征税不会因受灾而减少，而要让全国来分摊所欠税款。为了减轻收入少的村子的负担，就让收入多的村子多纳税。这样，前一个村子还没有摆脱重负，后一个村子便又因新加的负担而倒下去。人民既感到不能不纳税，又担心受到重税的盘剥，这种矛盾的心理使他们失望又沮丧。一个管理得好的国家，在必要的时候要减免赋税，尽管这会使国库减少，但从长远来看，却有利于获得人民的支持。

包税和直接征税哪个更好

由国家直接征税要好于包税，因为这样就会省去不必要的中间环节，避免参与征税的官员贪污，有利于增加国库收入。君主还可免除那些包税人为了满足他们的贪得无厌而强行制定的法律，从而减轻人民负担。

当然，有时候一种新设立的赋税先由包税人征收，利大于弊。要防止偷税漏税的发生，就需要一些技巧和办法。包税人从切身利益出发会想出这些办法和技巧。然而，包税人一旦确立了某种征税制度，便可以直接进行征税。今天英国所实行的消费品税和邮政收入的管理方法就是从包税人那里学来的。

共和国的财政收入几乎都是通过直接征税来实现的。制定相反的制度则成为罗马的一大错误。而在建立起直接征税制度的专制国家里，人民会无比幸福，如在波斯和中国。而君主国家的历史则充满了包税人的罪恶行径。

▶ 包税人

在剥削阶级统治的制度下，国家或官府不直接按规定税率向纳税人征税，而是采取招标承包的方式，将某一种捐税要征收的税款数额，包给富豪私商，由承包人运用官府授给的征税权，自行确定征收办法，向纳税人收税。

包税人

当包税人因有利可图而成为一种光荣的职业时，那将是令人失望的。在专制国家里或许有益，但对一个共和国来说则不然，罗马共和国就是这样被毁掉的。

即使在君主国这也绝非好事，因为没有任何东西比它更违背君主政体精神了。除包税人外其他人都会表示厌恶，荣誉也不再有任何价值。渐渐地，自然地获取财富的方法不再受到尊重，君主政体的原则也将被推翻。

各种职业都有它的运气，收税人的运气是财富，财富本身就是报酬。对于顶着荣耀光环的贵族来说，他们不懂得什么是真正的幸福。尊敬和器重对于朝臣们来说，就是夜以继日地为帝国荣誉而操劳工作。

第三章

法律与气候、民族精神的关系

The Spirit of Laws

在本章中，孟德斯鸠用全新的视角论述了法律与地理、气候的关系。他认为，人的性格、喜好、心理、生理特点的形成与其所处的气候环境密切相关。因此，不同气候环境生活的人有不同的精神风貌和性格特点。立法者要认真研究这些关联、特征，制定出与之相适应的法律。

第一节
法律与气候类型的关系

人们如何因气候的差异而不同

寒冷的空气使人们外部纤维的末端发生紧缩，从而增加了纤维末端的弹力，有利于血液从末端返回心脏。同时寒冷的空气也会减少纤维的长度[①]，因而增加了它们的力量。相反，炎热的空气使纤维的末端松弛，使之伸长，所以减少了它们的力量和弹性。

因此，在寒冷气候条件下，人的精力更充沛。心脏的跳动和纤维末端的反应也比较强，内分泌更加均衡，血液流回心房更有力量。这样就产生一系列好的效果，如人们更加自信、更加勇敢。他们对自己的安全更有信心，对自己优势的了解使他们较少有复仇的愿望；更加开朗直爽，而较少猜疑和施诡计。如果一个人在炎热的地方生活，由于上述原因，他会感到精神不振。在这种情况下，如果有人建议他行动果断些，我想他是不会有多大兴趣的。于是，软弱使他产生失望感，他胆小害怕，因为他认为自己什么都做不了。所以说，炎热地区的人们像老人一样胆怯；寒冷地区的人们则像青年一样勇敢。如果我们对最近发生的战争[②]仍记忆犹新的话，我们就不难看到一些细微的影响。我们深刻地感受到，北方人民迁移到南方[③]时，他们的动作不及当地人那样灵活，也不及当地人那样英勇善战。

在寒冷的国家，人们对快乐并不敏感。在温暖的国家，人们对快乐的敏感

① 我们知道寒冷会使铁变短。
② 西班牙王位继承战争。
③ 例如在西班牙。

性比较强。在炎热的国家，人们对快乐极为敏感。地球上的气候是通过纬度来区分的，这也意味着我们可以通过感觉的敏感程度对其加以区分。我曾经在英国和意大利观看过相同的歌剧，剧本、音乐、演员都没变，结果在两个国家却产生了极其不同的效果。一个冷淡，一个热情。真是令人难以置信。

对疼痛的感觉同样如此。疼痛是由我们身体某些纤维的撕裂所引起的，撕裂越多越疼痛。与炎热地区居民相比，北方人纤维更粗糙、身材更魁梧，对疼痛的感觉比较迟钝，据说俄罗斯人要擦伤皮肤时才有疼痛的感觉。

在炎热的国家，人们由于器官娇嫩而对一切与两性结合有关的东西有着敏锐的感觉。那里的一切似乎都与性相关。

在北方气候条件下，在生理方面，几乎没有什么力量能促使那里的人们敏锐地感觉到爱情。在温暖的气候里，爱情与许多事物有着千丝万缕的联系，有些并不是爱情的东西看上去像是爱情，使人感到愉悦。在更炎热的气候里，爱情成为人们幸福的唯一源泉，爱情就是生命。

南方国家的人民体格纤弱，但感觉灵敏。他们或是沉浸在闺房里平静的爱情中，或是追求另一种爱情，它带给妇女更多的自主权，却也带来了许多麻烦。北方国家的人们，体格健康魁梧，但因此显得迟钝。生活在这里的人们从一切能够振作精神的活动中找到乐趣，如打猎、旅游、打仗和饮酒。不难发现，北方人很少有什么邪恶，而是有道德、待人诚恳坦率。相反，在南方炎热的国家，会让人感到远离了道德的界限，在那里，强烈的情欲引发了各种犯罪，为了满足自己的情欲每个人都企图占别人的便宜。在气候温暖的国家，因为气候变化无常，他们的行为也多变。你会看到那里的人行为不定、道德风尚时好时坏。

▶ 祝酒

在古罗马，元老院要求人们每餐都要向屋大维皇帝致敬，将一片烤焦的面包片放进葡萄酒里，然后大家举杯共饮。如今这种方法已经演变成大家祝酒的方式了。

有时候气候会变得非常炎热，这种环境使人们的身体失去力量，进而影响人的精神，使人丧失好奇心和进取精神，行为开始变得消极被动，懒惰成为他们最大的幸福。这种对心灵的吞噬比许多惩罚还让人难受。人们可以忍受奴役，却不能失去精神动力。因为，那是人类行为不可或缺的生命源泉。

南方人民性格上的矛盾

印度人天生就缺乏勇气，甚至出生在印度的欧洲儿童[①]也丧失了本该拥有的勇气。但是，他们的怯懦，同他们的残暴行为、野蛮的苦行如何协调一致呢？印度男人甘愿忍受巨大痛苦，妇女纵火自焚。这就是他们既有毅力却又十分软弱的表现。

大自然赋予这些人软弱的缺点，同时又赋予他们丰富的想象力。器官的纤弱，不仅使他们害怕死亡，也使他们感到许多事物比死亡更可怕。这种气候下的人们比欧洲人更需要明智的立法者。人们对外界的事物越敏感，就越需要适当的感受方式，不受偏见的影响，而要受理性的引导。

罗马帝国时期，北欧人的生活中没有艺术、教育，甚至没有法律。然而，仅仅凭借在那种气候条件下的理智，他们以惊人的力量抵抗罗马的统治，最后，他们通过迁徙摧毁了罗马。

东方各国宗教、习俗与法律经久不变的原因

身体纤弱使东方人能强烈地感受到外界环境的刺激。身体的懒惰往往与思想的懒惰联系在一起，并使人在思想上不能有任何行动、努力和抗争。在这种情况下，一旦人们在思想上接受了某种境况，就不愿改变了。所以东方今天的法律、风俗、习惯，甚至那些诸如衣服款式等无关紧要的习惯，都不曾改变。

---

① 见贝尔尼埃《旅行记》第1卷第282页。

不与恶劣的气候抗争不是好的立法者

印度人认为，万物的基础是静止和虚无，这也是万物的归宿。因此，无为是他们最理想的境界，也是他们终生追求的目标。他们将最高的存在物称为"不动"。暹罗人认为，最大的幸福是不要让机器运转或不使身体活动[①]。

这些国家炎热的气候使人们萎靡疲惫。人们感到运动的痛苦和静止的愉快，以至于形而上学的思想体系变得天经地义。印度的立法者"佛"根据自己的感觉，使人们处于极端被动的状态。"佛"的教义是由气候的懒惰产生的，同时又助长了懒惰，这就引发了无穷的弊端。

中国的立法者比较明智，他们不是从将来可能享有的安宁状态来考虑，而是从适宜履行终身义务的行动来着想。所以他们的宗教、哲学和法律都比较符合实际。自然的因素越使人倾向于静止，精神的因素越应使人远离静止。

农业生产与僧侣制度

农业生产是人类最主要的劳动。气候越恶劣时，人们越想逃避这种劳动，而宗教和法律便越鼓励人们从事这种劳动。印度的法律规定土地归君主所有，这就破坏了土地的个人所有权，不仅加剧了气候的不良影响，还助长了人们的懒惰性。

▶ 印度的佛教

图为罗睺罗出家为僧的故事。孟德斯鸠认为，修行的僧侣冥想大于实际行动。

僧侣制度同样带来了不好的

① 拉卢卑尔《暹罗记事》第446页。

影响。它起源于东方的炎热国家。在那里，人们想得多做得少。在亚洲，苦行僧或修道士的数量会随着气候变化而变化，气候越热，人数越多。而在欧洲也能发现同样的差异。

要战胜气候的影响，战胜懒惰，法律就应该竭尽全力消除一切不劳而获的谋生手段。在欧洲南部却恰恰相反，法律给那些无所事事的人提供了虚度光阴的场所和钱财。富裕的生活成为他们精神的负担，他们把过剩的东西送给社会底层的贫民，使那些丧失财产所有权的人因为他们的施舍而过上无所事事的日子，因此那些贫穷的人们反而喜欢上了自己的清贫。

中国的良好风尚与促进工业发展的办法

中国的历史有过这样的记载①，中国皇帝每年春季都会举行一次亲耕仪式②，目的是鼓励民众从事农耕。不仅如此，中国皇帝每年都要授予出类拔萃的劳动者八品官衔的职位。

在古波斯，每月的第八日，君主要放下他们的尊贵之身和种田人一起吃饭。这是一种值得称赞的促进农业发展的举措。

懒惰的民族总是骄傲的，人们可能用结果来反对起因，用骄傲来摧毁懒惰。在欧洲南部，人民崇尚荣誉，所以奖励出色的农民和最勤奋的工人是一种好的举措。如今，它使爱尔兰建起了欧洲最大的纺织厂。

有关禁酒和反对自杀的法令

在炎热的国家，血液中的水分因流汗而大量减少，人们需要补充类似的液体，所以那里的人们乐于饮水。而烈性酒会使水分渗出，造成血球凝固③。

---

① 见杜亚尔德《中华帝国志》第2卷第72页。

② 中国汉朝第三个皇帝亲自耕种土地，还让皇后嫔妃们在皇宫从事纺织，见《中华帝国志》。

③ 血液中的红血球、白血球、纤维部分和所有以上这些组成游动于其中的水。

在寒冷的国家，血液中的水分很少因流汗而排出，因此在血液里积存着大量水分。所以当人们饮用烈酒时不会使血球凝固，反而可以促进血液循环，进而这些地区的人适宜饮用烈性酒。

因此，由于气候的原因，穆罕默德制定了禁止饮酒的法律。迦太基人也同样颁布了禁止饮酒的法律。这两个地区的气候差不多是一样的。

寒冷地区是不适宜这种法律的。那里的气候迫使人们保持着饮酒的习惯。这和个人酗酒不同。我们发现，因气候寒冷和潮湿，酗酒在全世界都是普遍存在的。自赤道向南和向北，嗜酒随着纬度的增加而增加。南半球与北半球同等维度有着同样的嗜酒习惯[①]。

较之其他国家，在酒和气候相对立、饮酒和健康相对立的国家，酗酒很自然地要受到更严重的处罚。在其他国家里，酗酒对个人影响较小，对社会也没有什么危害。它只使人迟钝而非狂暴。所以惩罚醉酒人的法律是针对他因酗酒所犯的错误行为的[②]，这种法律只适用于个人酗酒，而不适用于整个民族的饮酒习惯。德国人习惯喝酒，西班牙人也把喝酒当作一种爱好。

不同的气候条件，人们的需求不同，因而形成了不同的生活方式。不同的生活方式产生了不同类型的法律。在一个人们交往甚多的国家，需要某种法律；在一个人们交往甚少的国家，则需要另一种法律。

在历史上，我们从来都没有见过罗马人无缘由的自杀，但是，英国人经常是无原因就自尽了，他们甚至会在幸福中死去。在罗马，自杀是受教育的结果；而在英国，自杀是疾病引起的。所以在罗马防止自杀的方法是改变教育方式，而在英国则是消除精神错乱带来的影响。

与气候疾病有关的法律

希罗多德在《历史》一书中提到，犹太人关于麻风病的法律来源于埃及人

① 在霍屯督人和智利最南边的民族中可以发现这种情况。

② 例如亚里士多德《政治学》第2卷第3章中所说的毕达库斯法律。

的做法，因为相同的疾病需要相同的药物治疗。埃及和巴勒斯坦的气候使它们需要这种法律，这种疾病流行之快使我们感到这种法律的明智与远见。希腊人和最初的罗马人就不知道这些。

我们自己也受益于这些法律的作用。十字军把麻风病带给我们，但那些明智的法规阻止了它被传染给更多的民众。

事实上，麻风病在十字军以前已经传播到意大利，并受到立法者的重视。罗塔利规定，一个麻风病患者，一旦被从家中赶出去并被安置在某个特定地方时，他就不能支配自己的财产了。因为，从他被逐出家门的那一刻起，就已经被看作死了。为了阻止人们与麻风病人交往，就不能给予这种病人任何民事行为能力。

▶ **罗马的瘟疫**

图中描述了罗马查士丁尼瘟疫暴发的恐怖场面。垂死者们在痛苦地挣扎。正是这场瘟疫扼杀了罗马最后的希望。

我想麻风病应该是希腊皇帝们征服意大利时带来的，他们的军队中可能有巴勒斯坦或埃及的士兵。但无论怎样，到十字军时代这种疾病的蔓延就已经被止住了。

欧洲人不断到美洲去，并且总是带回新的病毒。对宗教的虔诚使人们纵容了这种疾病的蔓延，并以此作为对罪恶的惩罚。但当这种灾难已危及家庭甚至青少年时，制定相关的法律以防止这种疾病的流行就成为关心公民健康的明智之举。

瘟疫对人的摧残更为迅猛。埃及是瘟疫的主要发病区，疾病从那里蔓延到全世界。大多数欧洲国家都制定了有效的法律来防止瘟疫病的传播。我们也有一种制止这种疾病流行的好办法，即用军队组成一道防线，把感染地区包围起来，使其与外界隔绝。

气候对政治生活的影响

英国的气候使他们厌恶一切，甚至厌恶生命，使人形成一种不耐烦的急躁性格。这种不耐烦的脾气本身并无大碍，但是当它与勇敢相结合，事情就变得严重了。这种性格，如果在自由国家里，最适合挫败某种专制计谋。英国人就在这种性格的帮助下推翻了君主政府。

气候寒冷的日本，人们性格残忍，立法者和官吏对人民缺乏信任。摆在他们面前的只有审判、威胁和惩罚。那里的法律规定每五户人家推选出一户作为负责人监督其他人的行为，还规定，一人犯罪要株连全家甚至整个居民区。按照这样的法律，只要有一个人犯罪其他人就不能幸免。制定这样的法律使人们互不信任，每一个人都是其他人的监督者、证人和审判官。

相反，在炎热的印度，人们则温和、软弱，有怜悯心。因此，他们的立法者对他们非常信任。立法者制定的刑罚很少且不严酷，甚至有时候也不严格执行。他们认为，每一个公民都应该相信他人的善良本性。他们使奴隶很容易就能得到自由，他们对待奴隶像自己的子女一样。温暖的气候带来了良好的风尚，也产生了温和的法律。

第二节
民事奴隶制法律与气候类型的关系

民事奴隶制

奴隶制，即一个人对另一个人拥有绝对的支配权，前者是后者的绝对主人。

奴隶制从本质上讲是一种恶劣的制度。它对于奴隶主和奴隶都无益处。对于奴隶而言，他们丧失了对自己生命自由的支配权。他们被剥夺了自主权，生活于水深火热之中。对于奴隶主而言，他们因为拥有奴隶而养成了种种恶习，失去了高尚的品德，变成骄淫、暴躁、严厉、残忍的人。

专制的国家，人民生活在专制政体下，民事奴隶制在这里比在别的国家更容易让人们忍受。在这样的国家里，人们有饭吃有衣穿就相当满足了。所以，在这里，一个奴隶的生活并不比一个平民差多少。

君主国家则不同，在那里，人性不能受到摧残，所以，不应该有奴隶。在民主国家，提倡人人平等。在贵族国家，法律应该在不违背政体性质的前提下尽量使人人平等。所以在民主国家和贵族国家，奴隶的存在是与其政体原则相悖的，那里不会有奴隶。

罗马法学家与奴役权的起源

人们不会相信奴隶制是从怜悯中产生的，也很难想象怜悯的以下三种表现形式①。第一种，国际法为防止奴隶被杀戮，准许俘虏做奴隶。第二种，罗马民法允许债务人卖身成为奴隶。第三种，自然法规定，当奴隶的父亲不再继续养活子女时，其子女可以和父亲一起做奴隶。

第一种情况，罗马法学家们的这些论断是不高明的。除非特殊情况，否则战争中本就不该杀戮战俘。一旦一个人成为另一个人的奴隶，后者就没有杀害前者的必要了，杀戮战俘为世界各国所唾弃。既然战俘不应被杀，那么就应把他看守起来，使之不造成危害。

第二种情况，一个人可以把自己卖掉，这几乎是不可能的事。当一个人把自己卖掉时，他实际上也卖掉了自己所拥有的全部财产。如果说自杀是逃避自己的祖国的话，那么就不能允许一个人把自己卖掉。因为每个公民的自由都是社会自由的一部分。在民主国家里，这种身份甚至是主权的一部分，出卖主权

① 参见查士丁尼《法初》第1卷。

荒唐至极。因为人身权永远高于财产权。

第三种情况，当父亲不能养活子女时，子女应有他们自己的选择。任何人都没有权力要求他们成为奴隶，即使那个人是他们的父亲。

奴隶制的法律从来就没有维护过奴隶的利益，这是违背社会基本原则的。奴隶制不但违背自然，也违背民法。奴隶不是公民，因此任何民法都与其无关，有什么样的民法能阻止奴隶逃跑呢？只有家庭的管辖权才能规范奴隶的行为。

奴役权的另外三个来源

人们关于奴役权的起源还有另外三种说法：

第一，奴役权来自一个民族对另一个民族的鄙视，这种鄙视建立在习俗差异之上。

罗贝斯·德·哥马[1]说："西班牙人在圣马尔塔附近发现了几个篮子，里边装着当地居民的食品，其中有螃蟹、蜗牛、蚱蜢。胜利者就此事对战败者横加指责。"这位作者承认，西班牙人把美洲人当作奴隶的权力就是建立在这基础之上。此外，美洲人抽烟，他们留的胡子也不是西班牙式的。

▶ 基督教和异教徒的征战

宗教带给自己的信徒一种可怕的权力，这种权力有时甚至会带来血腥的残杀。

知识使人温和，理智使人仁慈，只有偏见才会使人抛弃温和与仁慈。

第二，宗教给自己的信徒一种可以奴役不信教者及异教徒的权利，以发展壮大本教派。正是这种观念激励了美洲破坏者们

① 见《英国图书》第13卷第2部分第3条。

的犯罪行为[①]。他们建立起奴役更多美洲人的权利，因为在他们看来美洲人不信教，奴役他们符合教义。路易十三曾对规定他的各殖民地人民都要做奴隶的法律感到不安。但是当人们竭力使他相信，这是迫使黑人信奉基督教的最好的方法时，他竟然同意了。

第三，这几乎是人们所能遇到的最残忍的奴役权。有些天气炎热的国家，人们懒散疲惫，缺乏勇气。因此，只有通过严厉的惩罚才能迫使人们履行那些费力的义务，因为在那里，奴隶主对其君主，奴隶对奴隶主都是一样的懈怠。在这样的国家，政治奴役和民事奴役共存。但是，人生而平等，所以奴隶制是违反人类本性的，尽管某些国家的奴隶制具有天然的合理性。我们应将其与其他国家区别开来，在其他国家本身就排斥奴隶制，如在欧洲，奴隶制很幸运地被废除了。

对奴役黑人的辩护

黑人奴隶制的拥护者这样说：欧洲人在消灭美洲人之后，不得不将非洲人搬运至美洲做劳动力。如果种植业不把奴隶当劳力，那么糖的价格就会很贵，这会影响到欧洲人的生活。

我们不能认为黑人是人类，因为假定他们是人类的话，那么我们是不是基督教徒就值得商榷了。但是人生而平等，奴隶制是违反自然法则的。所以，上述对黑人奴役的辩护是极其荒谬的。

奴役权的真正起源

奴役权应该建立在事物性质的基础上，现在让我们来看一看这种权利的真正起源吧。

---

① 见梭里《墨西哥征服史》。

在一切专制统治之下，人们可以很容易出卖自己。这在很大程度上泯灭了公民的民事自由。

裴里说，俄罗斯人很随便地就把自己卖掉，因为他们的自由没有价值。在亚金人人都想出卖自己成为奴隶。有些大贵族拥有的奴隶数以千计。这些奴隶都是些大商人，这些商人下边还有许多供他们支配的奴隶，这些被支配的奴隶同样也有自己的奴隶。在这里，奴隶可以继承和买卖。在这样的国家里，自由人的数量太少，难以与专制统治抗衡。因此，人们都竭力使自己成为专制统治者的奴隶。某些国家所谓温和的奴役权就是这样起源的，之所以说它温和是因为它是建立在自由选择基础上的，人们为了自己的利益自由选择主人。

奴隶制度的无益与弊端

在欧洲，基督教废除民事奴役之前，人们认为矿山的工作因为太艰苦而只能由奴隶或罪犯去做，但事实上在矿山上工作的人们却过着幸福的生活。因为这种工作酬劳较多，劳动越多，报酬越多，这使人们因为酬劳而喜欢做这些工作。所以没有奴隶，矿山也能开采。

只要支配劳动的是理智而非贪婪，那么任何艰苦的劳动人们都是能够承受的。那些奴隶被迫做的活，可以通过技术发明或应用机器来代替。泰姆土瓦的土耳其矿山虽然比匈牙利的矿藏丰富，但是产量并不大，因为他们靠奴隶的双手来开采。地球上所有自由人都能参加劳动。奴隶的出现只是因为法律不健全，导致了懒人的出现。因为这些人懒惰，所以他们雇用奴隶。

▶ 被迫劳动的奴隶

在奴隶制国家，奴隶毫无自由可言，经常受着肉体和精神的双重折磨。

在伊斯兰教国家里，女奴的生命财产甚至她们的贞操或名声也掌握在主人手里[1]。这些国家最大的不幸就是那里的大部分人生来就注定是为别人的淫逸享受服务的。他们唯一获得的报酬就是过上怠惰的日子，这对国家来说又是另一种不幸。

毋庸置疑的是，有关贞节的法律属于自然法。伦巴底人有一条法规，似乎对所有政体都适用，即“如果一个主人诱奸了他的奴隶的妻子，那么该奴隶和他的妻子都将成为自由人”[2]。这是一种为了避免奴隶主们的淫乱行为却又不够严厉的折中办法。

而罗马并没有实施什么好的法规制止奴隶主的穷奢极欲，甚至在某种程度上剥夺了奴隶的婚姻权。不管奴隶地位有多低下，也应该尊重他们的道德风尚。罗马的这种做法严重破坏了公民的道德风尚。

确立民事自由的国家

我们经常听到有人说，要是我们有奴隶，该多好啊！奴隶或许对那部分渴望拥有他们的人来说有用，但有谁愿意抽签决定谁做主人，谁做奴隶呢？我想没有人敢去冒险抽签吧。因为谁也不愿意成为奴隶。而只有渴望拥有奴隶以至于甘愿去冒险抽签的人才会赞成奴隶制。

奴隶制的类别

奴役的方式可以分为对物的奴役和对人的奴役两种。对物的奴役是使奴隶依附于土地。就像塔西佗所说的日耳曼的奴隶一样。这种奴隶在土地里干活，定期向主人缴纳一定数量的谷物、牲畜和布匹。匈牙利、波希米亚和北德意志

---

① 见沙尔旦《波斯旅行记》。

② 见《伦巴底法》第1卷第32章第5节。

的一些地方也存在这种奴役方式。

对人的奴役就是在主人的家里劳动。最混乱的奴役制则是两种奴役方式同时存在。拉栖代孟的伊洛底就是如此。奴隶要承担地里的一切劳动，回到主人家又要遭受各种凌辱。这种奴役让人无法忍受。

但不管使用哪种奴役制度，法律都要竭力避免其弊端并消除一切危险。

奴隶过多的危险

奴隶过多在不同政体下会产生不同的结果。在专制国家里，奴隶多并不是负担。政治奴役会使人们忘掉民事奴役。那些自由之身的人们几乎不比奴隶拥有更多的自由。奴隶或者与奴隶地位差不多的人如太监也可以处理各种事务。所以自由人的地位和奴隶的地位差不了多少。由此可以看出，在专制的国家里，奴隶的多少几乎没有差别。

但是，在政治温和的国家里，奴隶太多后果会很严重。在这样的国家里，政治自由使人们十分珍视民事自由。一个被剥夺了民事自由的人，也就失去了政治自由。他会看到社会充满幸福，而自己却不幸福；看到别人的安全有所保障，而自己却得不到这种保障；他看到别人拥有更广泛的自由，自己却处处受限；别人心胸坦荡，自己精神上却倍感压抑。没有什么能比在这种境况下更接近牲畜了。这种人是社会的天敌，一旦他们的人数多起来社会就危险了。

所以，政治温和的国家经常出现奴隶动乱而专制的国家却没有。

武装的奴隶

武装起来的奴隶在君主国不及在共和国那么危险。在君主国，一个好战的民族通常能制服武装起来的奴隶。但是在共和国，那些作为普通公民的人们在面对手持武器造反的奴隶时会束手无策。

武装的奴隶对于尚武的民族来说没有什么可怕的。德国的法律规定奴隶偷了东西，会受到和自由人一样的处罚。但是如果奴隶通过暴力抢劫，只要他们归还所抢的东西就不会受到惩罚。因为在德国人看来，那些饱含勇气与力量的行为是值得发扬的。他们利用奴隶去打仗，让他们成为自己掠夺的工具。

温和政体的预防措施

政治温和的国家，给予奴隶的人道关怀能够防止由于奴隶数量众多所带来的危险。雅典人以仁德之心对待奴隶，所以在那里很少出现奴隶造成的国家动乱。而在拉栖代孟，奴隶却动摇了国家。当罗马人非人道地对待奴隶时，内战就爆发了。

▶ 奴隶市场

这幅画描绘的是开罗的奴隶市场。贩卖奴隶的商人先是阿拉伯人，他们把大量非洲土著人带到这里进行拍卖。

与那些厌恶劳动的人相比，参加劳动的普通人对待奴隶更宽厚。起初罗马人和奴隶生活在一起，共同劳动，善待奴隶，因而不需要法律保护。但是当罗马日益强大时，奴隶沦落为他们骄横享乐的工具，所以他们需要制定法律以保证那些残忍的奴隶主的安全。

《西拉尼安元老院法令》等法律就是这样规定的：如果一个奴隶主遭杀害，那么在同一个地方居住的奴隶就要被全部处死，甚至隐藏奴隶者将一并被判处死刑；那些执行主人命令而杀主人的以及没有及时阻止主人自杀的奴隶都将受到惩罚；主人在旅途中遇害，随行的和逃跑的奴隶都要被判死刑[①]。这些法律的目的在于要求奴隶对主人绝对的忠诚。这些是平民政体的弊端，它们与民法背

① 见《西拉尼安元老院法令》。

道而驰。

当官吏们不得不制定这些残酷的法律时，政府的灾难就来了。因为当执行法律非常困难时，政府就会加重对违法者的惩罚，也更加怀疑奴隶的忠诚。

主奴关系的法律

法律应该保护奴隶的基本生存权利，使他们有饭吃、有衣穿。法律应该关注患病和年迈的奴隶。当法律允许主人剥夺奴隶的生命时，主人所行使的是法官的权力而不是主人的权力。因此，法律应该实施避免强暴行为的措施。

希腊有一条法律[①]规定，奴隶受到其主人的过分虐待时，可以要求更换主人。罗马在后期，也有类似的规定。

当一个公民虐待另一个公民的奴隶时，奴隶可以控告那个施虐的公民。既然法律已经剥夺了奴隶的自然自卫权，那就应该给予他们民事自卫权。

在拉栖代孟，奴隶无权控告，以至于他们过着极度苦难的日子。在罗马，《阿吉利安法》规定，奴隶的受伤和牲畜的受伤无异，人们关心的只是这个奴隶价格会降低多少。而在雅典，凌辱他人奴隶的人要受到严厉的惩处，甚至会被处死。很显然，雅典的法律是合理的，因为没有自由的奴隶不能再没有安全保障了。

释放奴隶

在共和国，奴隶的数量多了，就应该被释放。但是如果释放的奴隶过多，他们将无法生活从而变成共和国的负担。奴隶数量过多和释放奴隶过多都是危险的。法律应该注意到这两种缺陷。

既然如此，什么样的法规才最合适？这是个非常困惑的问题。从罗马所制

---

① 见普卢塔克《迷信》。

定的各种法律和元老院法令就不难看出人们的困惑。

一个出色的共和国应该制定什么样的法规是由许多情况决定的。对此我的观点是：

第一，不要突然通过释放大批奴隶的法律，可以通过多种途径释放。伏尔西尼安[①]被解放的奴隶控制了选举，还制定了一条臭名昭著的法律，即给予那些获释的奴隶同自由民结婚时少女的初夜权；法律可以为奴隶的蓄积提供方便，使奴隶能够赎身获得自由；法律可以规定奴役的期限，如莫伊兹的法律规定希伯来人的奴役期限为六年；每年要释放一定数量的奴隶，只要他们年龄合适、健康或具有谋生手段，释放并不困难；此外，许多奴隶从事的行业自由民一样可以从事，这样奴隶的数量也将减少。

第二，当获释的奴隶不断增多时，民法就要规定这些获释的奴隶对其原来的主人应尽的义务。对于被释放的奴隶，应当给予他们在民事上的优越而非政治上的优待。因为即使在平民政体，国家权力也不会掌握在社会地位低下的人手里。

在罗马，获释的奴隶很多，法律没有给予他们什么，却让他们不会受到排斥。他们有权参与某些立法，但不能作出决议；他们可以担任公职，甚至圣职[②]，但是他们在选举上的不利处境使这种特权地位变得毫无意义；他们有权参军，但要经过一定的户口调查；他们可以与自由民通婚，但是不能与元老院议员的家庭联姻；尽管他们不是自由民，但他们的子女可以是自由民。

被释放的奴隶与太监

共和国里，获释奴隶地位略低于自由民。因此，法律竭力消除他们地位上的不利是非常有益的。但是，在专制国家，专横骄奢的统治者不可能这样做。因为那里获释奴隶的地位高于自由民。他们在宫廷内外都占有优势。他们研究

① 佛兰舍缪斯《补篇》第 2 期，第 5 卷。

② 塔西佗《史记》第 13 卷第 27 章。

主人的弱点而非德行，他们使君主依照自己的弱点来治理国家。罗马帝国时代，获释的奴隶就是这样做的。

许多奴隶要是由太监组成，他们即使拥有再多的特权，也不能与自由人相提并论。因为他们不能组建自己的家庭，而依附于他人的家庭。这样的奴隶不能被看作完全意义上的公民。

▶ 《独立宣言》的签署

《独立宣言》发表于1776年，它痛斥了英国国王对殖民地的暴政，"宣布人人生而平等，人们有生存权、自由和追求幸福等不可转让的权利"，同时也宣告美利坚合众国正式诞生。

但是有些国家授予太监各种官衔。唐皮埃说："在东京所有的文武官员都是太监"①，他们没有家庭，尽管他们贪婪成性，但最终从他们身上捞到好处的还是他们的主人。

唐皮埃还提到，太监也结婚②。法律允许太监结婚的原因主要有两个：一是为了让人们把他们当作正常人对待，二是出于对妇女的歧视。因此，太监被委任各种官职是因为他们没有家庭，而允许他们结婚则因为他们拥有官职。

太监需要用其他享乐的形式来补偿自己失掉的一切，他们把自己绝望的职业当作一种享受，贪婪地利用着自己手中的权力，以此舔舐自己的精神创伤。

在中国历史上，有过许多关于罢免太监官职的法律，但是这些被罢免的人很快又回到官位上。在那里，太监似乎是一种必然的灾难。

① 《周游世界》第3卷第91页。

② 《周游世界》第3卷第94页。

第三节
家庭奴隶制法律与气候类型的关系

家庭奴役

奴隶是为家庭而存在的，但是他们并不是家庭的一部分。因此，我们要把奴隶所受的奴役和某些国家的妇女所受的奴役相区别。这里所谈的家庭奴役是指妇女所受的奴役。

南方国家中两性之间的天然不平等

在气候炎热的地区，女子八九岁或十岁就可以结婚[①]，因此这些地区童年和婚姻通常是联系在一起的。作为女人，20岁就已经衰老了。所以理智与美貌在她们身上从来不能并存。当她们企图用美貌征服世界时，理智告诉她们要拒绝；而当理智取得胜利时，她们的美貌也就不复存在了，所以妇女只能处于从属地位。因此，如果不是宗教的反对，一个男人遗弃自己的结发妻子另觅新欢是一件很容易的事，多妻制就是这样产生的。

在气候温和的地方，女子的容貌不容易衰老，她们发育成熟的年龄比较晚，在年龄比较大的时候才有子女，她们与自己的丈夫相继变老。她们在结婚时，已经有了一定的生活经历，有一定的知识储备，因而更加理智。很显然这自然

① 在阿拉伯和印度等气候炎热的国家，女子8岁就可以结婚，9岁就能生育，见普利多《穆罕默德传》。

会给婚后的两性生活带来一种平等，法律因此规定了一夫一妻制。

在寒冷地区，几乎所有男子都喜欢喝酒，而妇女因为总处于被动地位而有节制。因此，妇女反而比男子更理智。

大自然赋予男人力量与理智，但同时也对男人的权力进行了限制。大自然赋予女人以迷人的魅力，伴随着她们魅力的消失，她们的优势将不复存在。但是，在炎热地区，女人娇艳迷人的魅力只出现在少年时期，此后便无魅力可言。

▶ **亨利八世与他的六位妻子**

亨利八世在英国历史上因曾有六位王后而闻名。这六位王后中有两位被残酷斩首，两位被抛弃，一位难产而死，只有最后一位幸免于难。

所以与亚洲相比，一夫一妻制的法律，更适合欧洲气候条件下人的身体状况。正因如此，伊斯兰教在亚洲很容易建立起来，而在欧洲建立则困难重重；基督教在欧洲能够维持发展而在亚洲则受到了摧毁。而最后，伊斯兰教在中国取得了很大的发展，而基督教却止步不前。

瓦连提尼耶诺斯[①]是个例外，他允许在帝国实行一夫多妻制。这条法律与欧洲气候格格不入。因此，后来它被狄奥多乌斯、阿加底乌斯和火诺利乌斯废除了[②]。

一夫多妻与抚养能力

有些国家，一旦建立了一夫多妻制，众多女人在很大程度上依靠丈夫的财富生活，但是我们不能说某一个国家实行一夫多妻制是财富带来的。因为贫穷

① 见约南德斯《论王位和临时继位人》。

② 见法典《犹太人与神明》。

也会产生同样的结果。

在一些强盛的国家里，一夫多妻制，与其说是一种奢侈，不如说是造成穷奢极欲的原因。

在炎热的气候环境下，人们的需求较少，抚养妻儿的费用也较少（那里的人只吃米和鱼[1]），所以实行一夫多妻制。

一夫多妻与它的各种状况

根据欧洲各地的统计，那里生男孩多于女孩[2]。而亚洲和非洲则相反，我们从旅行家的游记中发现那里生女孩比男孩多。因此，欧洲法律规定一夫一妻制，而亚洲、非洲法律规定了一夫多妻制，这和气候是有一定关系的。

和欧洲一样的是亚洲寒冷的地区，那里生男多于生女。所以，喇嘛们说，他们的法律允许一妻多夫[3]。

但是，我相信许多国家采用一夫多妻制或一妻多夫制并不是那里的男女比例失调而导致的。有些国家的多妻或多夫制符合自然规律，而有些国家则违背了自然规律。旅行家告诉我们，在班谭，女人与男人的比例是十比一[4]。如果这些记录是真实的话，那么这就是一个一夫多妻制的典型例子。

马拉巴尔实行一妻多夫的原因

在印度马拉巴尔沿岸的乃尔部族[5]，男人只能娶一个妻子，而女人却可以有好几个丈夫。在那里，我们不难发现这种风俗的源头。乃尔是贵族部族，这些

---

① 见《创建东印度公司历次航行辑录》第 2 卷第 1 篇。
② 阿尔布诺发现，英国的男孩数量多于女孩。
③ 杜尔亚德《中华帝国志》第 4 卷第 4 页。
④ 《创建东印度公司历次航行辑录》第 1 卷。
⑤ 佛兰西斯•比拉尔《旅行记》第 27 章。

国家的贵族都是军人。在欧洲，军人是不准许结婚的。马拉巴尔因为气候的缘故，人们结婚的意愿非常强烈，所以为了不使婚姻对人造成负担，男人们好几个人娶一个老婆，这样就减少了他们对家庭的眷恋和家务的料理，以便把精力集中在习武打仗上。

多偶制

多配偶制尽管在有些情况下还能容忍，但从整体上看，它对人类、对两性任何一方都是无益的。它对他们的子女更是一点益处都没有，因为父母对子女不能做到一视同仁。一个母亲能够疼爱她的两个孩子，但是一个父亲不可能用一个母亲那样的情感去疼爱他的二十个子女。而在一妻多夫的情况下就更糟了，因为在这种情况下，只有一个父亲相信某几个孩子确实是他的孩子时，他才会给予其父爱。

据说摩洛哥国王的后宫里有白、黑、黄三种肤色的女人，但不幸的是，这位国王不需要任何肤色的女人[①]。

淫欲和贪欲一样，就像拥有财宝的人反而更加渴望财宝一样，一个拥有许多妻子的男人，不能避免地又爱上别人的妻子。在查士丁尼时代，哲学家因为厌恶基督教而隐退在波斯高士洛斯附近。使他们感到惊奇的是，尽管那里准许多配偶婚姻，但是多配偶的人仍然和别人通奸。

可以说，多妻制来源于人类本性不能认可的情欲。因为一种堕落的行为往往会引起另一种堕落行为。据史料记载，君士坦丁堡爆发革命时，苏丹阿基默德被迫退位，抢劫佳雅别墅的百姓们，竟然在那里没有见到一个女人。在阿尔及尔，多数后宫里并没有女人[②]。

---

① 指国王好男色。

② 罗及埃·德·塔西《阿尔及尔王国的历史》。

平等对待多个妻子

有了多妻制的法律之后，接下来是关于平等对待多个妻子的法律。在穆罕默德时期，男人们可以娶四个老婆，但要求对她们一律平等，包括衣食和夫妻义务。在马尔代夫群岛同样也建立了这样的法律[①]，那里的男人可以娶三个老婆。

在莫伊兹，法律甚至规定，如果有人让他的儿子与一个奴隶结婚，后来又与一个自由女人结婚，那么，他不能中止对前妻所提供的衣食和应尽的夫妻义务。他可以给后者多一些，但是给前者的不能减少。

男女隔离

在那些富有而又崇尚享乐的国家里，男人们拥有许多老婆，这是多妻制带来的后果。由于妻子太多，为了维护家庭秩序，男人们不得不把她们幽禁起来，使她们与男人分开。有的地方由于气候的影响，人们有很强的性欲，在那里道德毫无用处。如果一个男人和一个女人独处，诱惑会带来冲动和堕落，在进攻面前人们往往放弃反抗。在这些地方，真正能起到作用的是铁窗门锁而非道德告诫。

中国的一部古典著作写道，如果一个男人在偏僻的房屋里与一个女人独处而不对其动手，那么他就是一个道德高尚的人。

管家与治国的关系

在共和国内，公民是平等的、友爱的。公民到处都能感受到自由。在那里，

① 佛兰西斯•比拉尔《旅行记》第 12 章。

男人对妇女行使支配权不那么容易。如果是气候环境需要这种支配权，专制君主政体是最适合的了，平民政体则不适合。

相反，对妇女的奴役非常符合专制政体的本质，它所关心的是滥用一切权力。因此，在亚洲任何一个时代我们都能看到家庭奴役和专制统治形影不离。一种政体如果它首先要求的是安宁，同时又把绝对服从叫作和睦的话，那么统治者就应该把妇女幽禁起来，否则她们的阴谋诡计将给丈夫带来极大的不幸。一个政府如果没有时间去体察民情，它就会单凭表面现象和自我感觉对一切行为采取怀疑态度。

相比之下，欧洲妇女性情轻佻，举止随便，有自己的好恶，有高尚和低俗的感情。如果把欧洲妇女的这些性情搬到东方国家，使她们像在我们社会中那样活跃和自由，那么没有一个家庭的父亲能享受片刻安宁。到处都是怀疑与被怀疑，国家也将面临崩溃。

东方的道德原则

在一夫多妻的情况下，家庭越是失去统一性，法律就越应该强化其统一性。利益越是分散，法律就越应该引导这些分散的利益趋向一个共同的利益。

这主要是依靠幽禁来实现的。人们不但应该用院落的围墙把男女分开，而且在同一围墙内还应该把妻子们分隔开，使她们各有一个特殊的家庭。只有这样，她们才能具备廉耻、贞操、端庄、安静、和睦、服从、恭敬、专一等品德。

当然，妇女们有许多她们想要做的事，我们不可能彻底排除那些使她们萌发许多思想的事物，以及那些我们叫作娱乐的事和所谓的大事。

在东方许多国家，风俗纯真的程度取决于对妇女幽禁的程度。财富越多，就越容易把妇女禁锢在高墙深院中，禁止她们的社交活动。正因如此，土耳其、波斯、莫卧儿、中国、日本等帝国中，妇女的美德令人赞叹。

在印度情况就不同了，独特的地理环境使其分为许多小国。那里抢劫的人和被抢劫的人都是穷人。所谓的大人物和富人，也仅仅够维持生活而已。因此，那里的人们对妇女的幽禁表现得力不从心，因此那里伤风败俗的现象很普遍。

在印度，气候的弊端发展到了极致，如果人们放纵欲望，社会秩序的混乱程度、人们道德沦丧之快都难以想象。在巴丹，妇女的性欲非常强烈，男人们不得不遮挡掩护而避开她们的纠缠。据斯密士讲，在几内亚一些小国，甚至连两性各自的戒律都没有。

在东方某些国家，幽禁妇女不单是因为多妻制，还有气候的原因。比较一下印度的妇女及葡萄牙殖民地的妇女与土耳其、波斯、莫卧儿、中国、日本等地的妇女的德行，就会清楚地看到，前者非常放荡，而后者则非常贞洁。所以不论是一夫一妻制还是一夫多妻制都有必要将男女隔离开来。

▶ 商人的婚礼

这幅画描绘了文艺复兴时期一位商人的婚礼。当时的意大利婚姻的内容与形式日渐宽容。

天然的贞洁

几乎所有的民族都会鄙视女性的淫乱。作为大自然给人类的告诫，这是可以理解的。自然女神教会人们进攻，也教会人们防卫。她把性欲赐予男人和女人，并给予男性勇气，给予女性腼腆。她给人类长期休养生息的时间，却规定人类在短暂的时间繁衍后代。

▶ 罗密欧与朱丽叶

莎士比亚戏剧作品中的主人公。讲述了两位年轻男女自由恋爱，却因家族仇恨而遭不幸。

那些把淫乱行为看作遵循自然规律的观点，是荒唐至极的。相反，它是违背自然规律的。只有遵循自然规律的行为才是贞洁的表现。

此外，廉耻心是大自然赐予我们人类的本能。我们为自己的缺点而感到羞耻，那些丢掉廉耻心的人从这个意义上已经堕落为非人了。

所以，当某种气候的自然力量违背了这些自然规律时，立法者就要制定相关的法律战胜气候的影响，恢复正常的两性规律，拯救堕落的人们。

嫉妒

人们应将情欲所产生的嫉妒与风俗所产生的嫉妒相区分。前者表现得热烈而贪婪，后者则是冷静而令人恐怖。前者是爱情的产物，是过分爱情的一种表现；后者源于民族的风俗习惯、法律、道德，甚至有时来自宗教。

嫉妒几乎总是受气候的自然力量所带来的影响，同时它又是消除这种影响的药剂。

离婚与休婚

离婚与休婚是有区别的，离婚是由于双方感情不和所致，休婚则是一方为了自己的私欲而不考虑另一方利益和愿望而采取的行动。

有时候妇女有必要提出休婚，但是对她们来说，休婚是很难做到的。法律把休婚的权力给了男人而没有给女人。丈夫是一家之主，他们设法使妻子严守本分，或者让不守本分的妻子重守本分。因此，休妻只是丈夫们权力的又一种滥用。而妇女提出休婚的做法，只是一种很不幸的补救手段而已。她已经嫁过一次人，她在容颜已失去光彩的时候，还不得不去寻找第二个丈夫，这是一种莫大的无奈与不幸。

女性少女时代的娇艳的优势在于，即使到了暮年还能勾起丈夫愉快的回忆，从而对其恩爱不渝。

所以应该有这样的原则，即凡是给男子休妻权的国家，也应该给予妇女同样的权利。不仅如此，当气候的影响使妇女生活在家庭的奴役下时，法律应给妻子休夫权，而只允许丈夫有离婚权。

如果妻子被幽禁在闺阁内，丈夫不能因其有失妇德而休妻，因为她们的失德是丈夫的过错。

只有在一夫一妻制的情况下，丈夫才有权因妻子不生育而提出休妻，而在多妻制的情况下，妻子不生育对丈夫来说并无大碍。

马尔代夫的法律允许丈夫重娶被休的妻子①。墨西哥的法律禁止复婚，违者处死②。墨西哥的法律比马尔代夫的更合理些，因为即使分离的时候，法律还要考虑婚姻的永恒性，而马尔代夫的法律似乎把结婚与休婚都当作儿戏。

墨西哥的法律只许离婚，目的是阻止那些自愿分手的人重新结合。休婚是一时的情绪所致，而离婚则是经过深思熟虑的事情。离婚有很大的政治意义。而它的民事意义，则只考虑了夫妻双方，对子女不一定有利。

罗慕露斯准许丈夫休妻，如果妻子通奸、投毒或伪造钥匙，她就会失去休夫的权利。在普卢塔克看来这是一条非常不合理的法律③。

雅典的法律规定妻子和丈夫都拥有休弃对方的权利④。在罗马初期，尽管有罗慕露斯的法律，但妇女们毕竟获得了休夫权。很显然，这条法律是从雅典学来的，后来还被列入了十二铜表法里。

离婚权在十二铜表法里也作了说明。因为，如果夫妻双方都拥有休弃权，双方就更有理由通过协商自愿分开。

法律并没有要求夫妻双方提供离婚的理由，而休婚则应该说明理由。因为，法律可以规定离婚的理由，而导致离婚的更多理由是夫妻不合。

---

① 佛兰西斯·比拉尔《旅行记》。

② 梭里《墨西哥征服史》第 499 页。

③ 《罗慕露斯传》第 11 章。

④ 这是梭伦的一条法律。

第四节

政治奴役的法律与气候类型的关系

政治奴役

政治奴役与民事和家庭奴役一样，与气候的类型有着些许关联。

各民族勇气的差异

▶ 学习中的蒙古贵族

生活在亚洲中部地区的蒙古族在四处征服的过程中也吸收了先进的文明和礼仪。

无论在国与国之间、还是地区与地区之间，炎热的气候总会消磨人的力量和勇气，寒冷的气候则使人勇敢地从事许多艰苦的活动。中国和朝鲜的北方人就比南方人勇敢[1]。

因此，热带地区的民族胆怯而容易沦为奴隶；寒冷地区的民族勇敢而使他们保持自由。

在美洲亦然。专制帝国墨西哥和秘鲁都在赤道线附近，而差不多所有自由的小国家都靠近两极。

① 杜亚尔德《中华帝国志》第1、4卷。

亚洲、欧洲的气候及其结果

旅行家告诉我们："亚洲北部陆地非常辽阔，从北纬 40° 到北极，从俄罗斯的边界到东方的大海，气候严寒。在这片广阔土地上有一条自西向东的山脉把它一分为二，形成了北方的西伯利亚和南方的大鞑靼。西伯利亚的气候非常寒冷，这里的土地几乎不能耕种。虽然俄罗斯人沿着伊尔吉兹河定居，但他们并不耕种。这里只生长小冷杉和灌木。这和加拿大的一些地区一样形成了贫困的部落。这里之所以严寒，一是因为地势高，二是因为山势由南向北逐步下降，北风在没有阻挡的情况下肆意横行，这使诺瓦珍布拉不能住人，也使西伯利亚大片土地荒废。在欧洲情况正好相反，挪威和拉普兰山脉是很好的屏障，这使北方诸国不受狂风的侵袭。因此，在北纬 59° 的斯德哥尔摩生长着各种植物，出产水果和谷物。在北纬 61° 的亚波附近，以及北纬 63° 、64° 盛产银矿，并且土地也很肥沃。"

我们从这些游记中还能看到："在西伯利亚南部的大鞑靼非常寒冷，土地不能耕种，只有一些可供放牧的草原。和冰岛相似，那里没有树木，只有一些荆棘。在中国和莫卧儿附近的一些地区出产黍，但是不能种植小麦和水稻。在北纬 43° 、44° 、45° 的中国鞑靼居住区，和冰岛一样寒冷，每年有七八个月的结冰期。它应该比法国的南部还要暖和。除了东海岸的四五个城市和中国人由于政治原因在其附近建起的几个城市外，那里再没有任何城市。在大鞑靼的其他地方也只有布加利、土耳其斯坦和加利逊几个城市。这里的土地含有大量硝石、硝土和砂土，再加之地势较高导致这里气候极度寒冷。南怀仁神父发现在长城以北八十公里，接近克哈密兰河源头的某个地方海平面高出邻近的北京三千几何步尺[①]，在这一高度，虽然有几乎所有亚洲大河的源头，但由于用水的需求，人们只能居住在河边和湖畔。"

所以我们的结论是：从严格意义上讲，亚洲没有温带；与严寒地区相邻的

① 几何步尺又称步幅、大步尺。一个几何步尺等于 50~60 英寸。

就是热带，如土耳其、波斯、莫卧儿、中国、朝鲜和日本。

相反，在欧洲，虽然周边气候迥然不同，但温带地区分布十分广阔。比如，西班牙、意大利的气候与挪威和瑞典的气候相差很大。但是由南向北走的方向，气候随着各地区纬度的增高而逐渐变冷。所以相邻国家的气候相似，并没有明显的差异，所以那里的温带地区非常辽阔。

▶ 蒙古入侵日本

历史上蒙古曾经两次入侵日本但都以失败宣告结束。以骑兵著称的蒙古的确很难应付善于水上作战的日本民族，失败是在所难免的。

因此，在亚洲，国与国之间强弱对峙。英勇善战的民族与懦弱懒散的民族毗邻。所以，其中一方势必要被另一方征服。欧洲的情况正好相反，国与国之间强强对峙，相邻的两个民族都一样勇敢。这就是亚洲弱而欧洲强、欧洲自由而亚洲受奴役的重要原因。我不知道是否有人对此作过评论，在亚洲自由从来没有增加过，而在欧洲随着环境的变化，自由有增有减。

我们上文所谈论的与历史的发展完全一致。历史上，亚洲曾被征服过十三次，其中有十一次是被北方民族所征服，两次是被南方民族征服。最早的三次征服是斯基泰人发起的，接着米底亚人和波斯人各征服过一次，后来是希腊人、阿拉伯人、莫卧儿人、土耳其人、鞑靼人、波斯人和阿富汗人。我们这里说的仅仅是亚洲北部地区，而没有提到南方各地所遭受的侵略，那里曾经历过巨大的变革。

在欧洲，情况正好相反，自从希腊和腓尼基殖民地建立到现在，只发生过四次变革。第一次是罗马人的征服；第二次是蛮族入侵，摧毁了罗马；第三次是查理曼的胜利；第四次是诺曼人的侵略。如果我们对此稍作分析就会发现，在这些变化中，有一种普遍存在并散布在欧洲各地的力量。我们知道罗马人征服欧洲所遇到的困难和征服亚洲的轻而易举；我们清楚北方民族在推翻罗马帝国时所经历的苦难，查理曼战争和防御工事以及诺曼人的各种冒险活动。所有的毁灭者都在不断地被毁灭。

亚欧民族的征服活动及其影响

欧洲的北方民族是以自由人的身份进行征服，而亚洲的北方民族是以奴隶的身份进行征服，并且他们仅仅是为主人而战。

原因就在于，鞑靼人作为亚洲天生的征服者，他们自身却是奴隶。他们不断地征服亚洲南部地区，并建立起自己的帝国，但是在本族，他们要受一个大酋长的统治。这个首领无论在南方还是在北方都实行专制统治。他不仅对被征服的人们行使专制权，对自己的臣民也不例外。这在那个叫作中国鞑靼的广大地区表现得更加明显。那里的皇帝所实行的专制统治与在中国本土一样，而且皇帝每天都通过征服扩展着他的领土。

我们从中国历史中发现，皇帝曾向鞑靼派遣了一部分移民，这些移民变成了鞑靼人并且成了中国的死敌，但这并不能妨碍他们把中国的统治思想带入鞑靼。

鞑靼民族中的一部分常常征服了别的民族后又被自己驱逐。他们把自己学到的奴役思想带到另一个地方。中国丰富的历史资料，以及我们的古代史，都提供了大量的佐证。

鞑靼民族的天性和亚洲各帝国的民族天性非常相似。亚洲这些帝国的人民被棍棒所统治；鞑靼人民被鞭子统治。而欧洲的思想却恰恰相反，历来被亚洲人称为惩罚的事物，被欧洲人视为侮辱。鞑靼人在被征服的地区建立了奴隶制和专制统治；哥特人在征服了罗马帝国之后建立了君主政体，并实行自由。

路得贝克曾在《在西洋》一书中称赞斯堪的纳维亚，认为那里的人民拥有居于世界所有民族之上的特权。这是欧洲自由的源泉，也是今天几乎一切自由的源泉。

导致亚洲的奴役与欧洲的自由的另一个自然原因是：在亚洲，一直有大的帝国存在，亚洲有宽广的平原，这些平原被许多山脉和海洋分割成许多大块的

▶ 古丝绸之路

丝绸之路是联系东方尤其是中国与西方文明的纽带，它是人类文明史上一个伟大的创举，是古代东西方最长的国际交通路线。

陆地。加之其地理位置偏南，因而水资源匮乏，山脉积雪较少，河流不大，不容易形成天然的屏障。

因此，亚洲必须实行专制统治。因为如果那里的奴役统治不严酷，便会形成国家割据的局面。

而在欧洲，国家间由自然屏障划分，这些国家领土面积适中，依法治国与维护国家主权并不矛盾。相反，依法治国有利于维护国家主权，否则这个国家就会衰败甚至灭亡。

由于欧洲形成了一种天然自由的特性，欧洲各个部分除了通过商业规则与利益进行交往外，都难以被征服。相反，亚洲则被一种奴役的思想统治着，它从来没有消失过。在亚洲的史册中连自由精神的痕迹都找不到，人们只能见到过分的奴役。

非洲与美洲

非洲的气候环境与亚洲南部相似，所以也经受着同样的奴役。在美洲，欧洲和非洲民族移民到那里，增加了美洲的人口，所以今天的美洲失去了自己的特性。但我根据它的古代历史了解到，美洲与我们的主张是非常一致的。

帝国的都城

据上述所言可得出一个结论，即对于一个大国的君主来说，选好首都是很重要的。如果他定都南方，那么他就有失去北方的危险。如果他定都北方，那么他就很容易保住南方。当然我所说的并不包括特殊情况。机械会遇到许多摩擦力，它常常使理论上的效果发生变化甚至受阻。同样政治也有它的摩擦力。

第五节
法律与土壤性质的关系

土壤性质对法律的影响

良好的土地使人对它产生依赖。通常情况下，一个国家中，乡下人占绝大部分，他们并不那么狂热地追求自由。他们总是忙于耕种，土地除了是他们维持生存的依靠外，也是国家赋税的主要来源。所以一个富裕的农村总是害怕劫匪、强盗和军队。土地的富饶与否很大程度上取决于土壤的性质。所以，立法者在制定法律时应该考虑土壤性质的影响。

因此，专制君主政体常常出现在土地富饶之地，而土地贫瘠地区则实行共和政体。阿提加土地贫瘠，因而建立了民主政体；拉栖代孟土地肥沃，因而建立了贵族政体。

平原与山区

通常情况下，土地富饶的地方往往是平原，高山荒漠很少有良田。平原地区因为缺少屏障，那里的居民很难与强者抗衡，所以很容易被征服，而一旦被征服，自由的精神便一去不复返了。那些富饶的土地所带来的一切都将献给征服者。但是，在山区，因为那里地势险要，地理环境形成了天然的屏障，使人们能够守护他们所拥有的一切，然而，他们的良田不多、物产不丰，因而其所保留的并不多，他们享有的自由也仅仅是他们的政体而已，并且成为他们值得守护的唯一财富。因此，自由在那些地势险要的国家比在土壤肥沃的平原国家更占优势。

居住山区的人民，因为地势险要、容易防御而不易被征服，所以他们保留着比较温和的政体。对山区国家发动战争是比较困难的，攻击这些地区也是相当危险的。因此，在这里制定各种有关民族安全的法律不太必要。

最适合耕种的地方

耕地的未开垦不是因为土地不肥沃而是因为没有自由。如果我们据此划分地球上的区域的话，就会惊奇地发现，那些渺无人烟的地方往往是土地最肥沃的地方，而在那不宜种植的地区反而居住着强盛的民族。

任何民族的发展趋势总是从环境恶劣的地方迁徙到适宜居住的地方，这是很自然的。所以，那些频繁遭受侵略的地方往往是自然条件好的地方。但是接踵而来的侵略、战争的破坏使本来美好的地方变得人烟稀少、土地荒芜，而北方那些土地贫瘠的荒蛮之地因为很少受到侵略却有人居住。正是基于这种原因，历史上的斯堪的纳维亚人没有向多瑙河两岸迁移，而是向相对更荒凉的地区迁移。

亚里士多德曾说："从一些古迹来看，萨地尼亚更像是希腊的殖民地。从前这里很富裕，亚利斯德斯热爱农业并为他们制定法律。但是，自从迦太基人统治了这一地区之后，这里就开始衰弱下去。因为迦太基人把一切适于繁衍的东西都破坏了，并且还强迫民众耕种土地，违者处死。"①

中国北方的蛮族经常南下入侵中原，而很少向北入侵。中原地区土地肥沃、物产丰富，而北方的西伯利亚气候极度寒冷，土地相当贫瘠。所以，中原北部边境常常是兵戈相见，战乱不断。而西伯利亚的那些部落民族反而不会受到侵略。波斯、土耳其、俄罗斯和波兰的气候温和，但也由于受到大小鞑靼的破坏

---

① 萨地尼亚在亚里士多德时代未能复兴，直至今天依然如故。

而久久不能恢复。

土壤性质带来的其他后果

土地贫瘠使人勤劳朴素、英勇善战。因为那里的居民必须去获得更多的维持生计的土地，从而战胜气候的恶劣。土地肥沃、物产富饶之地则使人变得怠惰、胆怯，人们不需要付出很多就可以安于享乐。比如，在人民富裕的萨克森，招募来的德国军队不及别的地方的那样英勇善战。尽管我们可以通过更加严明的军纪来弥补。

生活在岛屿的人民

居住在岛屿上的居民比居住在大陆的居民拥有更多自由。因为岛屿通常小而且分散，人们之间的压迫与被压迫很难发生。海洋成为天然的屏障，使他们与那些庞大的帝国分离，帝国侵略与专制思想蔓延不到他们那里。因此，岛民们几乎不会遭受征服与被征服的战争，他们更容易保持自己的法度与自由。

建立在勤劳基础上的国家

人类用智慧装点自己的家园，使其变得更加适宜居住，并且人类用同样的智慧使其得以维系。这一切都需要有一个温和的政体。世界上有三个地方属于这种类型：这就是中国的江南[①]和浙江以及埃及和荷兰。

中国古代的帝王并不是征服者，他们善于做那些最能证明他们智慧与才能的事，以增强自己的实力。比如，治理洪水、休养生息。江南和浙江这两个省

---

① 江南是旧省名，清初设置，康熙后改置江苏、安徽二省。

▶ 拾穗者

画家米勒的名画，描绘了农村夏收一个极其平凡的场面。画家用现实主义手法使富饶美丽的农村与农民的辛苦劳动形成对比。

就是通过人民的辛勤劳作建造的。这两个地方，土地非常肥沃，在欧洲人的眼里生活在这里的人民无比幸福。但是要使这片广阔而肥沃的土地不受侵犯和破坏，就需要这个民族用智慧和勇气去保护和培育它；需要君主的英明管理，而不是暴虐的专制统治；政权应像过去的埃及和今天的荷兰一样温和。

人类辛勤劳动加之良好的法律，使地球变得更适宜居住。湖泊、沼泽变成了河流奔腾，良田万亩。波斯人统治亚洲的时候规定，能够把泉水引到未曾灌溉过的土地的人，可以五代享受这种福利。于是，波斯人不惜任何代价把水引来，许多溪涧从托吕斯山上流下来。时至今日，这些河水还灌溉着农田与花园。人们却已忘却了它的源头。

因此，勤劳的民族所创造的幸福是永恒的，那里的富饶并不会随着这个民族的消亡而消失，正如热衷于破坏的民族所制造的灾难比它们存在的时间还要长一样。

法律的普遍性

法律与民族的谋生方式密切相关。从事商务和航海的民族比仅限于耕种的民族需要更广泛的法律知识。从事农业的民族所需要的法律知识比从事畜牧业的民族需要的更多，从事放牧的民族要比从事狩猎的民族需要的法律知识更多。

土壤与国家的状况

在美洲，未开化的民族很多，因为那里的土地富饶，大自然恩赐的物产非常丰富。如果妇女们开垦一小块土地，很快就能长出玉米。男子们狩猎和捕鱼，收获颇丰，生活可以过得很富足。

而在欧洲，如果人们不耕种土地，就不会有这些益处，大自然也不会恩赐他们什么，那里只会有橡树和不结果实的树林。

很显然，非农业人口不可能形成一个庞大的民族。因为若他们是牧民，就需要非常广阔的土地才能维持庞大族群的生存；若他们以狩猎为生，他们的部落人数就会更少。这些狩猎者身居茂密的森林中，每个群落择地而居，形成了很小的部落。

未开化民族和蛮族

未开化民族同蛮族是有区别的，前者是由于某种特殊原因而不能联合起来的小部族；后者是由一些能够联合起来的小部族组成。未开化民族一般是猎人，蛮族一般是牧民。

这种情况在亚洲北部地区体现得很明显。西伯利亚民族由分散在森林里的小部族组成，他们不懂得过集体生活，因为那样他们就无法维持生计。所以在历史上他们从来就没有强大过，当俄罗斯人入侵时，分散的各个小部族根本无力阻挡，很快就被征服。

鞑靼人能够过集体生活，是因为他们的畜群有时候可以聚集在一起，所有的部落因此可以联合起来。当他们某一个部族十分强大时，其首领制服了其他首领，部族间就可以联合起来，并向南方某个强大的帝国发动侵略。

这些民族的居住地没有明确的界限，因而，相互之间会发生不少纠纷。有时候，他们在狩猎、放牧以及奴隶等方面会有许多争夺。所以，在那里，许多问题和纠纷都按国际法处理，而很少用民法处理。

非务农民族的政治状态与法律

土地的分配会增加民法的内容。因此，在没有实行土地分配的民族，民事法规就相对较少，他们的法规更像是习俗。部族里最有威望的往往是老人，族里的人们靠智谋和技能而非财富出人头地。在牧野或森林中游荡的生活使他们的婚姻很不稳固。

放牧民族不能离开他们的畜群，牲畜就是他们生活的全部。他们也不应该离开自己的妻子，因为她们在照料牲畜。所以，这一切都应该一起面对。特别是他们通常生活在辽阔的草原上，没有可靠的防御地势，他们的妻子、儿女和畜群往往会成为敌人攻击的目标。对于战利品的分配他们有明确的法律规定，就像撒利克法一样，他们也对偷盗行为作了相关的惩罚规定。

非务农民族漂泊游荡而不耕种土地，所以他们不用依附于土地而拥有很大的自由。如果首领要剥夺某人的自由，那么他立马就会到另一个首领那里去寻求自由，或者与自己的家族隐居于森林。

能够使用与不知使用货币的民族

假如某人因意外而闯入一个陌生的民族领地，只要他发现一枚硬币，他就足以判断自己要面对的民族是一个文明开化的民族。因为能够使用货币，说明他们已经发展到了一定程度。

耕种土地要求人们学会使用货币。因为耕种所需要的知识技术和需求总是齐头并进的，这就产生了价值交换，而这一切都需要用货币去完成。

不懂得使用货币的民族，对暴力之外引起的不公平毫无所知，他们只能通过政治途径而非经济渠道才能解决纠纷问题。然而，能够使用货币的民族，常常会出现因狡诈引起的不公平。如果没有适合的民法加以规范，情况就会变得很糟。

在没有货币的国家，劫匪只能抢走实物，而这些实物的样子总是各不相同。强盗抢夺财物后，总是要带着他的犯罪证据，所以他们很容易被发现。但是，在使用货币的国家，情况就不同了，因为货币是一样的，所以盗贼一般很难被发现。

对于一个不耕种土地的民族来说，他们自由的最大保障是他们不懂得使用货币。渔猎或放牧所得既不可能大量聚积，也不可能长期保存。而如果人们使用货币，他们所拥有的不是实物而是财富的标记，一个人就很容易聚集大量的货币，并且可以随意赠予他人。

没有货币的民族，个人需求很少，财产分配很容易实现平等。因此，在这种情况下，首领就不可能建立专制统治。

▶ **交子**

交子是发行于北宋仁宗天圣元年（1023 年）的货币，曾作为官方法定的货币流通，称作“官交子”。交子是中国最早由政府正式发行的纸币，也被认为是世界上最早使用的纸币，比美国（1692 年）、法国（1716 年）等西方国家发行纸币要早六七百年。

迷信的力量

迷信的偏见甚于任何理论。所以，尽管未开化民族不懂什么是专制主义，但是迷信带给他们的力量使他们近乎狂热地崇拜和拥护自己的首领。而一旦迷信的力量被破除，统治者的地位也就不保了。纳哲族人崇拜太阳，他们的首领如果不以太阳的兄弟自诩的话，族人就不会崇拜和拥护他。

第六节
法律与民族精神和风俗习惯的关系

专制

专制可以分为两种：一种是真实的专制，它来源于压迫，表现为暴力统治。另一种是舆论观念上的专制，即统治者实行统治时的一种与人们思想相抵触的举措，这使人们感受到专制暴政的存在。

狄奥告诉我们，奥古斯都愿意让人们称他为"罗慕露斯"[①]，但是当他听说民众害怕他称王时，就改变了自己的计划。在最初的罗马，民众不能容忍国王的权势，所以反对称王。尽管恺撒、三大执行官和奥古斯都都是真正意义上的国王，但他们在外表上保持了平等，他们的私生活并不像其他国王那样奢华。在当时的罗马，这意味着他们保持了自己的风俗，而不是模仿非洲和亚洲的风俗。

狄奥还告诉我们，罗马人曾对奥古斯都制定一系列过分严酷的法律的行为极为愤慨，但是当他把那个被乱党驱逐出城的喜剧演员彼拉德重新召回罗马城时，人们对他的不满消失殆尽了。这个民族，在惩罚一个艺人时比剥夺他们的权利时对专制的感受更深刻。

民族普遍心理

人类常常受多种因素的影响，如气候、宗教、道德、法律、执政典范、风

① 战神马尔斯之子。

俗、习惯、自然环境等。这些因素共同作用形成了人们的普遍心理。

在一个国家中，如果某一种因素表现得非常突出，那么其他因素的作用将会淡化。大自然和气候仅仅能统治未开化的人。中国人受风俗习惯的支配；日本人则受法律的压制；道德影响着拉栖代孟人；执政准则和古老的风俗曾使罗马蒸蒸日上。

假如世界上有这样一个国家，它的民众喜欢交际、心胸宽广、热爱生活、乐观积极并善于表达自己的思想，那么这里的人们生活轻松愉快，但有时又显得过分轻率，些许冒失。这些人拥有勇敢、慷慨、坦率和一定程度的荣誉感，那么，统治者就不该通过法律抑制他们的习性。如果人们的个性在普遍程度上是好的，那么有些小缺点也是无关紧要的。

▶ **无名女郎**

这是位典型的19世纪俄国知识女性，她侧身端坐，转首俯视着这个冷酷无情的世界，显得高傲而又自尊。这种姿势表明画中人物与这个世界格格不入，冷眼审视，不屑一顾，这隐含着当时一部分民主主义知识分子对社会的态度。

人们也许可以约束妇女，制定法律以修正她们的习俗，减少她们的奢华，但是却不能保证这样做不会使妇女们丢掉某些情趣和礼仪，她们的这些品位可能是民族财富的源泉，她们的礼仪有可能会吸引外来民族。

立法者的职责就是在不违背执政原则的情况下，遵循民族精神。因为只有精神自由地处理国家事务，并顺从自然，才能真正把事情做好。若将迂腐之气带给一个开朗快活的民族，那么这个民族对内对外都不会获得长久发展。

有一个和我的描述非常相似的国家，那里的一位绅士曾说："就让我们保持原来的样子吧，大自然会弥补一切。大自然会使我们冲动地去冒犯别人、怠慢他人，但是这种冲动又给我们带来了礼貌，而礼貌又纠正这种冲动，同时它也激励我们去赞美这个世界，特别是赞美与妇女的平等交往。"

社交情绪的作用

一个民族的交际越广泛，这个民族的习惯就越容易改变。因为每个人都有较多的机会去观察别人，因此，人们就能更清楚地看到他人的独特之处。一个因为气候影响而喜欢社交的民族，也会因气候的影响而喜欢变化。

妇女的社交使社会风俗日趋败坏，并形成情趣。由于要比别人更能取悦于人，她们开始佩戴各种饰品。由于她们更渴望带给他人愉悦而产生了风尚，风尚时髦成为妇女们最关心的话题和追求的目标。因此，她们的思想越来越浅薄，并不断增加商业分支机构①。

虚荣、傲慢与邪恶

民族虚荣心对政府来说是一种极好的动力，而骄傲则是一种非常危险的动力。要证明这一点很简单，我们只需一方面指出虚荣心带来的无数好处，如华丽、技巧、艺术、时尚、礼貌、情趣；另一方面指出民族骄傲带来的无数弊端，如懒惰、贫穷、放弃一切以及自我毁灭。懒惰是骄傲的产物，勤劳是虚荣的结果。骄傲使一个西班牙人厌恶劳动；虚荣则使一个法国人能够比别人更好地工作。

所有懒惰的民族都是严肃的，因为那些不劳动的人把自己看作劳动者的主人。

稍作考察就会发现，在大多数情况下，严肃、骄傲和懒惰是形影不离的。亚金人既非常骄傲又很懒惰。那些没有奴隶的人，要雇用一个奴隶。哪怕是携带两袋米走一百米远的路，他们都认为是很不体面的②。世界上还有人甚至用留

① 见《蜜蜂的故事》。

② 见唐比埃《周游世界》第3卷。

长指甲作为他们不劳动的理由。

印度的妇女认为识字是可耻的，因为她们认为那是奴隶们才做的事情。有一个部族的妇女不纺织，而另一个部族的妇女除了编篮子和织席子以外其他什么也不做，还有一些部族甚至不允许妇女打水，这一系列的规矩都是由于骄傲的原因制定的，并且骄傲也激励人们遵守它。更不必谈道德与其他观念相结合会产生什么样的效果了。因此，骄傲与狂妄以及高贵的观念相结合，在罗马人那里所产生的影响是众所周知的。

西班牙人和中国人的性格

美德与缺点相混合共同组成了各民族不同的性格，他们的品质有好有坏。两者结合得好时便产生出乎意料的极大好处。有时候二者混合也会产生无法预料的极大坏处。

西班牙人一向以诚实著称。据查士丁尼一世所说，西班牙人保管寄存物是尽忠职守的。他们经常是誓死保守机密且这个品质亘古不变。因此，在卡迪斯进行贸易的国家几乎都把财产托付给西班牙人且从未后悔过。但是，一旦这种美好的品质和他们的懒惰混合起来，就对他们产生了非常有害的影响，即他们眼睁睁地看着欧洲其他国家经营着西班牙王国几乎所有的贸易。

与西班牙人相比，中国人的性格是另一种混合形式。他们的生活很不稳定，这使得他们具有不可思议的行动力和谋取利益的强烈欲望。所以，从事

▶ **近卫军临刑的早晨**

这是俄国画家瓦西里·伊凡诺维奇·苏里科夫于1879年创作的著名历史画。它以彼得大帝于1698年镇压近卫军兵变这一历史事件为背景，形象地表现了近卫军的妻子在告别上断头台的亲人时的那种痛苦的心情。

贸易的国家没有一个信任他们。这种公认的不忠诚使得他们一直保持着与日本的贸易往来。尽管欧洲商人从中国北方沿海地区同日本进行贸易最方便，但是却没有一个欧洲商人敢于以中国人的名义同日本进行贸易。

我并不是想要缩短美德与邪恶之间的无限距离，而只是想让人们明白一切政治上的邪恶并不等同于道德上的邪恶，同样，一切道德上的邪恶也并不全是政治上的邪恶。那些制定了违反民族一般精神法律的人应该很清楚这一点。

专制国家的礼仪与道德

在专制国家里，道德和礼仪是绝不能改变的基本准则。在那里，没有什么比改变道德和风俗礼仪更能引发革命的事情了。因为在这样的国家里没有法律的存在，只有道德和礼仪。如果道德和礼仪被推翻了，那就意味着这个国家的一切都被推翻了。

法律是由人制定的，它与特殊制度相关。而道德则是发乎心灵的感悟，它取决于一般精神。变更特殊制度和推翻一般精神都非常危险，有时候甚至后者比前者更危险。

在专制国家，每个人既低人一等又高人一等，既压迫别人又被别人压迫。所以，在专制国家中，人们的交往比自由占统治地位的国家少之又少。专制国家的礼仪和道德在一般情况下不会改变，道德越是固定就越接近于法律的效力。因此，与其他性质的国家相比，专制国家的君主或立法者应该更少地触犯道德和礼仪。

在专制国家，被禁锢起来的妇女对外界没有太多的影响。而在其他国家，妇女与男人共同生活。男人和女人都有取悦对方的愿望，这样一来，礼仪就会不断变化，两性也在交往中开始变坏，彼此间的基本品质开始丧失。以前那些绝对不变的道德礼仪，现在则可以随意改变。

道德和礼仪在中国是绝对不能改变的。除了男女要绝对隔离以外，中国人在学校里还要学习礼仪和道德，这一点从他们的行为举止中就不难看出。礼仪和道德一旦被老师以箴规的形式提出，就会像道德原则一样固定下来不能再改变。

改变一个国家的风俗习惯的自然方法

法律是由立法者创立的特殊和严谨的制度，而道德和礼仪则是一个民族的一般制度。因此，当风俗礼仪要改变时就不能用法律的手段去改变，否则就显得过于专横，而最好是用其他道德和礼仪来改变。

因此，如果君主想在他的国家进行变革的话，就应该用法律去变更那些用法律建立起来的事务，用礼仪去改变那些用礼仪建立起来的事务，这一点如果混淆了，那他的举措将是相当糟糕和失败的。

那种强迫俄罗斯人剪短他们的长胡子和衣服的法律以及彼得大帝让所有进城的人剪短长袍的粗暴做法就是专制。防止犯罪的手段是刑罚，改变礼仪的途径是树立榜样。

如果一个国家开化得既容易又迅速，说明这位君主对其臣民的评价是错误的，臣民们并不像他想象得那样愚蠢，他所使用的暴力手段是毫无意义的，因为温和手段同样可以达到目的。

有时候他自己也能感觉到变革的容易。以往被幽禁起来的妇女在某种程度上与奴隶无异，后来，君主把她们召进宫廷，给她们锦衣玉帛，这些妇女便过上了迎合她们爱好、虚荣心和情趣的生活，这种生活方式同样也受到了男子们的青睐。

变革变得简单与当时的风俗有关，而与气候无关。这些风俗是由民族的融合和征服战争带来的。彼得大帝把欧洲的风俗和礼仪带给一个欧洲国家，他感到是那么轻而易举，这连他自己也不敢想象，而气候的影响在其中起到了关键作用。正因如此，他就没有必要用法律去改变国家的道德和礼仪，而只需要吸取别的道德和礼仪就足够了。

一般来说，每个民族都有很强烈的保留本民族风俗习惯的意愿，用暴力的方式取消这些风俗习惯，对他们来说是一种伤害。因此，不要试图通过这种方式改变他们的风俗习惯，而应引导他们自己去改变。

所有不必要的惩罚都是暴虐，法律不是一种纯粹权力的显示，那些在本质上无足轻重的事不在法律的管辖范围内。

立法者对支配人们原则的混淆

道德和礼仪不是立法者建立起来的，他们不能也不愿去建立道德和风俗。法律与道德的区别在于，前者是支配公民的行为，而后者是支配人的行为。道德和礼仪的区别在于，前者是内在的品德，后者是外在的举止。很多时候人们都把这些区别混淆了。比如，莱克格斯把法律、道德和礼仪放在同一部法典里。中国的立法者也是这样做的。

▶ 中国皇帝的仪仗

中国古代帝王出行时，多设仪仗扈从，前拥后簇，车乘相衔，旌旗招展，充分显示帝王至尊的地位。仪仗，即仪卫兵仗，自汉代起称为卤簿。"天子出，车驾次第，谓之卤簿。"

我们不应该对拉栖代孟和中国的立法者把法律、道德和礼仪混淆起来而感到惊讶，因为他们的道德代表着他们的法律，而他们的礼仪代表着他们的道德。

中国的立法者将人民的安居乐业作为立法的主要目标。他们要求民众互相尊重，要时刻感受到自己对社会、对他人承担的义务，要懂得互相依赖的道理，因此，他们制定了最广泛的文明规则。正因如此，在中国人当中，人们会发现在农村人和地位高贵的人有着相同的礼节[①]。这种举措唤起了人们的温文尔雅，维护了良好的社会秩序，消除了由暴烈情绪所产生的一切弊端。

① 见杜亚尔德《中华帝国志》第2卷。

与礼节相比，文明更有价值。因为礼节是逢迎他人的缺点，而文明则防止我们缺点外露。文明就好像设置在人们彼此之间的围栏以防止他们相互腐化堕落。莱克格斯的法律是严厉的，他没有把文明作为规范礼仪的目的，而是把好战的精神传达给了他的人民。

人们总是彼此之间相互纠正和教育，并通过这种方法具备了某种品德，弥补了他们在礼仪上的缺陷。

中国政体的特点

中国的立法者考虑得非常长远，他们把宗教、法律、礼仪和风俗混在一起，这一切都是美德。但凡涉及这四方面的箴规他们就称为礼教。正是由于严格遵守这些礼教，中国的政体获得了某种程度上的成功。中国人把自己的青春年华都用在学习这些礼教上，并用终生来实践。文人用之育人，官吏用之劝导，生活中的一切行为都包括在这些礼教里。当人们找到使他们严格遵守的办法时，中国便被统治得很好了。

让这些礼教很容易地铭刻于心的原因有二：第一，中国的文字书写极为烦琐，必须通过大量阅读和学习来掌握，而学习的内容都是来源于礼教之书。因此，中国人一生中的很大一部分时间都用来学习礼教之书。第二，礼教里没有什么涉及精神的东西，只是一些普通的实际规则，所以与精神上的内容相比，它更容易使人信服，更容易打动人。

那些用酷刑代替礼仪治理国家的君主们，是想借酷刑去完成在他们的权力内无法完成的事，这便是树立道德。一个公民，如果丧失了道德，违反了法律，酷刑可以把他从社会中清除。但是，如果所有的人都失去了道德，酷刑又怎么能重新建立起那些道德风尚呢？酷刑仅仅能够防止一般邪恶的某些后果，但是它不能根除邪恶本身。因此，当中国政体的首要原则被抛弃、道德风尚被废除时，国家就会陷入混乱，社会变革就会出现。

中国的宗教、法律、礼仪和风俗

中国的法律并没有因为被征服而被摧毁。礼仪、道德、法律、宗教在中国是一回事。这些不能一下子被改变，而必须由征服者或被征服者适当地去改变。在中国，一般是征服者最先改变。因为，征服者的礼仪并不等于他们的道德，他们的道德并不等于他们的法律，他们的法律并不等于他们的宗教。因此，征服者被被征服者同化要比他们同化被征服的人民更容易。

由此引发了一件苦恼的事，即在中国建立基督教几乎是不可能的事。贞节的起誓，妇女在教堂中的集会、与牧师的往来，她们参加圣餐、秘密忏悔、临终敷油礼，一夫一妻等，这一切都违背了中国的道德和礼仪，同时也触犯了中国的宗教和法律。基督教的慈善事业、公开礼拜、圣礼都要大家共同参与，而中国的礼教却恰恰相反，它所要求的一切都要分开进行，这种分离往往和专制主义相关联。由此，我们也明白了为什么君主政体以及一切温和政体能和基督教密切配合。

中国的立法者把国家的安定太平作为统治的主要目标，而服从是维护太平的最佳方法。他们认为应该尽最大力量鼓励人们孝敬父母。在中国有无数礼节，使人们在父母生前和死后尽孝。那些在父母生前不能尽孝的人，在父母死后更不会依礼敬奉。孝敬亡亲的仪式和宗教密切相关。孝敬在世父母的礼节则与法律、道德、礼仪的关系密切。不过，这些只是同一部法典的各个部分而已，这部法典涉及的范围相当广泛。

尊敬父母就必然要尊敬同父母地位相等的人，如父母外的其他长辈、老师、官员、皇帝，父母用慈爱之心回报子女的尊敬。因此，老人要慈爱年轻人，官员要爱护下属，皇帝要关爱臣民。所有这些构成了中国的礼教，而礼教又进一步形成了民族的一般精神。

在我们看来，一些无关紧要的事却可能和中国的基本政体相关联。因为在这个帝国，治国思想基于治家思想。在中国，假如削减了父权，即便是削减了尊敬父权的礼节，也等于削减了对同等地位的官员的尊敬，于是官员们对待百姓就不会像爱护自己的子女一样了。君主对于臣民的关爱也会被削减。所以，只要削弱这些习俗中的任意一环，就会动摇整个国家。一位儿媳妇每天早晨怎样对婆婆尽孝看起来并不重要，但是，这些外在的习俗构成了中国人的内在精神，进而构成了帝国的统治精神，那么我们就会明白这些特殊的个人义务是有必要履行的。

中国人身上的矛盾现象

中国人是一个很奇怪的民族，他们完全受礼教的支配，但却是世界上最狡猾的民族，这一点在贸易活动中体现得尤为突出。贸易本应激起人们的诚实，但它却无法激起中国人的诚实。在中国，买东西的人都要自己带秤，因为每个商人有三种秤：一种是买进用的大秤，一种是卖出用的小秤，还有一种是只对存有戒心的人使用的准秤。当然，这种矛盾现象是可以解释的。

中国的立法者主要有两个目的：一是要人民安分守己，二是要人民刻苦勤劳。但正如前文所言，由于气候与土壤的原因，中国人民的生活很不稳定，他们只有不断地辛勤劳动才能维持基本的生活需求。

每个人都顺从，每个人都热爱劳动，国家就安定太平。然而中国人贪图利益的程度是难以想象的，即使法律也不能制止。在那里，暴力获利是禁止的，而用手段和技巧获利则是允许的。因此，中国人的道德与欧洲人的道德不同，每个中国人都深知什么才是对自己有利的。在拉栖代孟偷盗是允许的，而在中国欺骗是没有限制的。

法律与道德、礼仪的关系

只有在单一制度的国家才有可能把法律、道德和礼仪等性质不同的东西混在一起，尽管它们之间有很大的差别，但是它们之间却有着密切关系。

当有人问梭伦，他给雅典人制定的法律是不是最好的时候，他回答说：“我给他们制定了他们所能承受范围内的最好的法律。”这种精辟的回答每个立法者都能体会到。上帝告诉犹太人：“我给你们规定不好的戒律”，其意思就是戒律的好坏是相对的。

具有良好的道德风尚的民族，他们的法律会变得简单化。柏拉图说，拉达曼土斯所统治的人民热衷于宗教。他处理一切诉讼案非常迅速，仅对每个要点宣誓控诉即可[①]。

罗马人以前道德是纯洁高尚的，他们没有惩罚侵吞公款的法律。而当这种罪行开始时，人们觉得很不光彩，所以罪犯被判归还赃款就是惩罚[②]。斯基比欧的判决证明了这一点[③]。

法律若将监护权交给母亲，则是注重未成年人的保护。若把监护权交给最近继承人，则是注意财产保护。当人们的道德受到腐化时，把监护权交给母亲是最好的办法。当人们的道德风尚良好时，把监护权交给财产继承人或母亲[④]比较合适。

根据罗马人的道德风尚，罗马的法律允许婚前互相馈赠，而不允许婚后的馈赠。在西哥特法律中，按照道德风尚的规定，男人婚后不能把他财产的十分之一给予妻子，且婚后第一年不能给予妻子任何东西。这样做的目的是制止西班牙式的排场。

法律在礼仪、风俗和性格的形成中所起到的作用

一个被奴役的民族，其风俗就是他们被奴役生活的一部分。而一个自由民族，风俗便是他们自由的一部分。

关于自由民族我在前文已经谈过它的政体原则。现在让我们来看看这种政体所带来的影响、有可能形成的性格以及由此产生的礼仪。

---

① 见《法律》第12卷。

② 仅指如数归还。

③ 狄特•李维《罗马编年史》第38卷第3章。

④ 有时同时交给二者。

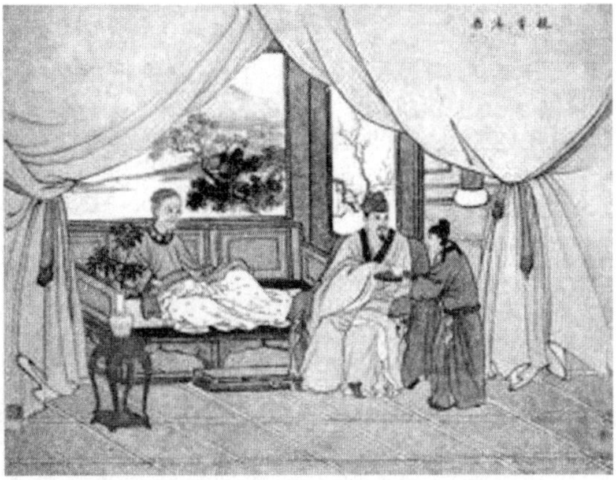

▶ **中国古代的孝道文化**

孝道是中国古代社会的基本道德规范，一般指社会要求子女对父母应尽的义务，包括尊敬、关爱、赡养老人，为父母长辈养老送终等。

一个民族的法律、风俗和礼仪大部分是因气候环境而产生的。但是其风俗和礼仪同它的法律密切相关。

在这种情况下，有两种明显的权力：立法权和行政权。每个公民都有自己的意志，都有自己的独立主张。因此，大多数人对这两种权力都各有偏爱，而不能公正平等地看待这两种权力。

行政权的职能规定了各种职位，它给予人们以巨大的希望，使人们感受不到恐惧，所以那些得到恩惠的人站在它一边。但是它也会受到那些没有得到希望并从它那里没有得到好处的人们的攻击。

在自由国度里，一切感情都可以自由地表露：憎恨、羡慕、嫉妒，对财富和名利的追求。否则，这个国家就会像一个饱受疾病痛苦折磨的病人那样，没有精神，没有情欲。

两派之间的仇恨无法消逝，二者都是由自由人组成。如果其中一派占了上风，那么，自由的结果使弱的一方受到压制。这时自由的公民就会支援弱的一方。由于每个人都是独立的，他们便很容易受到幻想和外界变化的驱使而改变主意，抛开所有的朋友，去投奔另一派的敌人。在这样的国家里人们常常忘记了友谊和仇恨的规律。

君主同样也像普通人一样，常常不得不做出违犯戒律的事，信任那些反对他的人，而使那些尽力效忠的人失宠。这是他必须要做的，而别国的君主则有选择的权利。

人最害怕失掉那些隐藏起来不易被察觉的幸福，这种害怕和担心往往会导致夸张的判断。人们会对某种境遇感到不安，甚至在最安全的时候，也会认为处在危险之中。

那些积极反对行政权力的人不承认自己有谋求个人私利的动机，这会使那些无法判断自身是否安全的民众更加害怕。但是，这种恐惧也从另一方面帮助人们避免了真正的危险。

立法机构受人民信赖，它比人民有远见，所以立法机构能够使人民对已有的恶劣印象有所改观。

这种政体比古代民主政体优越。因为在古代民主政体下，人民拥有直接的权力，很容易受到演说家的左右，从而达到这些演说家所期望的效果。

当恐怖没有达到预期目标时，只能引发喧嚣和谩骂。但它有一个好的作用，即让政府的原动力又重新回到轨道上来，并引起每个公民的重视。可是，如果这种恐怖来源于对基本法律的破坏，那么它便是低沉的、残酷的，并终将带来大的灾难。很快我们会看到一种可怕的沉寂，这时大家会团结起来共同反抗那种违背法律的权力。

如果不安的原因没有确定的目标，或某种外来势力正威胁着国家，并使其财富和荣誉面临危险，那么，小利益要服从更大的利益，大家要团结起来维护国家的行政权力。

如果纠纷是因为违背基本法律，并且有外部势力出现的话，就会爆发革命，这种革命不会改变政府结构，也不会改变政体，因为为自由爆发的革命是为了确认自由。

一个自由的国家会有一个自由的继承者，而一个奴役统治的国家只会出现一个新的压迫者。因为那个有能力驱逐一个专制国家君主的人，就有能力使自己成为专制君主。要享有自由，就应给予每个人言论的自由，要维护自由亦然。这个自由国度的公民可以说或可以写一切法律所没有禁止的东西。

常常处于动乱的民族，很容易受个人感情的驱使而不受理智的控制，理智不会对这些民众的思想产生什么影响。因此，统治这个国家的人让他的人民去做违反他们真正利益的事就会变得很简单。

这个民族满怀深情地热爱着自由，因为这种自由是那样真实。为了捍卫自由，他们牺牲自己的财富、安定的生活和利益，而甘愿承担甚至连最专制的君主也不敢让他的臣民去承担的重税。因为他们非常理解承担这些重税的必要性，他们纳重税是希望有一天这种重税会被废除。有时候，甚至他们感受不到这种负担的沉重。而在其他国家，这种重负带给人们的感受会远远超过灾难的本身。

这是一个有可靠信誉的民族，因为它向自己借贷又为自己偿还。它有可能承担一些自己能力之外的负担，并用超大数额的想象财富去对抗它的敌人。政府的信誉和性质能够使这些想象财富变成真实财富。

为了维护自由，这个国家向自己的人民借贷。民众深知如果国家被征服，自己就会失去债权，所以他们便多了一份竭力捍卫自己自由的力量。

这个国家在一个岛屿上，因为长途远征会削弱自己，所以它不愿当征服者。如果这个岛上的土地足够肥沃，它便更没有理由去征服，因为它没有必要靠战争赢得更多的财富。因为公民互不依赖，所以在每个公民看来，自己的自由胜过某人的荣誉。

▶ 圣乔治民团军官宴会图

这幅画描述了17世纪荷兰的城市风俗。城市警卫队是当时的新兴资产阶级力量的产物。

在那里，军人被看作有用却非常危险的职业。所以，在那里军人承担了更艰苦的任务，而文职人员相比之下更受人尊重。

和平与自由使国家能够摆脱束缚，生活安逸，并逐渐成为从事商贸的民族。如果它有一些原始的商品，那么经过加工就会成为价值很高的商品。如果这个民族位于北方地区，并且有许多过剩的食物，但因气候的关系自己无法生产某些商品，那么，它就有必要与南方国家进行大规模的贸易。选择那些给予通商方便的国家，并和这些国家签订互惠互利的贸易条约。

在一个极度富裕、赋税过重的国家，个人如果没有能力，而仅靠自己的私人财产是无法维持生计的，于是很多人就会打着旅行的幌子或健康原因离开本国，甚至到一些奴隶国家去寻找财富。

经商的国家有许多琐碎的特殊利益，所以它可能在许多事情上侵害别人或受到别人侵害，因此它会变成极端嫉妒者，以至于对别国繁荣的忧虑超过了自己的繁荣所带来的欢乐。它的法律是宽松而简单的，但是对国外人员的经商和航运就会变得非常严格，就像与敌人进行贸易一样。如果这个国家向海外殖民的话，那么它的拓展贸易的意图大于扩张统治的意图。

由于人们喜欢把自己国内建立起来的东西也建立在别的地方，所以它给殖民地的人民带去了自己国家的政体，而这种政体给当地带来了繁荣，所以我们看到那些它派送去森林居住的国民已经在那里建立了一个强大的国家。

它曾征服过一个邻国，因为这个邻国优越的地理位置：优美的港口和资源的丰富引起了它的嫉妒。虽然它允许这个国家有自己的法律，但它却使这个国家在很大程度上处于从属地位，因此这个邻国的公民享有自由，但是国家是受奴役的。

这个被征服的国家有着优秀的国内政府，却受到国际法的压制。这个国家的法律是另一个国家强加给它的，因此，这些法律所带来的繁荣对于它来说是短暂的，这一切仅仅是为它的主人作储备而已。

这个处于统治地位的国家在一个大岛上，拥有天然的贸易优势，它可以很容易增强自己的海上实力，仅仅需要大量的海军就能保证它不受侵略。这支海军是世界上最强大的海军，因为其他国家将自己的财力都用在陆地战争上，就没有足够的财力用于海战。

海上霸权常常带给那些拥有这种霸权的民族一种天生的骄傲，因为他们认为自己能够四处出击，他们的权力就像海洋一样广阔无边。

这个民族对邻国有巨大的影响，因为它并没有把它的权力用于征服，那些邻国却纷纷与它建立友谊，而惧怕与它结仇。然而从它的政权不稳和内乱来看远不像人们所期望得那样美好，所以，它的行政权注定在国内受到骚扰，而在国外受到尊重。

如果这个国家在某些情况下成为欧洲的谈判中心，那么它会比在其他地区更为诚实守信，因为它的大臣常常在人民议会上陈述自己行为的合法性。所以，他们的谈判不是秘密的，而他们必须要表现得更加诚实。

这个国家从前受专制主义的统治，所以在许多方面都保留着专制统治的特征。因此，我们常常看到的是自由的基础和专制的形式。

在宗教上，这个国家的每个公民都有信仰的自由，并受自己的认知与幻想的支配。因此，其结果就是每个人或者对所有宗教都漠不关心，或者是非常热衷宗教，进而产生了大量教派。

在这个国家里也许有许多不信奉宗教的人。但是如果这些人有自己的信仰，那些强迫他们改变信仰的做法是不能容忍的。因为他们认为自己的生命和财产同他们的思想一样都属于他们自己，如果有人剥夺了他们的思想，那么他们的生命、财产也将会被剥夺。

那种通过奴隶制建立的宗教会使那里的人们心生厌恶，因为这种宗教和自由思想是不可能同时出现在人们脑海中的。那些反对这种宗教的人所建立的法律是不会带有血腥味儿的，但它却有极强的压制作用，所以会给人们带来更多苦难。

有许多情况可能使僧侣们的信誉低于其他民众，所以僧侣们往往愿意和俗人承担同样的义务并与其结为一体。但是为了赢得民众对自己的尊敬，僧侣们会用隐居的生活、拘谨的行为和纯洁高尚的道德风尚，使自己与众不同。他们如果没有强制力量，就不能保护宗教也不能受到宗教的保护，所以他们总是试图去说服别人，所以那些出自僧侣笔下的优秀著作往往传达着上帝的旨意。人们会回避僧侣，甚至不愿意接受他们对自己恶习的纠正，出于对自由的渴望，他们宁愿让僧侣们的改革停滞不前，也不能容忍僧侣们的改革。

那些组成政体基本部分的官职头衔比任何其他国家都要固定。但除此之外，这个国家的重要人物比其他任何国家都更接近民众。他们的等级划分明确，但他们的人却非常混杂。

统治者每天都需要显示自己的威力，因此，他们重视有用的人才胜过重视为自己提供娱乐的人。所以在这个国家里很少有阿谀奉承之辈，也没有想要依靠大人物的愚蠢谋取私利的人。在那里评价人才的标准是他们的财产和业绩。

▶ 苏丹禁卫军

苏丹禁卫军，依靠严密的组织、精良的战术、狂热的信仰成为土耳其帝国的精英部队。

那里的人享有实在的奢华，这种奢华是建立在实际需要的基础上而非虚荣心之上。他们享受着富足的财产，并摒弃了那些浮华的毫无价值的东西。因此，有些人拥有大量财富而没有时间消费，于是他们采用稀奇的方式使用这些财富。在这里人们的理智多于情趣。他们为自己的利益而忙于奔波，所以他们缺乏建立在闲逸基础之上的礼节，并且他们也没有时间学习这种礼节。

罗马人讲究礼仪的时代正是它建立专制统治的时代。专制统治产生了懒惰，懒惰又产生了礼仪。

在一个国家里人们谨慎相处且不使他人不愉悦，就需要学习更多的礼仪。与蛮族人不同，这里仅是道德上的礼仪而非行为举止上的礼仪。

这个国家的法律非常公正，每个人都把自己看作君主。人与人之间的关系与其说是同胞关系，倒不如说是同盟关系。

气候给许多人带来不安的情绪，并开阔他们的视野；政体则让每个人都能参与政府管理，并使其对政治感兴趣。然而，人的命运是变化无常的，事物的发展变化也是无法推测的。

在一个自由的国家里，个体间对于好与坏的争论是无关紧要的，他们只要辩论就可以了。所以，自由政体就表现在这里。只要辩论在自由就有保证。但在专制统治下，争论得好坏都是有害的。争论使专制统治的原则受到破坏。

自由的民族是骄傲的，而其他的民族则沉迷于虚荣。但是这些自尊心很强的人多数是生活在一起的，当遇见陌生人时，他们就会显得非常腼腆，所以在大多数情况下，我们看到的是他们自豪而羞怯的奇异表情。这个民族的性格集中地表现在天才们的著作中，在这些著作中我们看到了些许深邃的思想。

在极端专制的君主国里，历史学家歪曲了真理，因为他们没有说出真理的自由。在极端自由的国度里，他们同样背叛了真理，因为过度的自由使他们能够为所欲为。

第四章

商业、人口与法律

The Spirit of Laws

本章主要阐述了法律与贸易、货币及人口的关系。贸易是随着人类社会不断发展而出现的一种商业活动，它不仅促进了社会的发展还扩大了民族间的交流。贸易活动有章可循、有法可依，才能顺利进行，才能为社会创造更多财富。孟德斯鸠从历史的维度阐述了古今贸易的差异及兴衰，倡导建立适应各种贸易活动的法律法规，使贸易活动在相应的国家政体下健康发展。

货币是贸易活动的产物，孟德斯鸠提出货币的发行与兑换应受国家机器的控制并遵循贸易市场的客观需求。此外，他还阐述了发行国债的利与弊以及货币的增值与贬值对国家经济产生的巨大影响。

作者从立法的角度论述了“天赋人权”，并阐述了不同阶层人们的社会地位，他还强调婚姻和生育应符合社会发展的需求，同时国家也应制定相应的法律保护人类的婚姻和生育。

第一节
从商贸的本质与特殊性来论证法律与贸易的关系

贸易精神

贸易可以治愈大部分破坏性的偏见。我们发现这样一条普遍规律：哪里有典雅的风俗，哪里就有贸易，反之亦然。

我们如今的风俗已经不再像以前那样残暴。贸易交往开阔了人们的视野，使他们能够了解其他国家的风俗习惯，并互相比较，互相渗透。人类社会也因此得到了很大的进步。

贸易法规既可以使风俗更加完美，也可以败坏那些淳朴的民风。柏拉图曾经指责过贸易破坏淳朴的风俗[①]！然而，我们所见到的却是贸易改变了野蛮的风俗，使人们变得文明、高雅。

贸易的自然结果是和平。两个互通贸易的国家之间需要相互依存。因为一方靠买进获利，而另一方则靠卖出获利，它们的和睦关系是建立在互相需求的基础之上的。

贸易精神可以把两个不同的国家联系起来，但却无法把个人联系起来。我们看到在提倡贸易精神的国家[②]，所有道德品质都可以做交易，就连微小的、有

---

① 恺撒说，高卢人与马赛人为邻，并与马赛人相互通商，因此变坏了。过去的高卢人总是战胜日耳曼人，而如今却已不如日耳曼人了。

② 这里指荷兰。

▶ **塔西佗**

塔西佗（55—120），古罗马历史学家，历任保民官、执政官、行省总督，著有《年代史》《日耳曼尼亚志》《阿古利可拉传》，均是研究西方古史的重要资料。

关人道主义精神的事情也都是为了赚钱。

贸易精神使人产生一种十分精确和公道的观念，这种观念既和掠夺式的观念格格不入，又同某些道德观念相抵触。道德观念教导人们不要计较个人得失，甚至有时为了他人利益人们要放弃个人利益。

如果没有贸易就很容易产生掠夺。亚里士多德认为抢掠仅仅是获得的方式之一，其精神并不违背伦理道德。比如，在以贸易为主的国家殷勤好客是不多见的，但是以掠夺为生的民族却十分热情好客。

塔西佗说，在日耳曼人看来，把认识和不认识的客人拒之门外都是一种渎圣行为。人们经常在热情款待了一位陌生客人后又把他带到另外一位好客的日耳曼人的家中，让客人再次受到热情款待。但当日耳曼人建立起自己的王国后，好客就成了他们沉重的负担。勃艮第人法典里就有这样两条法律证明了这一点：一条是任何蛮族[①]都不得把陌生人带到罗马人家中，违者会受到处罚；另一条是款待陌生人的费用将由全体居民共同分担，每个人都应承担他应分担的份额。

人民的贫困

贫困分为两类，一类是因为苛政所致，另一类是因为鄙视或他们不了解生活的安逸所致。前者无法改变贫困的处境，因为贫困就是他们受奴役的一部分，后者则可以成就一番事业，因为贫困是他们所享受的自由的一部分。

① 古代罗马人和希腊人之外的其他民族。

不同政体下的贸易

贸易同国家政体有一定的关系。在君主制的政体下，贸易往来通常建立在奢侈生活的基础上。尽管其中也包含部分生活必需品的交易，但贸易的主要目的还是获得那些能够满足统治者骄奢淫逸的生活的东西。在共和政体下，贸易更多的是建立在经济基础上。那里从事贸易的商人把眼界放在全球，他们把商品从一个国家推销到另一个国家，如推罗、迦太基、雅典、马赛、佛罗伦萨、威尼斯以及荷兰等，共和国从事的就是这样的贸易。

这种贸易同共和政体有着本质上的联系，而与君主政体的联系则很少。因为此类贸易的收入微乎其微，它获得的利润甚至比任何别的国家的收入都要少。但是它的优势是能从长久稳定的贸易往来中获得利润的补偿。所以，在一个奢侈之风盛行的国家这种贸易是行不通的。因为他们讲究排场，倡导奢靡，除了伟大的计划外他们目空一切。

正因如此，西塞罗说："我一点也不喜欢既是世界的统治者同时又是经纪人的民族。"实际上，不难想象，君主国的每个公民以及整个国家，他们既在大脑中构架着自己的伟大蓝图，同时也计划着细微的事物，这看上去是那样的矛盾。

但这并不意味着那些依靠经济贸易生存的国家不能成就伟大事业。恰恰相反，这里的人民有一种君主制国没有的果敢精神，其原因在于：

一种贸易能导致另一种贸易的产生，小型交易也能发展成中等交易，甚至会发展成大型贸易交往，那些原本不打算赚钱的贸易有时候也变成了赚大钱的贸易。

君主国不适合大型贸易，大型贸易不适合于君主国而适合于共和国。因为商业贸易往往和公共事业交织在一起，在君主国公共事业受到贸易商人的怀疑，而在共和国公共事业的发展得到了商人们的信任。

总之，在共和国里，财富安全感使人们愿意尝试各种贸易以求获利。他们敢于投入资本，以期获得更多的酬劳。在君主国里，贸易的本质与君主政体不协调，但并不意味着在君主国家不能从事经济贸易活动。

而在专制国家里，劳动是为了维持现状，这比获取更重要。这一点与自由国家正好相反。

从事经济等贸易的民族

对于那些海上航行遭遇狂风暴雨的船只来说，马赛是最好的避风港。这里的风向、暗礁及海岸的地形都证明了这一点。因此，马赛成了船客云集的港口。而它贫瘠的土地决定了这里的人们只能依靠贸易往来维持生存。他们用勤劳弥补大自然的吝啬，他们用热情友好的态度与给他们带来繁荣的外族人民和睦相处。他们生活俭朴，依靠贸易获取微薄的利润，他们安分守己以维持生活的安定。

▶ 中国早期的贸易

中国古代手工业、商业发展得早，商代末年，商人贸易已经出现，但是西周以前是“工商食官”，手工业和商业都属官办，由国家经营，故不征税。

暴政很容易产生经济贸易，这是毋庸置疑的。暴政迫使人们逃往沼泽、海滩、荒郊和野岛，在那里为了生存他们不得不从外界获得基本的生活资源，贸易就产生了。推罗、威尼斯、荷兰的一些城市就是这样建立起来的。

兴旺的航海业所产生的某些后果

从事贸易的国家经常要用交换来的货物作为资金从另一个国家换取商品。有时候贸易的收入微乎其微，但他们并未沮丧，而是把希望寄托在别的贸易上。作为唯一一个从事南北欧贸易往来的国家，荷兰就将北欧的法国葡萄酒作为他们在北欧从事贸易活动的资本。

在荷兰，一些舶来品的销售价格并不比原产地贵多少。因为当货船需要压舱物时，船长就会购进大理石，而当需要对运载的货物进行分类堆放时船长购入木板，这样当货船抵达目的地后，船长就会按照合理的价格再把大理石和木板卖掉。

如此一来，不仅没有利润的交易可以使他们获利，甚至有时候赔本的交易他们也能从中获利。在荷兰捕杀鲸鱼通常没有利润，然而捕鲸业却带动了造船业的发展，并为那些为捕鲸船提供帆索锚具、设备和生活给养的供货商们提供了商机。但是贸易有时候就像赌博，每个人都想获得头彩，于是许多人都愿意下赌注，就连最聪明的人也不例外。仿佛大家都看不出它的庐山真面目：它使人们迷惘、虚度年华、凶残激进，甚至会为此付出生命的代价。

英国的贸易精神

英国不同任何国家签订关税协定，它的税率随着国会的更迭和法律条文的变更而变化，英国希望以此来保护民族工业的发展。英国对外国商人在本国的贸易行为十分嫉妒，因此，从来不用各种贸易契约来约束自己，而只依附于自己的法律。别国是政治利益高于经济利益，而英国则是经济利益高于政治利益。英国人常常以其宗教、商贸和自由三项伟大成就炫耀于世。

如何限制经济贸易

有些君主国制定了相应的法律来抑制那些贸易国家的贸易发展。比如，禁止它们购进产品生产地以外生产的产品，只能使用购货国制造的船只进行贸易运输等。

制定这些法律的目的是能使自己更加自由地进行贸易活动，否则不仅法律形同虚设，就连本国的贸易也会受害。因为同贸易国家往来是十分有益的，贸易国家往往不会苛求高额利润，贸易需求使它们对贸易伙伴有很强的依赖性。这些国家的优点很多：它们目光长远，交易范围广阔；它们资金雄厚，有能力收购大量的食品并能够准时付清货款；它们讲诚信，爱和平，因为它们与别国交往的目的是赢得利润，而非征服。同这样的国家进行贸易往来要比同那些总是竞争却不能给予上述优惠的国家交往划算很多。

贸易的排他性

如果没有特殊理由，就不应该排斥与任何国家的贸易交往。日本人只同中国和荷兰两个国家进行贸易。中国仅从食糖这一宗交易上就能获利十多倍，有时候在回购日本人的货物上还能赚取更多的利润，荷兰人同样从日本人身上赚到了不少于中国人的利润。可以说，所有像日本人这样同他人做交易的国家肯定会受到欺骗，因为存在商品竞争，商品的价格才能公道。

绝不能把自己的商品全部售给那些愿意以一定的价格购买全部商品的国家，波兰人就是这样把自己的小麦全部卖给了格但斯克①。在香料交易上，一些印度的国王也同荷兰人签订了同样的协约②。这样的情况仅适用于贫穷国家和奴役制国家，因为这些国家只要生活有了保证就会放弃创造更多财富的机会。

适合于经济贸易的制度

在从事经济贸易的国家里，人们有幸建立了银行。银行以其信用为担保发行了新的价值标记——钞票，但是如果将这种制度用在从事奢侈性贸易的国家，那将是一个天大的错误。在君主国开办银行，就意味着君主一手掌握着金钱，一手掌握着权力。于是，有能力办事的人却没有权力，而有权力办事的人却没

① 波兰北部的港口城市，又称但泽市，相传该城由丹麦人于13世纪创建。

② 最早这样做的是葡萄牙人。见比拉尔所著《弗朗索瓦游记》第2卷第15节。

有能力。在这样的政体下，君主掌握着所有的财富，而一旦发现有多余的财富，他便会立刻将之占为私有。

同样是这个原因，商人们为从事一种贸易而联合起来成立贸易公司的做法也不适用于君主政体。因为这些公司的本质是给予个人使用公共财富的权力，而在君主国家里，只有君主才拥有公共财富的支配权。不仅如此，有时候即使从事经济贸易的国家也不适合建立这种公司。所以，有时候独占的特权会抑制贸易的自由。只要不是贸易交往繁多，超出了个人能力之外，最好不要用这种特权干扰贸易的自由。

经济贸易国家可以成立免税自由港。国家的节俭与个人的节俭总是形影相随，国家的俭朴就像经济贸易的灵魂。那些建立自由港后被免除的关税损失可以从国家工业财富中得到补偿。然而在君主国建立自由港则是行不通的，因为建立自由港只有一个作用，即给进口奢侈品免除了缴税的负担。但是这样一来，国家也就放弃了对奢侈性贸易征税的权力，更何况这是奢侈品贸易能够带给国家的唯一好处。

贸易自由

贸易自由并不是在贸易活动中给予商人们随心所欲的权利，因为那样贸易自由就变成了贸易奴役。限制商人并不是限制贸易。即便在自由国度，商人们也难免会出现各种烦恼，法律给予他们的约束并不亚于一个奴役制国家。

英国禁止毛制品出口，要求煤必须海运到首都，禁止出口未阉割的马匹，殖民地的船要与欧洲进行贸易，必须从英国起航①，这些措施虽然限制了商人的贸易活动，但却对贸易本身的发展十分有利。

哪里有贸易，哪里就有海关。贸易是为了国家的利益而进出口商品，而海关是基于国家利益享有对进出口商品征税的权力。拥有进出口贸易和海关的国

① 见1660年的《航行法案》。只有在战争时期，波士顿和费拉德尔菲亚的商人曾让他们的商船直驶地中海去装卸货物。

▶ 中国古代的航运

中国古代的造船技术和航运贸易长期在世界上保持领先的地位。

家，应尽力使二者和睦共处，这样从事商贸的人们才能真正地享有贸易自由。

然而，海关征税的不公道，关税过于沉重常常破坏贸易。此外，海关人为制造的困难和过于烦琐的手续对贸易会产生更大的破坏。在英国，海关是政府管理的，贸易十分便利，只要签字就能办成大事。商人们不会在手续的办理上浪费时间，也不用雇用专门的办事员去办理这些事务，也没有必要承办包税人的所有难题。

英国的大宪章规定了一条非常适宜自由贸易的法律，即除非在战争状态下为了报复，否则禁止扣押或没收外国商人的商品。

1740年西班牙和英国的战争时期，西班牙规定[①]凡将英国商品带入西班牙者一律处死；同样，凡将西班牙商品卖给英国者也将被处以极刑。我想，除在日本的法律能找到类似条款外，在其他国家的法律中不可能找到。这条法律摧毁了人性，与贸易精神格格不入，并使量刑比例失调，甚至混淆了民众的思想，把民事范畴的违禁罪看成了叛国罪。

有关贸易的法律法规

梭伦规定雅典人不得因民事债务进行人身拘禁，这条法律是他从埃及人那里学到的，该法由博固利斯确立，并由塞梭斯特利加以修订。

① 1740年3月公布于卡迪兹。

这是一条非常适宜处理一般民事纠纷的法律。然而在商贸纠纷上，我们有理由不遵守这条法律，因为商人不得不经常在很短的时间内将巨额资金托付给他人保管。既要有能力放出资金，又要保证资金能够收回，这就要求债务人必须在规定的时间内履行承诺。因此，对债务人进行人身拘留就变得很有必要。

法律不允许人身拘禁用于一般的民事契约的纠纷中。因为公民的自由高于一切，自然也要高于某个公民的自身利益。但是在由商贸关系而引发的纠纷中，法律则认为公共的权益高于某个公民的人身自由。当然，处于人道主义和宽松政治的考虑，人们也可以对这些原则给予一定的约束和限制。

在日内瓦有一条非常好的法律，它规定，无论是已经去世或还在世的无力还债的破产者，如果他们的子女无法代替还债，那么这些子女就没有出任公职或进入议会的权利。这条法律增加了民众对官员和政府的信任度。

罗得则更进一步规定，子女不能以放弃继承权的借口逃避替父还债。我认为，为了贸易自由还应作以下限制，即子女经商后所获得的资产不能受到父债的牵连。

色诺芬在《收入》一书中指出，对办案最快的商贸法官给予重奖。他很清楚商贸法官快速办案的重要性。因为，商贸买卖每天都在进行，与买卖相关的事务最好是当天作出决定。商贸事务完全不同于生活事务，贸易每天都在进行，而有些事情却不是经常发生，如结婚、捐赠、立遗嘱在很多人的一生中往往只发生一次。

柏拉图曾说，在几乎没有经济贸易的国家只需要一半的民事法律条款。这话不无道理，因为贸易会给一个国家带来不同种族的人群，会签订各种贸易协定，会有更多致富的途径，这些都需要民事法规加以监督和规范。因此，对于商贸国家来说应该多一些法律而少一些法官。

泰奥菲尔看见一只装满他妻子货物的货船就下令把船烧毁了。他说：“我是皇帝，你们为什么要让我变成货船主呢？如果我剥夺了穷人赖以谋生的东西，那么他们又该怎样谋生呢？”他还说：“假如我垄断了贸易，那么有谁能限制我们呢？又有谁能监督并迫使我们履行承诺呢？假如我经商，那么满朝文武大臣也会纷纷效仿，他们比我更贪婪、更蛮横。人民能够信任我们的公正，但是绝不信任我们的富有。大量的苛捐杂税在使人民贫困的同时也证明了我们的贫穷。”

葡萄牙人和加斯提人统治东印度时，那里的商业贸易非常繁荣。然而他们的君主不失时机地将贸易权掌握在了自己手里。其后果可想而知，这些曾经繁华一时的殖民地走向了灭亡。

君主国贵族的贸易

贵族经商是同贸易精神相背离的。火诺利乌斯和提奥多西乌斯二位君主曾说："贵族经商使商人与平民之间生意的便利性不复存在。"

贵族经商也不符合君主国的精神。英国曾经允许贵族经商，但这一做法却大大削弱了其君主政体制度。

贵族经商会摧毁贵族阶层。法国的做法非常英明。在这里，商人不是贵族，却可以成为贵族。许多商人有成为贵族的愿望，他们脱离商界成为贵族最好的办法就是经营好自己的贸易并取得重大成功。除此之外别无良策。

让每个人都恪守本职并将其传给下一代，这种做法似乎只有在专制国家才能发挥作用，因为那里没有竞争意识。

一旦贵族身份可以用金钱买卖，这就极大地吸引商人，他们会不假思索地为之努力。在不考虑这样做所付出的代价的情况下，这种做法对于某些政体是有用的。

不适于经商的国家

财富主要是由地产和动产组成。一般情况下，每个国家的地产均为国民所有。大部分国家都制定了相关法律，使得外国人不愿意购买他们的土地，因为只有土地所有者在场土地才有价值。土地这种财富属于每个单独的国家。但是动产则不同，如货币、证券、汇票、公司股份、船舶等均属于全世界所有。在这种关系上，全世界的国家组成了一个大的共同体。占有世界上最多动产的民族就是世界上最富有的民族。一些国家通过劳动力、贸易活动、工业发展、海外探险等渠道占有数量十分可观的动产。贪婪驱使每个国家都想在全世界范围内掠夺动产。在这种情况下，必然有些国家不仅不能从国外谋利，反而自己的动产也被其他国家所瓜分。而这些国家的土地所有者也沦为其他国家的佃农。这种国家一无所有，一无所获。对于这些国家的臣民来说，最好不要和别的国家进行贸易往来，因为正是经商才导致了它们的贫穷。

▶ **伦敦皇家交易所**

1571 年，英国创建了世界上第一家集中商品市场——伦敦皇家交易所，在当时成为整个欧洲的商业金融中心。

当一个国家的进口额大于出口额时，它就会因为要维持进出口平衡而日渐贫穷。它所进口的东西会逐渐减少，直到它因越来越贫穷而再无力进口任何东西。

对于商贸国家来说，那些花掉的钱会再赚回来，因为收到钱的国家同时也负上了这个国家的债务。而这里所谈论的国家，它们的钱花掉了就不会再赚回来，因为拿走它钱财的国家并不欠它什么。

比如，在波兰，除了生产小麦外，它几乎没有什么动产。在那里贵族拥有一切，他们强迫农民生产更多的小麦销往国外，以此来换回他们奢侈生活的必需品。假如波兰不与别国进行贸易往来，人们的痛苦就会减轻许多。因为权贵们会把过剩的小麦分给民众；他们会把负担外的过多地产分给农民打理；国家的畜牧业会生产毛和皮，衣服饰品就不会因进口而太贵重；权贵们的奢侈品只能在国内购买，所以他们会鼓励穷人劳动，创造更多的财富。这样波兰就会变得繁荣昌盛。这些本应是法律能够防止的。

再看日本，大量的进口引发了大量的出口。因此，它的进出口是平衡的，这种大量进出口的平衡给国家就业、消费、传统手工业等带来了极大的好处，也增加了国家强盛的手段。国家强盛和富裕体现在紧急救援上，它们比别国更快捷。贸易有一个作用就是让一个国家过剩的东西变得有价值，让有价值的东西变成必需品，并将这些必需品给予民众。

因此，在商业贸易中吃亏的往往不是没有需求的国家，而是那些什么都需求的国家。从断绝商贸中得到好处的不是能够自给自足的国家，而是那些一无所有的国家。

第二节
从世界贸易的变革论证法律与贸易的关系

各民族间贸易的差异

尽管贸易经常会发生变革，但是有时因为某些自然因素，如土质、气候等影响，贸易的性质也有可能保持不变。

我们拿银币和印度人做生意。和我们一样，罗马人当时每年要带五千万塞斯德斯①到印度。这些银币变成了商品被带回国。所有同印度交易的国家都是带着银币去，又带着商品回。

这是自然原因导致的。印度人有自己独特的技能，这些技能与他们自己的生活方式相适应。他们的奢侈与我们的奢侈不同。印度的自然环境决定了他们不能使用我们的东西，如衣食。在印度大多数人半裸身体，国家为他们提供了合适的衣食。宗教使印度人对我们的食物非常厌恶。所以，印度人仅需要银币来体现商品的价值。他们用商品换取我们的银币。俭朴的生活方式和大自然的恩赐使印度人非常富有。古代作家所描述的印度在风俗习惯和政体方面与我们今天所见到的印度并无不同。那些同印度进行商贸往来的国家都无一例外地把银币带到印度而不再把它们带回来。

---

① 一种古罗马小银币，价值两个半罗马铜币。

非洲绝大部分民族是处于野蛮和未开化的状态。我想这主要是因为这些小国被广阔而不适宜居住的荒原所分隔开了。这些民族没有工业和技艺，但他们却可以直接从大自然中获取大量的金银矿藏。那些文明民族可以很容易地从与他们的交易中获利。他们用一些毫无价值的东西来换取非洲人民手中的金银，从中获取巨额财富。

在欧洲，南北方各民族之间保持着一种均衡。南方的民族生活便利，大自然的恩惠多，人们向大自然索取得少，丰富的物资使他们什么也不缺。而北方的民族生活不便利，大自然的恩惠很少，人们对大自然的索取也比较多，他们几乎什么都需要。但是为了维持平衡，上苍把懒惰赐予南方民族，而把勤劳和活力赐给了北方民族。所以北方民族必须辛勤劳作，避免物资过度匮乏，并因此沦为不开化民族；而南方民族则实行农奴制，如此一来，他们就这么轻而易举地失去了财富和自由。在北方，人们需要自由，因为自由可以创造出更多的方法来满足他们从大自然中得到一切。所以在北方，只有那些失去自由或未开化的人才处于被强制的状态。而在南方，人们如果不是奴隶，就一定会去造反。

古今贸易的差异

世界格局的变化有时候也会带来贸易的改变。今天欧洲的贸易主要是自北向南发展。气候的差异使得南北居民都需要彼此的产品。比如，南方的酒运到北方去出售，这种贸易在古代是没有的。还有货船的装载量，由过去的以谷物的包数来计算变为以酒桶的数量来计算。

我们知道，古时欧洲的贸易主要集中在地中海的各个港口之间，也就是说，古时欧洲的贸易多发生在南方。气候的相似性使这一地区的商品相差无几，因此人们彼此之间的贸易往来并不频繁，也不像今天这样广泛。

这里所谈的观点和之前谈到的印度的贸易并不矛盾，因为气候的巨大差异同样也会完全破坏彼此之间的相互需求。

有时候，贸易会被征服者破坏，有时候又会受到君主的干扰。但是贸易却能飞越遭受压迫的地方，环游世界，来到给它自由的地方繁衍生息。所以会有这种情况出现：贸易当今所支配的地方过去曾是沙漠、荒原和大海，而它过去所在的地区如今却是一片荒凉。今天的柯尔吉斯只是一片广袤的森林，人烟稀少。有谁能想到昔日罗马帝国时代，这里曾城市林立、商贾云集。

贸易的历史就是一部各民族的交往史。各民族的衰落、地区人口增长的起落和荒芜的潮起潮落都构成了贸易史上的重大事件。

历史长河中的贸易

▶ 早期的航海贸易

早在12世纪，远距离的航海贸易就已经开始在欧洲兴起，这种贸易促进了欧洲各个地区商人的贸易往来。

贸易产生财富，财富也会导致奢侈，而奢侈的生活又反过来要求工艺的精湛。西米拉密斯时期，工艺技术的水平已达高峰，这也说明当时在这个国度庞大的贸易体系已经建立起来了。亚洲许多专制国家都曾经进行过奢侈性贸易。奢侈史是贸易史中的一个重要内容。

亚洲曾经产生过剧变。波斯西北部的希尔卡尼亚、马吉安那、巴克特里亚等地在历史上的繁华都市比比皆是，而如今这些繁华已不复存在。

当亚洲各国盛行奢侈性贸易时，推罗人开始推行经济贸易。波沙尔在《迦南》一书中列举了遍布沿海各国的推罗人的居住地。推罗人越过赫拉克勒斯擎天柱[①]，沿着大西洋海岸建立起他们的居住地。

① 直布罗陀海峡两岸的高山。

大部分国家对遥远的别国知之甚少，这对推行经济贸易的国家十分有利，他们很容易通过经贸往来占尽那些闭塞落后国家的便宜。

最早的希腊人都是海盗，他们很早就开始进行海上贸易，当时他们的势力范围仅仅限于地中海沿岸。当希腊逐渐强盛后，雅典人开始建立他们的海上王国，并制定了许多鼓励海上贸易的法律条文。

雅典人本来有机会进一步扩大他们的经济贸易，但是因为他们有自己的奴隶、矿山、无数海员还有梭伦的美好法典，使他们很容易满足现状，以至于他们的贸易活动长期以来仅仅局限在希腊和黑海一带。

亚历山大时期贸易发生过四次重大变革：攻克推罗、征服埃及、征服印度和发现该国南方的大海。

波斯帝国一直伸展至印度河。为什么不是波斯人而是希腊人最早经由南方同印度经商呢？原因很简单，首先波斯人并不热衷航海，他们的宗教剥夺了他们一切想要远航的思想。其次亚历山大征服东方各国时并没有想到贸易，对贸易发生兴趣是他征服印度以后的事情。但由于知识所限，他并未作出通过埃及进行贸易的计划。他还曾经试图通过巴比伦和波斯湾经营印度的贸易。

波斯人不从事任何航海活动，所以当他们征服了埃及时，航海业已经废弃到了极点。希腊的君主们发现波斯人不仅对推罗人、以东人和犹太人在大洋上的航行一无所知，就连对红海上的航运贸易也一无所知。

红海和大洋的发现完全是出自希腊君主的好奇心。于是，在埃及的希腊人，能够经营的贸易范围非常广阔，并逐渐成为红海各港口的主人。

叙利亚的国王们把印度南部的贸易让给了埃及的国王，而自己则尽全力去做印度北方的贸易。由于人们对于海岸线的错误判断，希腊人最初在印度经营的贸易范围很小。

西留库斯·尼卡佗沿着恒河发现了流入大海的孟加拉湾。此后，航海事业才逐渐精进，人们打通了埃及到印度的航线，开辟了在印度的贸易。但希腊和罗马在印度的贸易仍远远不及今天广泛。

航海史上，在罗盘发明以前，曾有四次试图绕行非洲的航行。尼科派遣的腓尼基人和托勒密·拉蒂路斯派出的尤笃索斯曾绕行非洲，最终获得了成功。而埃克塞斯王朝时期的萨塔斯贝和迦太基人派遣的汉诺都是从赫拉克勒斯擎天

▶ **横跨大西洋的贸易**

横跨大西洋的贸易航线联系着美洲和欧洲的贸易往来，对于美洲的经济发展至关重要。

柱出发，他们的航行都以失败而告终。

绕行非洲最关键的是发现了好望角。然而人们发现，同样去好望角，从红海启航比从地中海启航，其航程要少一半还多。因为红海至好望角这一航道上的暗礁要比另一条航道的暗礁少很多。要从赫拉克勒斯擎天柱出发必须要有罗盘，这样才能保证船只远离非洲海岸，驶向浩瀚的大洋并向圣海伦娜岛和巴西海岸航行。因此，当时人们只能从红海航行到地中海岸，而不可能原路返回。既然无法返回，就不必做出如此声势浩大的大环绕。所以，最好的选择就是从红海出发，做非洲东海岸的贸易，从赫拉克勒斯擎天柱出发做西部非洲的生意。

迦太基人非常富裕，他们通过大量的财富不断扩大自己的实力，并沿海岸线不断扩张。汉诺依据迦太基元老院的旨意航行于非洲沿岸。他航行了二十六天，并做了准确的记录，但迦太基人似乎并没有给予关注与利用。

很可惜迦太基人没有发现黄金海岸及其附近的海岸，他们在庇里尼斯山发现了大量金银，并因此成为了金银贸易的主人。所以，我们看到的是迦太基人最看重的是海上霸权，而罗马则保持着自己的陆地霸权。

历史上，迦太基和马赛曾因渔业问题发生过几次大的战争，战争使它们同时进行节俭性的贸易。最终马赛竞争不过迦太基而心生妒忌和怨恨，以至于它们再后来对罗马人丧失了忠诚，背弃了自己的诺言。

罗马在毁灭了科林多之后，商人们就都退回到了德洛斯。人们对于宗教的敬仰使这里变成了一个相对安全的岛屿。此外，这个岛屿对经营意大利贸易和亚洲贸易来说位置极佳。自从非洲败落和希腊衰弱后，这类贸易显得尤为珍贵。

然而，当罗马人的强盛达到顶点并再也无所顾忌的时候，米特里达特却要反对迦太基的覆没和菲利普、安提阿库斯及柏西乌斯的灭亡。这是一场空前惨烈的战争，交战双方最终均被战争摧毁了。德洛斯也不可避免地被这种不幸笼罩着，自此它的各种贸易就开始走向衰败。

罗马人只看重陆军，而不太尊重航海人的战法。与陆战不同，航海人打仗常常使用计谋，而很少使用武力。而这些是与希腊人的天性相背离的。

罗马是一个竞争的民族而不是一个经商的民族，这就是罗马进攻迦太基的原因。在我看来，罗马的政治制度以及相应的法律都是排斥贸易的。所以，当罗马在欧洲、亚洲和非洲建立起广大的帝国时，它忽略了致富的艺术，并用法律制止同野蛮人的一切贸易。

罗马人仅有的两大贸易枝干是同阿拉伯和印度的贸易。这种贸易使罗马的航海业得到快速壮大，贸易所带来的新的商品也增加了国内贸易，国民谋生的手段开始增多，甚至也产生了奢侈。这种贸易的建立也宣告着罗马共和政体的衰亡。

亚里士多德的哲学思想传到了欧洲，并受到思想启蒙者的青睐。经院哲学家们非常迷恋他的哲学，他们宁愿从他的哲学中获得关于有息贷款的概念，也不愿从《福音书》中去追踪溯源。他们十分盲目地责难有息贷款。因此，原来仅仅是卑微者从事的商业，则变成了无耻之徒从事的行当。

在英国发生的几件事情能让我们对其他国家发生的事有一个大概了解。为了占有犹太人的财产，约翰王监禁了他们[①]。几乎无人能够逃脱这场劫难，这些人至少被挖掉了一只眼睛，因为国王执掌着司法大权。

最后，人们还从已废止的法律[②]中引用了一种惯例，即那些信奉基督教的犹太人，其财产将被全部没收。他们的理由十分不切实际。他们声称是想考验犹太人是否已经摆脱恶魔的奴役。然而，这种没收实际上是君主和贵族们为了从犹太人身上获得分期偿还税收的权利。因为犹太人一旦信奉了基督教，就可以不给国家纳税了。我不得不注意到，一个又一个世纪，犹太民族是如何被人们玩弄于股掌之中的。当他们想成为基督徒时，其财产要被没收；而当他们不想

---

① 见斯洛《伦敦一瞥》第3卷第54页。

② 1392年4月4日在巴维尔发布的上谕。

当基督徒时，又要遭到火焚。

与此同时，贸易正在走出失望和阴霾。那些被各个国家轮番驱逐的犹太人终于找到了保护自己财产的方法，并用这种方法为自己修葺了安全的避难所。尽管每个国家的君主都想除掉他们，但却不愿意因抛弃犹太人而失去他们的财产。

犹太人发明了汇票。汇票的使用使商业贸易躲开了暴行，而且使得有犹太人的地方贸易能够维持下去。那些最富有的商人除了汇票这种无形资产外别无其他。他们可以利用汇票转移自己的财产而不会留下任何蛛丝马迹。

于是，神学家们对他们的法则作出了新的限制。那些曾被认定为流氓行为的贸易又重新回到了诚实的怀抱。

同时我们也应该感谢那些经院哲学家们以及国王们的贪婪。他们的权力和贪婪使汇票这种制度得以建立。

从那时起，君主们统治国家就会更加明智和谨慎。因为暴政的推行总是导致糟糕的后果。历史证明，除了仁政外，没有什么可以带来贸易的繁荣。

我们可以这样认为，罗盘打开了世界。人们发现了以前只知道几段海岸线的亚洲和非洲以及以前一无所知的美洲。

葡萄牙人在大西洋上航行，发现了非洲大陆的最南端。大海把他们送到了东印度，他们以征服者的身份在那里经商。如今荷兰人强加给印度那些小国君们的法律正是葡萄牙所建立的。

克里斯托夫·哥伦布发现了美洲。尽管西班牙人派往美洲的军队规模很小，但是他们却征服了两个庞大的帝国。当西班牙人发现并征服

▶ **早期殖民地的开辟**

1415年，葡萄牙国王诺奥一世带领一支船队越过直布罗陀海峡，侵入北非摩洛哥的休达地区。为了获得非洲南部的黄金、象牙，并与传说中富有的教士约翰王统治下的基督教王国结盟，夹击北非的摩尔人，葡萄牙人决定沿着非洲西海岸进行航行探险。

西方的时候，葡萄牙人正向东方展开他们的征途。当这两个国家遭遇时，亚历山大六世教皇判决了他们的诉讼案，并划定了那条著名的分界线。

然而，其他欧洲国家并不愿意让这两个国家安静地享受他们的所得。荷兰人几乎把所有的东印度地区的葡萄牙人赶了出去。许多欧洲国家纷纷在美洲建立自己的殖民地点。

西班牙人最初把新发现的土地视为征服的目标。但是，其他欧洲国家则更精明地在这些土地上做起贸易。这些民族把发现新大陆作为贸易的目标。他们把这些殖民地的统治权交给了商会，而商团管理这些国家仅仅出于商业的目的。因此，这些殖民地往往变成附属大国，而不会伤害本国的利益。

人们建立的殖民地都具有一种从属关系，而这种情况与古代殖民地完全不同。他们建立殖民地的目的是贸易，并从中获取更多利益。同邻国进行贸易，利益是互惠的。只有宗主国[①]才能同其殖民地进行贸易，这是早已确立的事情。这样做的最佳理由是为了扩展贸易，而不是为了建立一个新的城市或新的帝国。

欧洲还有一条盛行的基本法律，即所有殖民地的贸易都被其宗主国垄断。所以，殖民地的贸易没有自由。而这换来的是宗主国军队的保护以及法律上的支持。

由此，在欧洲产生了这样一条法律——外国同殖民地之间的一切贸易活动都是被禁止的。除非有条约规定，否则外国船只在殖民地海域航行也是被禁止的。

国家与世界的关系，就如同个人与国家的关系一样，都受到自然法和所制定的法律的约束。一个民族可以把自己的海洋委托给另外一个民族，陆地同样如此。迦太基人禁止罗马人航海超过某些界线，这和希腊人以前要求波斯王的船沿海岸航行时要与海岸保持一个赛马赛程的距离一样。

因为殖民地往往距离本国非常遥远，导致了那些移民无法按照本国的生活方式生活，因此他们不得不从本土带着一些必需品到新的殖民地去。

美洲的发现使欧、亚、非三大洲连为一体。欧洲人用美洲的原料与亚洲的东印度地区进行商贸交易。银子本身作为一种价值标记对经商贸易来说非常有

---

① 在古人的语言里，宗主国就是指建立有殖民地的国家。

用，但是银子在这里却成为一种商品，变成了世界最大的贸易基础。最后，航海去非洲也变得非常必要，因为非洲能够为美洲的矿山和农业提供劳力。

如今，欧洲的强盛达到了极点，它消费巨大、言行威严、军队庞大，这在历史上实属罕见。

杜亚尔德神父说：中国的国内贸易要比整个欧洲的贸易还要巨大[①]。如果欧洲的对外贸易不能增加它的内部贸易的话，或许是这样。欧洲经营着世界上其他三个地区的航运和贸易，正如法国、英国、荷兰这些国家几乎经营着整个欧洲的贸易和航运一样。

第三节
法律与使用货币的关系

使用货币的理由

几乎没有商品的未开化民族和只有两三种商品的民族，其商品交换的形式是以货易货。非洲摩尔人的商队用盐换取当地的金子。

但是，那些经营多种商品的贸易就必须使用货币。因为便携的金属可以节约诸如运费之类的许多费用。国与国之间的商品需求常常会发生这样的情况：甲国需要乙国商品的需求量很大，而乙国对甲国的商品无需求。与此同时，甲国和丙国对互相的商品有大量的需求。在这种情况下，各国若都使用货币进行交易，那么需求量大的国家只需要用货币结算或付清商品的差价即可。这种货币贸易主要依照国家间需求的比例进行，需求大，贸易的规模就大。而对于以货易货的贸易来说，贸易的规模越小越好，否则将会无法结算货款。

---

① 见杜亚尔德《中华帝国志》第 2 卷第 170 页。

货币的性质

货币是商品价值的标记，本身没有价值，它仅仅代表商品的价值。人们使用某种金属作为货币，是因为金属经久耐用，不易磨损，而且便于携带。人们把金属货币制成相同的成色。各个国家在其货币上打上自己的标记，用以明示货币的成色和重量。

雅典人使用公牛进行交易，罗马人则使用母羊。但是每只公牛和母羊都是独立的个体，并不同于另一只。可是两枚金属货币却可以做得一模一样。

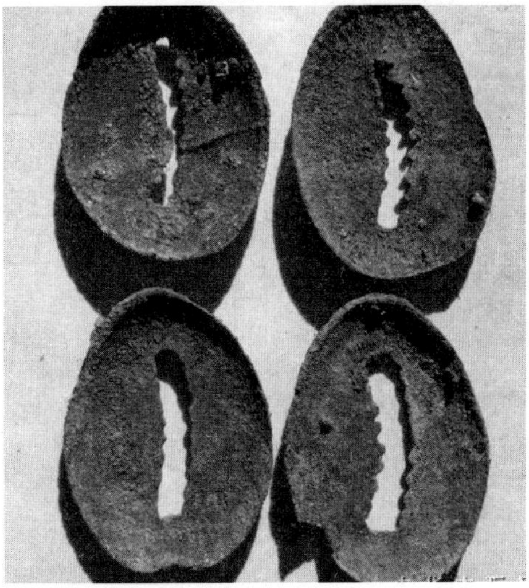

▶ **早期的金属货币**

这张照片上的四枚铜贝是世界上最早的金属货币。

金属货币是商品价值的标记，而纸币则是金属作为商品的价值的标记，当金属的价值稳定时，纸币就能很好地代表它的价值。它们有着相同的作用。

同样，金属与物品也能互为标记。在政治温和的国家，多数情况下，二者的价值是相当的；在专制国家，暴政使人们藏匿金银，因而那里的物品不能代表金钱。

有时候立法者利用一种技术，使物品不但在性质上能够代表金钱，而且还能使其像金钱一样变成货币。独裁者恺撒和提贝留斯都曾经将地产作为还债、抵押的货币使用。

在日耳曼民族中，法律允许把货物或牲畜当作金钱，而这些东西又变成了货币。钱不仅是物品的标记，同时又是金钱的标记，并代表金钱。

理想的货币

货币有真实与理想之分。真实的货币是金属，理想的货币是纸币。几乎所有文明的国家都使用理想的货币。因为金属作为真实货币虽然具有自身的优点，但是与纸币相比，它不易携带且很难进行分割，进而会给我们带来很多麻烦。有时候人们已然将这些金属货币当作理想货币来使用了。比如，一枚重一磅的银币，割去一半的银子，它的称值仍然是一磅；一枚重二十分之一磅的硬币叫苏，尽管这枚硬币的重量已达不到二十分之一磅，我们还是把它称之为一苏。很显然它们已经变成了理想的货币了。如此继续下去，当被称为一磅或一苏的那枚银币只剩其原来很小的一部分重量，并且人们不再制造真正的价值一磅或一苏的硬币时，它们就变成了纯粹理想的货币了。人们可以按照自己的意愿给硬币命名，规定它所代表的价值。因为改变一件东西的名称很容易，而要改变这件东西本身就不容易了。

金银的数量

当文明国家主宰世界的时候，人们到处寻找金银，金银的数量每天都在增加。反之，当未开化民族主宰一切时，金银的产量就会减少。

欧洲的许多金银来自美洲的银矿。欧洲的国家从美洲掠夺了大量的金银，但与此同时也促进了欧洲航海业的繁荣。此外，金银也是一种商品，欧洲通过贸易从美洲获得金银，然后又将其运往印度。当金银被看作商品时，大量的金银是有利的；而当金银被看作标记的时候，大量的金银就会损坏其作为标记的质量。而这个质量又是建立在金银稀有的基础之上的。

西班牙在征服印度之后，掠夺了大量的金银运往欧洲。很快在欧洲需要金银的人一下子就减少了许多。加之物价上涨，原本正常的金银与商品的比例被打破。那些旧有的债务就无法还清了。

从那时起，欧洲的金银储量逐年递增，所以，贷款利息始终未能恢复到旧时的利率。

在标记性财富的变化中如何确定商品的价值

商品的价格是如何确定的呢？每件商品应该用多少金银来标示呢？

如果把全世界金银的总量同全世界商品的总数进行比较的话，那么每件商品就相当于全世界金银总量的一部分。商品的价格是依据物品的总量与资金的总量之比的关系而确定的，即投入流通领域的商品总量与投入流通领域的资金总量之比。因为那些今天未投入商业的物品以及未投入商业的资金也许明天会投入。所以商品价格基本上是根据物品总数与资金总数之比来确定的。任何人都不能随意更改二者的比例。朱利安就曾因为擅自降低了安提阿的食品价格而引发了可怕的饥荒。

生活在非洲沿岸的黑人没有货币，但他们有一种理想化的价值标记。这种标记是他们根据自己的需求情况而在大脑中产生的对某种商品的评估。他们价值的标记就是以这种评估为基础的。价格是依据他们对商品的比较而定的。所以，他们没有货币，一份商品就是另一份商品的货币。

商品的数量是随着贸易的增长而增长的，贸易的增长则随着资金的增加以及新大陆、新海洋所产生的新交通的增长而增长，新的交通又会给我们带来新的商品。

金与银相应的稀少性

金和银除了绝对性的丰富和稀少外，两者之间还存在一种相应的丰富和稀少。

守财奴喜欢收藏金银而不愿消费，他们还喜欢那些不易损坏的财富标记。与银子相比他们更喜欢金子。他们害怕财产流失，对于他们来说体积小价值大的金子最合适不过了。当银子增多时，金子就不多见了，于是每个人都想要藏匿金子。当银子缺乏时，金子又大量出现了，因为银子太少了人们不得不把收藏的金子拿出来。因此，金和银相对性的丰富和稀少与真正的丰富和稀少是有区别的。

兑换率

不同国家的货币量有充足与短缺的情况，这便形成了兑换率。兑换就是确定货币当前的和暂时的价值。

贵重金属除了同其他商品一样有自己的价值外，还有另外一种价值，即它可以充当其他商品的价值标记。

（1）君主确定了作为金属商品的银的数量和作为货币的银的数量之间的比例；（2）君主还规定了用作货币的各种金属之间的比例，确定了制作货币还需要的其他金属之间的比例；（3）君主确定了每个货币的重量和成色；（4）君主赋予了每个货币的理想价值。货币在以上四种关系中的价值就是货币的绝对价值，它可以用法律来确定。

▶ 纸币的兑换

图中所画的是元世祖忽必烈监督用金银交换纸币的情景。

此外，每个国家的货币与其他国家的货币相比较，就产生了货币的相对价值，正是由于相对价值的存在才产生了兑换。货币的相对价值以货币的绝对价值为依据。它是由商人们最常用的估价而确定的，而不能由国王的命令来规定。因为它不断变化，并且往往视千变万化的情况而定。

各国在规定相对价值的时候，主要依从最富有的国家。如果这个最富有的国家拥有的金钱总量是其他国家的总和，那么，每个国家均要依从于这个国家的标准。这样它们彼此间所定的比例和它们同这个最富有国家间所定的比例差不多是一样的，从而维持了平衡。

我们看到，不同的兑换交易形成了收入和支出的账目。它们需要及时清算。一个负债的国家无法通过兑换来清偿债务，就像一个人不能通过兑换货币清算债务一样。

当一个国家需要向另外一个国家付款时，无论是开汇票还是直接支付银币，从汇款的本质上来说都是一样的，而哪一种方式更好则取决于当时的实际情况。

假如同样分量、同样成色的一种货币可以兑换另一种同样分量、同样成色的货币，就出现了兑换平价。那么该如何判断一个国家在汇兑的过程中是盈利还是亏损呢？这要看这个国家是债务者还是债权者、是卖出者还是购买者。当汇兑率低于兑换平价时，债务国受损，债权国获利；购买者受损，卖出者获益。

当汇兑率低于平价时，商人们可以把他们的资金放到国外而不至于使自己的财富受损。因为当他把资金从国外收回时，他所赚取的利润将弥补他的损失。

当商人们在某一个国家做的买卖很多时，该国的汇兑率必然会上涨。因为商人们签订了许多合同，购买了许多商品，他们从外国取来钱币以便支付该国的货款。

如果一个君主在国内积累了大量的银钱，那么这个国家的银钱也只是相对充裕而真正缺乏。举例来说，当这个国家不得不大量购买外国的商品，并需要支付大量货款的时候，尽管这个国家的银钱短缺，但兑换率肯定会下降。

任何一个地方的兑换率总是要处于某种比例之下。

如果一个国家不单凭借法律来增长其货币，而是通过铸造新币的形式扩大货币发行量，那么在铸造新币的过程中，就会出现两种货币，即价值较高的旧币和价值较低的新币。由于旧币将要被淘汰，而只有铸币厂才会收回，汇票就只能用新币来兑付，那么兑换率也只能按新币的汇率来执行。

当兑换率低于货币币值时，把货币运到国外就可以获利；当兑换率高于货币币值时，把转移到国外的货币运回国内同样可以产生利润。但是有一种情况，尽管兑换率是平价，但把货币运出国外仍然可以获利。这种方法就是把货币运到国外更换币名或重铸。当货币再次运回本国时，无论是在国内使用还是兑换外国汇票都可以获利。

论罗马人采取的货币措施

罗马人在第二次布匿战争时期所采取的货币政策体现了他们令人叹服的智慧。

罗马人调整了货币的银和铜的比例。它首先着眼于国家有能力清偿所欠国民的那些债务，同时它也注意到新的比例使国家有能力偿还彼此间的债务。罗马人的这种做法比我们把公共财产和私人财产相混淆的做法要明智得多。

罗马人是最会选择时机的民族之一，无论是在第一次布匿战争议和后还是在第二次布匿战争之时，他们都采取了新的积极的货币政策。

帝王时期的货币措施

在罗马共和制时代，人们通过缩减货币的含银量对货币采取措施。国家告诉人民自己的需求，而不是欺骗民众。但在帝王时代，则是采用在货币所用的贵金属中加入其他金属的方法，以降低货币的质量。

在今天，这种降低货币质量的做法显然是行不通的。君王可以欺骗自己，却无法欺骗别人。兑换使每一个银行家们学会了将世界上的所有货币进行比较，并给予它们公道的评价。所以，货币的成色已不再是什么秘密了。假如一个君主开始使用含银量少的铜币，那么大家就会纷纷效仿。这样一来，价值高的货币就会流失到国外，而留给君主的则是价值较低的货币。如果这位君主像古罗马的皇帝们一样只贬低了银价而不贬低金价，那么金子会瞬间销声匿迹，而君主本人所得到的也只是劣质的银币罢了。

汇兑如何束缚专制国家

在专制国家，臣民就像奴隶一样，如果没有得到许可就不得出国，也不得把财产运到国外。然而汇兑就是把钱从一个国家转移到另一个国家的方法，所以它同专制国家的法律是相矛盾的。

意大利某些诸侯国的惯例

在意大利，某些小诸侯国制定了自己的法律，禁止国民买卖地产，严禁国民把钱币运到国外。这样做可能是对的，它在某种程度上抑制了国家财富的外流。但是自从有了汇兑，情况就不一样了，财富在某种程度上就不再属于个别国家了。而且汇兑使得财富很容易从一个国家转移到另一个国家。这种情况下，这些法律就不对了，它不允许人们为了自己的事务支配自己的地产。这就使动产优于地产。并使外国人失去了定居这里的兴趣，而且人们还很容易逃避这种法律。

▶ **最早的银行**

最早的银行业发源于西欧古代社会的货币兑换业。最初，货币兑换商只是为商人兑换货币，后来，经常往来于各地的商人，为了避免自己保存货币和长途携带货币的风险，就把自己的货币交给货币兑换商保管，并委托他们收付现金、办理结算和汇款事宜。

国家得到银行家的救援

银行家们的职务是换钱而非借贷。当国家需要从银行家那里得到援助时，银行家们可以收取佣金代替这个国家垫付相应的款项。有时候，支付给银行家作为佣金的利润十分可观。银行家们不仅可以获得佣金，而且又不会让人误会他们重利盘剥。

公债及其偿还问题

我认为公债可以产生以下许多弊端：

1. 如果外国人持有大量债券，那么他们每年都会从这个国家获得巨额利息。

2. 这个长期欠有债务的国家，其货币兑换率一定很低。

3. 为偿付债务利息所征的赋税使工人的劳动价格增长，从而损害了工业的发展。

4. 在这种国家里，那些积极劳动并掌握了一定技能的人，他们的收入转给了那些整日无所事事的懒惰之徒，即这个国家把劳动的便利给了不劳动者，而把劳动的困难留给了劳动者。

在一个国家，债权人和债务人之间应存在一种尺度关系。国家可以无限度地成为债权人。但它只能在一定限度内作为债务人出现。一旦超出这个限度，那么债务人就名存实亡了。

如果一个国家的信用还没有受到破坏，那么国家在发行公债时，仅仅把其利率降低了是远远不够的。还应当用降低利息所得来的利益建立一笔准备资金，用以逐年偿还债务的一部分。仅仅降低公债利息是远远不够的，应当用降低利息所产生的利润建立偿还公债基金，用以每年能偿还一部分公债本金。因为成功在一天天增大，那么做法也就愈显顺利。

如果一个国家的信用程度并不十分完美的话，那就有新的理由来建立公债基金，从而建立起国家的信誉。具体如下：

1. 如果这个国家是共和制国家，那么公债基金可以不是很多；但如果是专制国家，准备基金必须是一笔巨额基金。

2. 其所确立的规章，应当使全体国民承担建立公债的责任，因为他们全体都承担着建立公债基金的重担。

3. 有四种人可以购买国债：一是地产所有者，二是经商者，三是农民和技工，四是靠收取国家和私人利息为生的食利者。在必要的时候，这四类人中最后一类人最应该出钱购买国债，但又不能使之负担过重，否则就会破坏公共信用。

有息贷款

货币是价值的标记。和其他商品一样，货币也可以租赁。所不同的是，其他商品不仅可以租赁还可以买卖，而货币则只能出租不能出售。

借钱给别人而不要利息，这的确是非常友善的行为。但这只能是宗教道义，而不能成为民事法规。

为了发展贸易，需要给货币定一个租赁价格，但这个价格不宜过高。如果太高，那些贷款的商人们从商贸中所赚的钱还不够他支付利息，这样商人们也就不会再去经商了。但货币如果没有租赁价格，就没有人敢把钱借给别人，商人们还是无法经商。

伴随着社会的发展，总会有人将钱借给他人，高利贷就是这样产生的。然而有时候它又是伴随着骚乱出现的。

穆罕默德把高利贷和有息贷款混淆了。在伊斯兰教的国家里，禁律越严，高利贷利率就越高，重利盘剥就越厉害。

海事上的高利贷得以建立的原因有二：其一，航海要承担风险。这使人们甘于冒险把钱借出去以期获得更大的回报。其二，海上贸易可以让借贷人很容易在较短的时间内做成许多大买卖。而在陆地上，发行高利贷就没有这两点基础，因此立法者往往禁止发放高利贷。有些明智的君主把其借贷的利率规定在相对合适的范围内。

罗马的法律曾允许高利贷的存在。但在某些时期，高利贷利率过高，因而大大限制了罗马商业的发展。

第四节
法律与人口的关系

人与动物的种族繁衍

动物的繁殖能力基本不会改变。然而人类的繁衍却受到了众多阻碍，其中主要影响因素有思维方式、性格、情欲、幻想、保持美色的想法、妊娠带来的麻烦以及家庭人口众多等。

婚姻及子女的身份地位

▶ 花园中的夫妻

17 世纪的欧洲，人们的生活方式比较闲适。坐在树荫下的这对夫妻神情悠闲，从他们的表情不难看出新兴资产阶级正在崛起。

父亲有养育自己子女的义务。婚姻的开始宣告了父亲要承担这一义务。

在文明国家里，所谓父亲是指通过法律允许的婚姻仪式取得养育子女义务的人，因为法律发现父亲正是它所要寻找的人。

养育后代对于动物来说，仅雌性动物就能够胜任。然而对于人类来讲，仅仅依靠女人是不行的。人类养育后代有着更加深广的含义：人类的子女需要理性的灌溉，而掌握理性需要一点一滴地进行。人类不仅要养活子女，还要教育子女：尽管他们已经能生存下去了，但还做不到自我控制。

违背道德的婚姻对人类的繁衍没有一点好处。比如，一夫多妻制，在这种制度下，负有养育子女义务的父亲无法确认，养育孩子的责任就落在母亲一人的肩上。而羞耻、悔恨、性别约束和法律的严酷都给母亲养育孩子造成很大困难，更何况母亲一般是没有生活来源的。

妓女不具备养育孩子的能力和条件，让子女接受良好教育的努力与她们的身份地位格格不入。这些母亲因其自身的堕落而无法获得法律的信任。因此，洁身自好与人类繁衍有着天然的联系。

理性告诉我们，只有婚后孕育的子女才有权利继承父亲的身份地位。相反，则只能得到母亲的地位①。

婚姻与家庭

女方嫁到男方的家庭，这几乎是世界各国的惯例。而台湾的风俗则恰好相反，他们并不认为婚后男方到女方家组建家庭有什么不妥②。

由同样性别的人继承家族的这一规律，对人类的繁衍作出了极大的贡献。家庭就是某种财产。如果一个人因其子女的性别而不能使他的家族繁衍下去的话，他将会永远感到苦恼。

人们认为姓氏应该是一种永不灭绝的东西，它会激发每个家族长存于世的愿望。某些民族，姓氏是他们区别于其他家族的关键。

有时候，法律和宗教会产生许多民间结合体。伊斯兰教徒的婚姻就是如此。他们有许多个不同等级的妻子，所生子女的身份也有所区别。她们有的出生在家里，有的因民事契约而生，有的甚至母亲是奴隶。

要是法律认可父亲的这种行为而使其所生的子女受辱，那是违反理性的。除非有特殊情况，否则所有的子女都应享有继承权。在日本，只有皇帝赐予的

① 正是这个缘故，在奴隶制国家，子女总是继承母亲的地位。

② 见杜亚尔德《中华帝国志》第1卷第156页。

妻子所生的子女才拥有继承权。这样做的目的是，不至于使皇帝的财产被过分地分割，因为这些财产就像欧洲过去的封邑一样带有某种使命。

在有些国家，一个合法的妻子所享有的一切待遇同实行一夫一妻制的国家里妻子所享受的待遇相差无几。在中国，偏房所生的子女都将被视为正房所生。在那里，孝道和严格的丧礼并非是为了生母，而是针对法定的母亲①。

这样一来，这些国家便没有私生子问题了②。很显然，法律已经强制使非婚生子女合法化。在这样的国家里，妇女被幽禁起来，断绝与外界交往，所以很难发生通奸。并且法律也不会认为会有通奸这类事情的发生，否则，将会出现母子二人同时处以极刑的场面。

关于不同政体下的私生子问题

在实行一夫多妻制的国家，不存在私生子问题。而在实行一妻制的国家，人们才会认识到私生子女的问题。这些国家的人们鄙视同居和私生子女，认为这都是有毁名誉的事。尤其是在共和政体下，人们把道德的纯洁高尚看得很重，所以私生子女在这里更加令人生厌。

在民主政体下，社会对于公民的身份给予极大的尊重。公民拥有国家的统治权，就是至高无上的权利。法律很少涉及私生子女问题和婚姻的诚实问题。因此，人们有时接纳私生子女为公民中的一员，用来增加反对权贵的力量。而在雅典时代，人们拒绝接纳私生子女为公民，这样做是为了减少公民的数量，以便能多分一点埃及王送给他们的谷物。所以，亚里士多德说，在许多城市，当公民的人数不足时，私生子女就可以获得继承权；而当公民人数足够时，私生子女就没有继承权③。

---

① 见杜亚尔德《中华帝国志》第2卷第124页。

② 妻子有大小、正偏之分，而子女就没有这些区别。杜亚尔德神父在其所著的一本关于中国的书中说，这是帝国的最大教理。

③ 参见亚里士多德《政治学》第6卷第4章。

决定婚姻的因素

父亲对婚姻的许可是建立在父权基础上的，这符合自然法则。通常情况下给子女主婚的都是父亲。但是如果迫害和贪婪已经发展到可以篡夺父权时，法律就会可耻地规定早婚。

有些国家赋予官员监督婚姻的权力。这是对公共福利的爱超越一切的表现。

▶ 父权

社会中，无论在政治、经济、法律、宗教、教育、军事领域还是家庭领域，所有权威的位置都保留给男性。人类社会最大的不平等是两性之间的不平等。

英国的子女常常滥用法律，在不征询父亲意见的情况下根据自己的幻想结婚。而法国则恰好相反，那里已经建立了完善的修道院制度，年轻女子过着独身生活，所以法律所规定的婚姻应遵从父亲的旨意就显得很合时宜了。

在任何地方，只要一男一女两个人能够很便利地生活，他们就可以结婚。当他们不受生存问题的困扰时，就自然要结合在一起。

一个新生的民族需要人口的繁衍和增长，单身是极为不便的。夫妻生育众多的孩子并不会给生活带来任何麻烦。但是一旦国家建立后情况就完全不同了。

新生民族往往有这种情况出现，即那些一无所有的人，如乞丐有很多子女。而处于暴政之下的穷人，他们生育子女的数量并不多，因为他们没有更多的粮食和能力养育子女。那种说国民越穷，家庭就越繁盛；税赋越重，人们就越勤劳的说法是十分荒谬的。

不同国家的男女婴数量

我们在前面已经提到过，在欧洲的新生儿中男婴比女婴多。而在日本的新生儿中，女婴则比男婴多[①]。所有的事物都是相对的，因为日本妇女的生殖能力比欧洲妇女的强，所以那里的人口稠密。

关于海滨港口的人口繁衍

在海港城市里，男人们经常身经万险，远涉天涯，生死不定。所以这里总是女人多于男人，因为生活简单容易，所以儿童也很多。在那里，人们仅仅以食鱼为生，这恐怕也是日本和中国人口众多的原因之一。

人口与土地的关系

游牧地区人烟稀少，是因为在那里人们被雇用的机会很少。而在那些种植谷物的地方就需要很多劳动力，至于葡萄园需要的劳动力就更多了。在英国，人们总是抱怨牧场的增加导致了人口的减少。而在法国，人们发现大量的葡萄园是法国人口众多的主要原因之一。

在以煤作为燃料供应的国家，人民比其他国家的优势就在于，他们不再需要砍伐森林来提供燃料，这样，国家就有更多的土地用来耕种。

在种植水稻的国家，水利灌溉工程使这里的许多劳动力得到了安置。与种植其他谷物相比，种植水稻仅需要很少的耕地就能养活一家人。最后，在其他地方用来养殖牲畜的土地被用来直接为人们的生存提供衣食保证。如此一来，

① 见唐波费尔的著作中关于日本美阿果（京都）户籍调查的报告。

这些耕地变成了人们赖以生存的巨大工厂。

人口与工艺的关系

在实行均田制的国家，尽管它没有什么工艺技术，但是它却拥有众多的人口。因为这些国家的公民能从耕种的土地上获得生活必需品，全国人民共同消费土地的产出。

然而，各国土地的分配是很不平均的。土地的产出量一定要高于耕种者的消费量。因此，如果不关注工艺的发展，人们只通过耕耘土地就可以生活，那么国家的人口就不会增长。那些自己耕种或为别人耕种的人因为有了多余的粮食，就没有什么动力去继续工作了。再者，那些游手好闲之辈无法将土地的产出完全消费掉。因为他们没法购买，所以，建立工艺生产就变得很有必要，这样就使农民和手工业者能共同消费土地的产出。总之，让许多人从事超出他们自身消费能力的土地耕种是明智之举。要做到这一点就必须使人们拥有产生一种超越生活必须消费的欲望，而这些愿望只有手工业者才能满足。

简化工艺的机器并非总是有益的。如果一件工艺品的价格公道，买卖双方都会感到满意。而机器的出现简化了人工的制作，也减少了工人的数量。这是使用机器的弊端。如果不是水力磨坊到处都是，我根本不相信它像传闻中那般有用。因为它使大量劳动力闲置下来，它剥夺了人们利用水力谋生的权利，也使许多土地不再肥沃。

从立法者的角度看待人口繁衍问题

关于人口数量的法律应视各种不同情况而定。在一些国家里，大自然已经替立法者安排好了一切，当气候条件足以使人丁兴旺时，又何须法律再做什么呢？有时候气候因素比土壤因素更能促进人口繁衍。有时候人口增长了，但饥荒又摧毁了人们。中国就是一个例子，父亲常常被迫卖掉女儿或抛弃婴儿。越南的东京[①]也是如此。

关于希腊及其人口

与东方国家的人口状况受自然环境影响相比，希腊的人口状况完全源于自身政体的性质。希腊是一个伟大的国家，它由许多城市组成。每一座城市都有自己的政府和法律。每个城市的自治权力不亚于今天的瑞士、荷兰和日耳曼等城市。

共和国立法的目的是对内使公民生活幸福，对外使国威显赫。因为国土不大，人民生活安乐幸福，所以人口极易增长，而最终成为国家的负担。为了生存，他们不停地向外殖民，参加雇佣军受雇别国去打仗。

罗马人繁衍人口的法律

意大利、西西里、小亚细亚、西班牙、高卢、日耳曼等国几乎与希腊一样，也是由众多的小民族组成。因为人口过于稠密，根本不需要用法律增加人口。

当小国被一个大国吞并后，人们会看到世界人口减少了。这一点只要看一下罗马人胜利前后的意大利和希腊的情况就知道了。

罗马人在摧毁其他民族的同时也毁掉了自己。连年征战使其元气大伤，人口迅速减少。因此，作为最善于利用法律为自己服务的民族，此时的罗马需要通过制定相关法律来鼓励人们结婚生子，促进人口增长。

---

① 这里指越南的上圻。

罗马灭亡后的世界人口情况

在罗马的鼎盛时期，罗马人制定这种旨在增加公民人数的法规在一定时期发挥了它的效力。因为它增加人口的原因是：民众的勇敢、坚定以及对荣誉和优良品德的热爱和追求导致了人口减少。然而，当它进入帝国专制时代之后，即使最明智的法律也无法促进人口的增长了。

罗马人征服世界的结果并没有给这个世界带来什么好处，它只是为了削弱这个世界，然后又把这个世界拱手让给愚昧民族。哥特人、哲特人、萨特森人和鞑靼人从未停止过对罗马的侵扰。在消灭罗马之后，他们又开始互相残杀。就像神话时代一样，洪水过后，陆地上出现了士兵，他们互相残杀。

如何补救人口的减少

当一个国家由于一些特殊情况如战争、瘟疫、饥荒导致人口减少时，还是有办法改善的。因为活下来的人仍然能够保持勤奋的精神，他们能够自己想办法弥补灾难所带来的损失，甚至因为面对灾难的原因更加勤奋起来。而由于政府的腐败无能以及邪恶暴虐导致的人口减少是无药可救的。

当人们生活在专制暴政之下时，即使非常勤奋地劳动，人们一样是一无所有。缓解人口减少的有效措施是把土地分给没有土地的人，给他们提供开荒的物资。

第五章

法律与宗教

The Spirit of Laws

宗教信仰是伴随人类社会的发展而产生的，它是人类把握世界的一种独特方式，也是人类社会的重要组成部分。在本章里孟德斯鸠详细论述了基督教、天主教、耶稣新教和伊斯兰教等宗教的特点及各自相适应的国家政体。他认为，国家统治者只有信奉宗教才可能实施仁政，而判断一个国家信奉的宗教是不是好宗教，应当看这种宗教是否对这个国家的发展有利，有时候宗教的一些戒律甚至可以用来弥补民事法规的不足。与此同时，孟德斯鸠还详细地论述了民事法规与宗教法规从内容到实施的不同，强调了自然法、民法、政治法、家法、国际法等法律法规各自的使用范畴。并用大量的宗教史实论证了只有依法行事，不混淆各种法律的使用范畴，才能国泰民安。

第一节
从宗教活动和宗教本身认识各国所建立的宗教与法律的关系

宗教与幸福

在一团漆黑之中，我们能辨别出什么地方最亮；在数个深渊面前，我们能探明哪个深渊最浅。同样，在众多虚伪的宗教当中，我们能找到那些最符合社会利益的宗教信仰，那些虽然不能把人们引入另一个极乐世界，但却可以使人们今生幸福的宗教信仰。

无论我谈论的宗教其根源是来自上苍，还是来自大地，我只是要研究一下世界上的各类宗教给我们的世俗生活带来的好处。

只有用人间的思维方式去体察本书列举的一些东西，才能看到它们的确是真实的，而并不需要考虑这些东西与最崇高的真理之间的关系。

关于真正的宗教，只要讲一点公道的人就可以看出，我绝没有让宗教的利益服从政治利益的企图，而是希望这两者的利益能结合起来。为了使这两者的利益能够结合，首先要弄清它们各自的利益。

基督教让人们相互敬爱。毫无疑问，这个宗教希望每个民族都享有最好的政治法规和最好的民事法律。因为，除基督教外，这些最好的政治法规和最好的民事法规就是人们能够“给予”和“收受”的最大的幸福了。

培尔的两个谬论

培尔先生企图证明，做一个无神论者要比做一个崇拜偶像的教徒好得多。他的意思换句话说就是，邪恶的宗教所产生的危险比没有宗教造成的危险要多得多。他说：我宁可让人们说我不存在，也不愿意让人们说我是一个恶毒的人。这句话仅是依据“相信某个人的存在是没有任何意义的”这一论点作出的诡辩而已，因为他不知道相信“上帝的存在”是非常有用的。正是因为有了“没有神灵存在的思想”，所以产生了我们今天的“我行我素”的思想。如果我们不能具备“神灵存在”的观念，那么就会产生反叛的观念。如果因为宗教总是不能很好地约束人们的行为就认为宗教没有约束力，那么是否认为民事法规也不具备约束力呢？在大部头的著作中列举大量的由宗教产生的弊端来攻击宗教，而对宗教带来的好处却只字不提，这种做法是很恶劣的。假如我把民事法规、君主制、共和政体给我们这个世界带来的危害一一列举出来，这些东西一定会令人惊骇不已。臣民们信奉宗教也许无多大用处，而帝王们信奉宗教却用处极大。宗教是唯一能约束不惧怕法律的人的绳索，它能把像口吐白沫、四处狂奔的烈马一样的帝王牢牢地勒住。

▶ 宗教与幸福

这是耶稣怀抱幼童的一幅油画。油画中的耶稣用温柔的眼神注视着幼童，幼童的脸上显现出了甜蜜的微笑。这幅画说明了基督带给当时人民的幸福感，教导人民相互敬爱，爱人如己。

一个既喜爱又害怕宗教的帝王，就像一只狮子，对抚摸它的手或安抚它的话语十分顺从；一个既害怕又憎恨宗教的帝王就像一只野兽，狂咬那束缚它扑向过路人的铁链；一个完全不理会宗教的帝王，就像一只十分可怕的怪兽，只有在把猎物撕碎吞吃时才能感到它的自由。

问题不在于是否要弄清楚一个人或一个民族不信教和信教产生恶习两者哪一个好处多，而是要弄明白信奉宗教有时会产生恶习与人们完全不信宗教哪一个产生的坏处最少。为了减轻无神论的恐惧心理压力，人们过多地指责崇拜偶像的宗教信仰。古人建立祭坛供奉某个邪恶之神并不是说古人喜爱邪恶。恰恰相反，这说明古人憎恨邪恶。拉栖代孟人曾为恐惧之神设立祭台，但这并不意味着这个尚武好战的民族是祈求该神在战斗中将他们的英勇气概夺走。人们祈求某些神灵，是为了不要煽动罪恶；而人们祈求另外一些神灵是为了能避开罪恶。

培尔先生的另一个谬论说，真正的基督徒是无法组成一个让人能够生存下去的国家的。为什么无法组成呢？基督徒是最清楚自己责任的公民，他们会用最大的热忱来履行自己的职责，他们也能感受到上苍赋予的自卫的权利。他们越是相信受恩于宗教，就越是认为受恩于祖国。

基督教的原则被牢牢地铭刻在他们的心里，这远比那些君主国的虚假的荣誉、共和制国家的人伦道德和专制国家的上帝惩罚的恐惧等更为有力。

令人十分惊讶的是，这位伟大人物竟会被认为他没有领会自己所信奉的宗教的精神，以及这位大人物居然不能把建立基督教的命令和基督教本身区分开来，不能把《福音书》里的“训诫”和“劝说”区分开来。当立法者没有立法，而只是进行规劝时，那是因为他知道，如果把他的劝说变成法律条文，那将违背法律的精神。

基督教、伊斯兰教、天主教、耶稣新教的特点及它们相适应的国家政体

基督教与纯粹的专制主义是格格不入的。《福音书》推崇仁慈，所以基督教反对君王借专制主义的威风裁决是非、横行暴虐。

基督教禁止一夫多妻制，所以信奉基督教国家的君王们很少深居后宫，很

少与其臣民隔绝。他们较有人性，愿意按法律章程办事，并能认识到他们自己并非是无所不能的。在基督教的国家里，宗教使得君王不那么怯懦，因而他们也就不那么残忍。君主信任其臣民，臣民信赖其君主。多么美妙的事情啊！看起来，基督教不仅能使人们追求来生的欢乐，而且也能使人们获得今世的幸福。

尽管埃塞俄比亚这个帝国其国土辽阔，气候恶劣，基督教还是阻止了该国确立专制主义，并将欧洲的法律和习俗带到了中部非洲。这里的皇太子享有一个公国，他给别的臣民做出了仁爱和顺从的榜样。

然而信奉伊斯兰教的君王不是不断地杀人，就是不断地被杀死。在埃塞俄比亚的近邻，人们看到伊斯兰教怎样把塞纳尔国王的子女囚禁起来。国王死后，枢密院为了继任王位的人的利益就把他们全都处死了。

一方面希腊和罗马的国王们不断进行的屠杀映入我们的眼帘；另一方面我们也看到蹂躏了亚洲的成吉思汗铁木真这样的民族领袖又是如何毁掉别的民族和城市的。因此，我们体会到基督教确实给了我们好处。在行政管辖方面我们有政治法，在战争方面我们有国际法，而这些又是人的本性所不能了解得十分透彻的。

假如我们的眼睛不瞎，我们就能看到正是这个国际法使得胜利的一方把属于战败的一方的十分重要的东西保留下来，如生命、自由、法律、财产，还有宗教。

两个世纪前基督教不幸分裂为天主教和耶稣新教，北方的各个民族皈依了新教，而南方的各民族继续信奉天主教。

这是因为北方的各民族具有向往独立的思想，而南方的各民族则没有这样的思想，因此，没有“明显的意识”的宗教就比有“权威意识”的宗教更适合于要求独立的环境气氛。

即便是在建立了新教的国家里，宗教改革也是按照国家的政治计划来进行。因为路德的支持者是地位显赫的君主，所以路德不可能让他们享受一种没有任何具有外在优越感的教会权威。而支持加尔文的都是共和国的平民百姓和君主制国家里不引人注目的有产者，因此，加尔文无须为他们设立优越特权和高官显位。

这两种教派都认为自己是最完美的。加尔文派的教徒认为他们的教义最符合耶稣基督之说，而路德派则认为该派的信仰最符合耶稣基督使徒之行。

我们不能说，今天欧洲的各个民族比专制的和军事化的罗马帝国时代的各个民族和军队更加分裂，或是比当时的各个军队之间更加分裂。那时候，一方面军队之间相互攻击，另一方面又抢掠城镇，瓜分战利品，没收土地。

当宗教在某个国家产生和形成时，它通常要听凭这个国家的政体的决策。因为只有在国家政体的庇护下它才能得以建立。在那些信奉宗教的人或让人信奉宗教的人的心里，只有他们出生地国家的伦理观念，而没有别的国家的伦理观念。

宗教与道德

在一个不幸而信奉了一种并非是由上帝赐给的宗教的国家里，其宗教必须与道德保持一致。因为不管这种宗教是真是假，它都是人们为获得人类廉政诚实的最好保证。

▶ **马丁·路德**

马丁·路德（1483—1546），16世纪欧洲宗教改革的倡导者，基督教新教路德宗创始人。路德思想的核心是"因信称义"，他认为人人在上帝与《圣经》面前都是平等的，信仰的唯一依据是《圣经》。

勃固[①]这一地区的居民信奉的宗教的主要教义是：不杀生、不偷窃、不淫亵、不搅扰四邻，要为邻人做好事。他们相信，不论信什么宗教，只要做到这些，人类就能得救。因此，这里的人们尽管既高傲又穷困，但对遭遇不幸的人却十分慈悲怜悯。

古犹太埃森派教徒曾经发誓：要公正地对待他人，不要伤害他人，甚至要忍让他人，要仇视不公正，要对所有的人守信义，指挥他人要谦和，要永远支

① 缅甸的一个省，位于该国中南部的平原。

持真理，要躲避所有的非法利益。

另外，苦行思想应该同劳动的观念结合，而不应该同游手好闲的观念结合；应该同至善的观念结合，而不应该同离奇的观念结合；应该同俭朴的观念结合，而不应该同贪婪的观念结合，这才是对的。

古波斯人的圣书中说道：假如你想成圣，就一定要教育好你的子女，因为他们将来的所有善行都将是你的功劳。这些圣书劝人们早日成婚。因为审判日来临之际，子女就是延续你生命的桥梁，而没有子女的人就无法通过这座桥梁。这些教义是虚假的，然而却是十分有用的。

宗教与法规

▶ 摩西十诫

摩西的十诫板中记载着不许杀人、不可淫乱等规定，体现了宗教上的道德特点。犹太法律认为，《十诫》是特别神圣的，它是通过“上帝的手指”刻在石头上传给后人的。

宗教和法律的主要目的是让人们成为遵纪守法的好公民。因此，其中一方若是偏离了这一宗旨，另一方就应为实现这一目的而更加努力。也就是说，宗教的约束力越少，法律的约束力就应更多。

由于日本占统治地位的宗教几乎没有什么教义，也不讲天堂或地狱。为了弥补宗教的不足，因此，日本的法律十分严酷，执法也十分严格。

如果宗教具有人类行为必然性的教义，那么法律制定的刑罚就应更严厉，治安管理也就应更加警觉，以便使人类能接受这些教义的支配。否则，人类将是无可救药的。如果宗教的教义是宣讲自由的，那就是另外一回事了。

当宗教认定民法所允许的事情有罪时，而民法这一方面又许可宗教所作的这一判定，这是非常危险的。这样的情况表明了宗教和民法在思想观念上缺乏和谐和一致。

成吉思汗统治下的鞑靼人认为，把佩刀扔进火堆里、用手撑着马鞭而站立、用缰绳抽打战马、用一块骨头打断另一块骨头等都是犯罪行为，而且罪可当诛；而对背信弃义、抢劫他人财物、不公正地对待他人、伤害他人等，鞑靼人并不认为是犯罪。一句话，如果法律使人们把无足轻重的东西认作是必要的东西，那么这个法律就犯了一个大错误，它会使人们把很必要的东西也都认作是无足轻重的东西。

中国台湾的居民认为有一种地狱。这个地狱是用来惩罚以下这些人的，即在某些季节没有赤身露体的人；穿了粗布衣服而没有穿丝绸衣服的人；捕捞牡蛎的人；事先没有根据鸟的鸣叫而求签问卜就擅自行动的人。同样，台湾人也不把酗酒和生活放荡看作是罪孽，他们甚至认为子女们荒淫放荡会取悦于他们的上帝。

假如宗教为了一件偶然的事情就赦免了遵守教规的人的罪孽，那么宗教会白白失掉蕴藏在人类中的最伟大的动力。在印度，人们相信恒河水有使人死后成圣的作用。葬身在恒河岸旁被看成可以免去来世的苦难，还可以在极乐世界里居住。所以人们从很远的地方赶来，将装有死者骨灰的骨灰罐扔进恒河里。这些死者生前其生活是否有德有道则无关紧要，只要死后能被扔进恒河就有可能成圣。

有奖赏好人的天堂的观念就必然会有惩罚恶人的地狱的观念。如果只有升天堂的希望而没有下地狱的恐惧，法律也就没有什么力量了。那些相信来生可以获得回报的人将会无视立法者的存在。因为他们太蔑视死亡了，假如一个人相信官府处以他最重的刑罚就是他幸福生活的开始的话，那么法律还会有什么办法来约束他呢？

由于对古代事物的尊重，由于纯朴和迷信，人们有时搞一些有伤庄重的祭礼或仪式。世界上这样的例子还真不少。亚里士多德就记载说，在这种情况下，法律就允许父亲代表其妻女前往参加祭礼。这样的法律太好了，它反对了宗教的无理，保护了纯朴的风俗。奥古斯都禁止青年男女参加任何晚课仪式。如他们有年长的家长陪同则不在此禁止之列，尽管奥古斯都恢复了牧神节[1]的庆典活动日，但他还是禁止年轻人裸体奔跑。

从另外一个方面来看，当法律不产生作用时，宗教却能够支撑国家政权。

因此，当国家因战乱而动荡不安时，宗教却在使国家的某个地区安宁太平这一方面起到了很大的作用。希腊的埃利亚人作为阿波罗神的祭司，享受着长治久安的太平生活。日本的美阿果城因是圣城，所以不受战争骚扰。宗教维持着这一原则，它好像是地球上唯一的帝国，没有也不想拥有任何来自国外的资源，而在其帝国内部有着战争无法摧毁的贸易。

在一些国家，战争并不是大家商议好后再进行，法律也无法结束或预防战争。而宗教制定了休战和媾和的时间，使人们能从事某些国家必须赖以生存的工作，如播种或类似的劳动生产活动。

每年有四个月时间在阿拉伯各部落之间是不能打仗的，任何最微小的冲突都被认作是对宗教的亵渎和蔑视。当法国的领主进行战争或媾和时，宗教就规定每年的某些季节必须休战。

当一个国家里发生了许多怨愤的事情时，宗教应提供许多可供调解这些问题的方法。阿拉伯人是一个土匪般的民族，经常做出一些伤害他人的和非正义的事情。因此，穆罕默德曾制定了这样一条法律，假如有人宽恕了弑兄之罪，受害人可以对伤害他兄弟的恶人提起诉讼，要求损害赔偿；但是假使受害人在获得赔偿后又伤害了这个恶人，那么在审判时他将受到酷刑的惩罚。

日耳曼人承袭亲属的仇恨和敌意，但这些仇恨和敌意并非世代流传。给予受害人家属一定数量的牲畜，就可以补赎杀人罪，受害人的全家会感到满意。塔西佗说，这样的办法真是太有用了。因为仇视他人对一个自由的民族是十分危险的。我认为，享有极高信誉的牧师和神甫们一定参与了这些调停工作。

由于马来人没有这样的调解方法，犯有杀人罪一定会被死者的亲朋好友杀死。因此，马来人的杀人犯为了宣泄自己的狂怒，见到谁就伤害谁。

---

① 牧神节本来是庆祝一个罗马畜牧神卢波库斯的古老节日，后来演变为情人节。牧神节于2月15日在柏伦町山上的卢波库斯洞里庆祝，柏伦町山是传说中罗马的奠基人罗莫路和勒莫小时候被一只狼收养的地方。罗马传说中曾说，一个牧羊人在狼窝里找到了这一对双胞胎并将他们带回家让他的妻子来抚养他们。

早期的希腊人只是一些散居各处的小部落，既无政府管理，又无法律约束。他们在海上是江洋大盗，在陆地上胡作非为，赫库利斯和蒂塞乌斯的野蛮行径就说明这个新生民族当时的状况。宗教除了让人们感受到凶杀的恐惧外，它还能起什么作用呢？宗教是这样做的：一个被暴力杀害的人首先对凶手产生愤怒，激发凶手内心世界的不安和恐惧，并要求凶手将死者生前经常光顾的地方让给死者；未经搜身检查人们不能接触凶手，也不能与之交谈；应当让凶手抵罪并将之逐出城外。

人类制定法律是为了同精神对话，因此应该是训诫而不是劝说；而宗教是为了同心灵对话，应多一些劝说而少一些训诫。

例如，宗教设定了规矩，其目的不是为了好，而是为了最好；不是为了善，而是为了至善。所以恰当地说，这些规矩是劝说而不是法律。因为“至善尽美”的境界同全人类和世间万物无关。再者，如果这些劝导之说变成了法律，那就一定要制定无数别的法律来保证这一法律得到遵守。基督教劝人们独身，假如给某些人制定这么一条独身的法律，那么就必须每天要制定新的法律迫使这些人遵守这条关于独身的法律。本来喜爱“至善尽美”的人通过劝说方式就可以实现自己的目的，而立法者却非要人们用训诫的方法去实现，他这样做不仅使自己疲惫不堪，而且也使社会疲惫不堪。

宗教对人类社会有利或有害与其教义的真伪无关，而取决于对教义的利用是否适当

最真实、最神圣的教义，如若不能同社会的原则相结合，也会导致极为恶劣的后果。相反，最虚伪的教义，只要能同社会相结合，就能产生非常美好的结局。

儒家否认灵魂不死的学说。芝诺的哲学流派也不相信灵魂不死。谁能相信就是这样两个学派，他们从那些不正确的原理中获得了虽说不正确，但却对社会十分有益的结论。道家和佛家都信奉灵魂不死。然而，就是从这样一条神圣的教义中，他们却得出了十分可怕的结论。

几乎在各个时代，在世界各地，被错误理解的灵魂不死之说曾使许多妇女、

▶ 天堂与地狱

圣经给人们看到的，天堂是一个实在的地方，是信徒将来有一天要进入的。同样地狱也是一个地方，是罪恶的人最后进入的。善与恶的思想贯彻在法规中，时刻提醒人们哪些是至善的行为，哪些是罪恶的行为，让人们有好人升天堂的期盼、坏人下地狱的恐惧，减少犯罪的概率，完善自己。

奴隶、平民、朋友为能在另一个世界里效力于自己所崇拜、喜爱的人物而自杀身亡。古时的西印度人及丹麦人就有这样的习俗。今天，日本和印度尼西亚的望加锡的居民以及地球上其他一些地方的居民依然保留着这种习俗。

这些习俗很少直接源于灵魂不死的教义，而是直接源于躯体复活的教义。从这一教义可得出以下结论：一个人死后，还继续持有如同生前一样的需要、一样的感情、一样的情欲。根据这一观点，灵魂不死的教义给人类带来了极大的影响。因为“逝者”仅仅只是改变了一下住所这样的观念，比起全部更新的观念，更适合于人类对逝者的心情，更易于让人们接受。

宗教只产生教义是远远不够的，还应该对教义加以引导。基督教在对其教义的引导方面，就做得相当不错。它使人们憧憬一种精神境界，而这种精神境界是人们所信仰的，而并非人们所能感觉和认识到的。所有这一切，甚至躯体复活的学说，都在把人们引向宗教的思想观念。

灵魂不死学说有如下三个分支流派，即纯粹不死之说、简单变更住所之说及轮回转世之说，亦即基督徒之学说、斯基泰人之学说和印度人之学说。前两种学说我已阐述过了，现在谈一下第三种学说。在印度，由于这一学说在有些地方被引导得好，有些地方则引导得不好，其产生的效果，也就时好时坏。这一学说使印度人对杀生有惧怕之感，所以印度的凶杀案件很少发生。尽管没有死刑，人们却能安居乐业。然而另一方面，丈夫死后，妻子要自焚殉夫。只有那些无辜的人才受暴死的折磨。

宗教的地方性戒规

在不同的宗教中有许多地方性戒律，孟德苏马十分固执地认为西班牙的宗教对西班牙人的国家是有好处的，而墨西哥的宗教对墨西哥人的国家也是有好处的。他的话并非谬论，因为事实上，立法者不可能不考虑大自然在他们立法之前就已经建立起来的东西。

转世轮回的观念是为印度的气候而创建的。在印度，赤日炎炎灼烧着大地，人们只能饲养很少的牲畜，农业生产经常濒临耕畜短缺之危险。牛的繁殖很差，而且易患多种疾病。宗教能用其戒律对牲畜加以保护，这对国家行政管理来说是再合适不过了。

当烈日灼烧着草场时，由于有水源可用，稻谷和蔬菜却得以幸运地生长起来。因此，宗教戒律只允许人们食用此类食物，这对那些在这种气候下生活的人们来说是非常有用的。

大牲畜肉粗味淡，但其所产的奶和奶油却成为人们生活资料中的一部分。所以印度的宗教戒律禁止宰牛和食用牛肉，是不无道理的。

雅典人口众多，土地却很贫瘠。因此，就产生了这样一条宗教格言：用小祭品供奉神祇的人，比那些宰杀耕牛做祭品的人更受人尊敬。

宗教传输到他国的不便利性

从标题可得知，把宗教从一国传输到另一国，经常会碰到许多不利的东西。

德·布兰维尔先生说："阿拉伯地区的猪应该说很少。那里几乎没有树木，几乎没有适合于饲养猪的饲料。此外，水和食品的含盐度使这里的人极易患皮肤病。"当地禁止食用猪肉的这一地方性法规，显然对别的地区和国家是很不适宜的。因为在那些地方，猪肉是很普遍的食品，而且在某种程度上是必不可缺的食品。桑克托利乌斯指出：食用猪肉极少出汗，而且还妨碍其他食品的出汗功效。他发现食用猪肉后人们的出汗率减少三分之一。我们知道出汗不畅会引发并加重皮肤病。所以气候易使皮肤病发病率高的地区，如巴勒斯坦、阿拉伯、埃及和利比亚等地，应当禁食猪肉。

夏尔旦先生说，除了流经其边境的库尔河以外，波斯帝国几乎没有一条能够航运的河流。格伯尔人严禁在河流上航行的古法，对其国家不会产生任何不利的因素。但是假如在别的一个国家实施这样的法律，那么这个国家的商业贸易一定会遭到灭顶之灾。

在炎热的气候条件下，不断沐浴是非常有用的，伊斯兰教教规和印度教教规就要求人们经常沐浴。在印度，站在流水中祈祷是十分令人称赞的行为。可是在别的干旱的气候条件下，人们该怎样做呢？

当一种宗教是建立在气候条件的基础上，并且这个气候条件与另一个国家的气候条件大相径庭时，那么这种宗教就不可能在这个国家得以建立。即使把它输送进去，也会被驱赶出来。从人的观点来说，仿佛是气候给基督教和伊斯兰教划定了分界线。

由此我们得出一个结论，一个既有特殊教义，又有普遍信仰的宗教几乎是适宜的。实施这一信仰的戒规，不能太细。例如，总的来说要苦修，但无须规定行哪一种苦修。基督教是充满理性的宗教。节制欲望是天主的权利，可是具体到节制哪一种特殊的欲望是政府的权利，因而是能被改变的。

第二节
法律与宗教的建立、维系与变更

人们对宗教的感情及信奉不同宗教的动机

虔诚的教徒和无神论者总是要谈论宗教。一个说他是如何热爱宗教，另一个谈论他如何惧怕宗教。

世界上人们信奉各种宗教的动机是不同的。这主要取决于宗教能否与人类的思维和感觉方式相一致。

我们十分崇拜偶像，然而我们不能过分地被崇拜偶像的宗教所左右。我们根本不赞同“精神观念”，然而我们却十分看重那些令我们十分崇敬的“精神存在”的宗教。我们十分明智地选择了一种宗教，它把神从被其他宗教羞辱的境地中解救出来。我们为此感到满足并由此多少产生了一些幸福感。我们把崇拜偶像视为未开化民族的宗教，而把以“精神存在”为宗旨的宗教视为文明民族的宗教。

至高无上的“精神存在”的观念产生了宗教教义。当我们还能够用这种观念把赞同这一宗教信仰的一些敏感的观念联合起来时，就使我们对这一宗教产生了极大的喜爱之情。因为对于这些敏感的事物来说，我们上述所论的动机总是依附于我们的这些自然倾向，而天主教徒的这种宗教信仰观念就更甚于耶稣新教教徒的宗教信仰观念。因此，与新教教徒相比，天主教徒就更加义无反顾地热爱自己的宗教，更加热忱地宣扬自己的宗教。

当埃菲索斯的人们听说宗教评论会的神父们已经决定，可以称呼圣女为上帝的母亲时，大家都欣喜若狂。他们亲吻主教们的手，拥抱主教们的膝盖，到处都是欢呼喝彩声。如果一种理智的宗教又给了我们一种观念，那就是信奉这种宗教是上帝的选择，并且信奉它的人与不信奉它的人有很大的差别，这就更会使我们迷恋这种宗教。如果一边没有崇拜偶像的民族使得他们自认为是独一无二的上帝的复仇者，另一边也没有基督徒使他们相信他们是上帝最喜欢的人，那么伊斯兰教徒就不会成为优秀的穆斯林。

修行多的宗教比修行少的宗教更能使人热心不已。人们十分珍视经常从事的一些事情。伊斯兰教徒和犹太教徒对自己的信仰的偏执顽固和未开化民族改变其宗教信仰的随意性就是最好的例证。这些未开化民族仅仅是忙于狩猎和打仗，几乎没有人遵守宗教教规。

人类极其具有希望感和恐惧感。没有地狱和天堂的宗教就不会取悦人类。外国宗教极易于在日本建立[1]，并受到人们虔诚的崇拜和热爱就证明了这一点。

---

① 基督教和印度教都有天堂和地狱之说，而日本的神道教没有天堂与地狱之说。

宗教应有纯洁的伦理道德才能让人喜爱。尽管人类有一些无德之徒，但总体上大多数人是诚实可信的，他们热爱伦理道德。如果我不是在阐述一个十分重大的题目，我敢说在戏剧舞台上这是看得极为清楚的。人们确信，道德所赞同的情感一定会使人们高兴，而道德所谴责的情感一定会激起人们的反感。

如果宗教的外在表现十分宏伟豪华，这就会使我们感到很得意并使我们更热爱这一宗教。僧侣和寺庙的富有对我们产生了很大的影响。人民的贫困变成了人们热心这一宗教活动的动机，而这一宗教也就成了造成人们贫困的借口。

庙宇与宗教的使者

几乎所有的开化民族都居住在房屋里，因此，他们自然就产生了给上帝修建住所的想法。在这个上帝的住所里，人们可以崇爱上帝，并在恐惧和希望之中寻求上帝。

人们希望能有这样一个地方：在这里，人们可以找到显圣的神灵，大家可以共叙自己的懦弱和苦难。事实上，没有任何东西可以比这个希望更能使人类得到宽慰。

▶ 在约旦河外的传教

耶稣基督是天主的圣子，成为天主教义不容辞的传播者。他走到哪里，就把福音传到哪里，还收了 12 位门徒。这是他在约旦河外的传教景象。

但是，只有耕种土地的民族，才能产生这样自然的想法，而没有房屋居住的民族是不会修建寺庙的。

正是出于这样的原因，成吉思汗十分轻蔑伊斯兰教的清真寺。这位君王在讯问了伊斯兰教徒后，赞同该教的所有教义，然而唯独不赞同必须去麦加朝觐的教义。他不明白人们为什么不能在任何地方崇爱上帝。鞑靼人无房屋居住，因此，他们也就不懂得为什么要修建寺庙。

不修建寺庙的民族很少依恋他们自己的宗教信仰。这就是为什么鞑靼人总是对别的宗教如此宽容，为什么占领了罗马帝国的未开化民族毫不犹豫马上皈依了基督教，为什么美洲的未开化民族并不看重自己的宗教信仰，而当我们的传教士在巴拉圭给他们修建了教堂后他们立刻对我们的宗教信仰表现出了极大的虔诚。

神是不幸的人的庇护者。没有任何人比罪人更为不幸，人们很自然地会想到寺庙就是这些罪人的避难所。希腊人的这种想法就更为自然。在希腊，犯有杀人罪的人要被赶出城市逐出人群，除了寺庙他们无安身之处，除了神灵他们得不到任何保护。

刚开始，只是一些犯有过失杀人罪的人来到寺庙避难。而当罪大恶极的人也来到寺庙避难时，人们陷入了一个大的矛盾：如果这些罪人冒犯了人类，那么他们肯定触怒了神灵。

希腊的这类避难所不断增多。塔西佗说：寺院里塞满了无偿付能力的债务人和凶恶的奴隶。官吏们无法执政，人们像维护祭祀神灵的礼仪一样来维护人类的犯罪，元老院不得不削减了大量的寺院。

摩西的法律非常贤明。过失杀人的人是无罪的，但是他们必须从死者家属的视野中消失。因此，摩西为这些过失杀人的人修建了一个避难所。罪大恶极的人是不能避难的，因此他们没有避难所。犹太人没有避难的想法，的确他们本应拥有一座庙宇。但如果是这样的话，那些来自四面八方的有罪之人一定会骚扰神圣的宗教仪式。如果像希腊人那样，把过失杀人的人逐出国外，犹太教徒又怕他们信奉外国人的神灵。所有这些考虑使得他们修建了一些避难城，罪人待在里面直至教皇去世。

保尔菲利说，早期的人类仅向神灵献祭绿叶菜类。对于这样如此简单的祭礼活动任何人均可在家中当祭司。

力图使神灵高兴的自然愿望使得祭祀活动日趋繁杂，这就使得从事农业劳动的人不能自己承办全部祭礼，完成所有细节。

人们把一些特殊的场所贡献给神灵。于是就产生了要由神甫、牧师来照看这些场所的需求，就像每个公民需要照看自己的房屋和家务一样。根本没有教士的民族，一般来说是未开化民族。像以前的柏达利安人和今天的沃尔古斯基人，他们就是这样的民族。

献身于神灵事业的人应受到人们的尊敬。尤其是某些民族他们持有一种观念，认为献身神灵的人要身体纯洁，以便能走近神灵们喜欢的场所，并能主持一些特殊的仪式。祈祷神灵是一项经常性的工作。所以，大部分人都把僧侣认作是一个独立的阶层。因此，埃及人、犹太人和波斯人把某些家族奉献给神灵，让他们世世代代侍奉神灵。甚至有些宗教要求人们不仅不能脱离教会事务，而且不要受家庭因素的困扰。这就是基督教法规主要部分的教规。

在此，我不想再谈论独身法规所产生的后果。人们已经感受到了僧侣的人数越多这条法规就变得越没用，而且在俗教徒的人数也会明显不足。

按照人类智能的本质，就宗教而言，我们喜爱费力气的东西；而对道德来说，我们看好具有严肃性的东西。一个看上去不适应独身，而且独身会给它带来许多麻烦的民族，却十分喜欢独身。由于气候的原因，欧洲南部的国家，很难遵守独身的戒规，但却保持了这条戒律。而在北部的国家，人们的情欲不很旺盛，独身的戒律却被废除了。还有，人口稀少的国家，人们接受了独身的戒律，而在人口众多的国家，人们反而抛弃了独身的戒律。以上这些思考仅是从独身人数太多这一问题出发，与独身生活本身无关。

宗教的宽容性

在这里，我们是政论家，而不是神学家。即便对神学家本身而言，容忍一种宗教和赞同一种宗教是有很大差别的。

当一个国家的法律自认为应该容忍好多种宗教并存时，那么法律也应该要求这几种宗教自己相互宽容。一种受压抑的宗教，一定会变成压抑他人的宗教，这是一条规律。因为一种宗教一旦偶然摆脱了压制，马上就会攻击曾经压制过它的宗教——不是作为宗教来攻击，而是作为暴政来攻击。

法律应当强制各种宗教不仅不能骚扰国家，也不能相互骚扰，这是非常有用的。就像一个公民，仅仅不给国家添乱并不能满足法律的要求，他必须保证做到不骚扰任何其他公民。

▶ 耶稣呼召马太

耶稣作为天主教的使者，他成为了人们的精神依靠与精神寄托。图为耶稣在呼召马太——一个税吏，被犹太人看作与娼妓和罪人同等的人。然而耶稣没有嫌弃他，以圣召召他做天主的门徒。听见耶稣的呼召后他欣然接受，断然舍弃一切，全然跟随耶稣。

除了排斥异教的宗教外，再没有别的宗教能以极大的热忱去其他地方设坛布教，因为宽容异教的宗教，从不考虑去传道布教。假如某一个国家对已建立的宗教很满意，那就不能允许其他宗教介入该国，这将是一条很有意义的民事法律。

关于宗教的政治法律的基本原则是：当一个国家有权力接受或不接受一种新的宗教在该国设坛布教时，应当拒绝这种新的宗教介入该国。然而一旦这一新的宗教已在该国建立起来，那就应该容忍它的存在。

▶ 南特敕令

为法国国王亨利四世在 1598 年 4 月 13 日签署颁布的一条敕令。这条敕令承认了法国国内胡格诺教徒的信仰自由，并在法律上享有和公民同等的权利。而这条敕令也是天主教在欧洲取得支配地位以后，欧洲第一份有关宗教宽容、部分承认宗教自由的敕令。

宗教的变更

一个企图在其国内摧毁或变更占统治地位的宗教的君王，肯定会使自己处于十分艰难的境地。假如其国家政体是专制政体，那么这位君王一定会比其他任何别的暴政国家更容易遭受到激发革命的极大风险。在这样政体的国家里发生革命并不是新鲜事物。之所以发生革命，其原因是国家不可能很快就能把宗教、风俗、习惯等统统改变掉，也不可能像君主颁布法令建立新教那样快速地将原有的宗教、风俗、习惯统统取消掉。

还有，旧的宗教同国家的政体是结合在一起的，而新的宗教则在这方面没有任何联系。旧的宗教与环境气氛相适应，而新的宗教则与环境气氛格格不入。新的宗教使国民厌恶本国法律，轻视已建立起来的政体。人们用对两种宗教的猜疑取代了原来只相信一种信仰的坚定信念。一句话，至少在一段时间内，国家会产生一些无道国民和不良信徒。

宗教与刑法

对宗教来说，应避免使用刑罚，刑罚真的使人产生恐惧，但是宗教也具有令人恐惧的刑罚，于是一种恐惧就被另一种恐惧给抹掉了。处于两种不同恐惧之间的人的心灵也变得十分凶残。

宗教具有那样厉害的恫吓，也具有那样动听的承诺。当这两种东西进入我们的精神之后，官吏们就能用各种方法迫使我们离开宗教。当他们不允许我们信教时，我们就仿佛被扒光了衣服；而当他们允许我们信教时，我们则又变得衣冠楚楚。

由于越来越靠近那个对于人们来说是那样庄严肃穆的时刻，由于心目中只有这样一个伟大的目标，因此脱离宗教是不可能的。最有效的攻击宗教的方法是通过恩惠、通过生活上的便利、通过获得好运的梦想，不要用总是提醒人们自己曾有过过错的方法，而是要用努力地让人们忘掉自己的过错的方法；不要用激发人们激情的方法，而是要用使人们对一切都漠不关心的方法。当别的情欲在我们的心灵深处蠢蠢欲动时，宗教激发的情感反而陷于一片沉静。总的原则是，对于变更宗教信仰，诱导要比刑罚更有力。

人类精神的性格也体现在人们先后使用的刑罚手段上。回想一下发生在日本的残害暴行吧！人们反抗酷刑更甚于长期的刑罚折磨，长期的刑罚折磨使人们的厌烦多于恐惧，正由于它看上去易于忍受而实际上最难以令人忍受。

总而言之，历史已充分地让我们懂得了刑罚除了破坏是不会产生什么好作用的。

奉劝西班牙、葡萄牙宗教法庭的法官们

一位十八岁的犹太姑娘，在里斯本宗教裁判所的最后一次火刑判决仪式上被处以火刑烧死。这件事的发生成了下面我要引用的这本小册子的撰写理由。我认为，这本书是所有以往的著作中最无用的一本书，因为这样明了的事情都要加以论证，那么肯定不能说服别人。这本书的作者宣称，虽然他是一个犹太人，但他很尊重基督教，他很爱基督教，并企图使不是基督徒的君主们无法用站不住脚的借口来迫害这一宗教。

▶ **耶稣被钉十字架**

耶稣被钉死在十字架上的原因非常简单，犹太人信仰上帝，他们不允许任何人亵渎神，而耶稣自称是上帝的儿子，犯了亵渎罪。所以犹太人为了维护信仰在民众心中的地位，就将耶稣钉死在十字架上。

他对宗教裁判所的法官们说：“你们抱怨日本的皇帝将他们国内所有的基督徒均用火慢慢烧死。可是这位日本皇帝会这样回答你们：我们对待与我们信仰不同的你们，就如同你们自己对待与你们信仰不同的别人是一样的。你们不能仅仅抱怨你们的懦弱，你们的懦弱使你们无法消灭我们，却能使我们消灭你们。

“然而，应当承认你们要比这位日本皇帝残酷得多。你们将我们处死，是因为我们只相信你们所信仰的东西，而并不信仰你们所相信的一切。你们自己也知道，我们信奉的宗教是上帝从前的心爱之物。我们依然认为上帝还是爱着它，而你们却认为上帝已经不再爱它了。正是因为你们得出了如此的判断，于是你

们就对那些犯有相信‘上帝依然爱他从前所爱’这样一个可原谅的错误的人施以暴行[1]。

“假如说你们对我们是残酷的，那么你们对于我们的子女就更加残暴了。你们把他们烧死，仅仅是因为他们遵循了别人传授给他们的神灵的启示。而自然法和所有各民族的法律都教育这些孩子要像尊重神灵一样尊重这些传播神的启示的人。

“你们放弃了在伊斯兰教建立方式上你们曾经产生的优势。当伊斯兰教徒夸耀自己的信徒众多时，你们就对他们说这些信徒是用武力掠取来的，伊斯兰教徒是在用武力扩展自己的宗教。可是你们今天为什么也要用火刑来建立你们的宗教呢?

“你们希望我们皈依你们，而我们则对你们之所以荣耀的根源表示反对。你们回答说，你们的宗教是新的，但却是非凡的。你们的证据是：你们的宗教是在异教徒的迫害下成长起来的，是用殉教者的鲜血浇灌而成的。然而今天，你们扮演的正是戴可里先的角色，而让我们沦为当年的你们。

“我们不以你们和我们共同敬奉的万能的上帝的名义请求你们，而是以你们告诉我们的那个来到人世间成为你们学习榜样的基督的名义请求你们，我们求你们用他在世时的那种对待我们的方法来对待我们。你们希望我们成为基督徒，而你们自己却不愿意成为基督徒。

“即使你们不愿意成为基督徒，那至少你们也应该成为人。如果你们没有宗教为你们指路，没有宗教的启示为你们照明，而仅有大自然赋予的一丝微弱的正义感，那么就照你们所做的那样随意处置我们吧。

“如果上天那样爱你们并使你们看到了真理，那是上天给予你们的极大恩惠。但是可以继承父亲遗产的孩子就应该去憎恨那些无遗产可继承的孩子吗?

“如果你们获得了这个真理，就请你们不要用向我们宣传真理的方式把真理掩藏起来。真理的特性是它可以战胜人类的心灵和精神，而并非像你们认为得那样软弱无力，需要用酷刑使人类接受它。

---

① 这也正是犹太人盲目昏聩的原因。他们不懂得基督教的教理是属于上帝的蓝图体系的，因此基督教的教理也变成了上帝不可改变的一部分。

“假如你们是有理性的，你们就不应该因我们不愿意欺骗你们而把我们处死。假如你们的基督真是上帝之子，我们希望他能因我们没有亵渎基督教的奥义而赐予我们奖赏。我们相信，你们与我们共同敬奉的上帝不会因我们为这一宗教遭受痛苦以致死亡而责罚我们，因为上帝以前曾把这一宗教也赐予过我们。我们相信，上帝还会把这一宗教继续赐给我们。

“你们生活在这样一个新的世纪里，大自然的阳光比以往任何时候都更明亮。哲学启迪了人们的心灵。你们基督教教义的伦理道德更为世人所知，人们彼此之间所享有的权利和各种信仰所支配的势力范围也均已更明确地建立。如果你们还不愿意抛弃你们固有的偏见，一不留神，它们将会成为你们的激情。这样的话，你们应该承认，你们是不可救药的，是完全没有能力去启迪教育他人的人。一个国家把权力交给了像你们这样的人是很不幸的。

▶ **西班牙宗教法庭**

西班牙宗教裁判所是于 1478 年由西班牙卡斯提尔伊莎贝拉女王要求教宗思道四世准许成立的异端裁判所，用以维护天主教的正统性，以残酷手段惩罚异端，经教宗思道四世指责，直至 19 世纪初始取消。从 1483 年至 1820 年，共有 38 万人被裁定为异端，被火刑处死的约 10 万人。

“你们愿意让我们坦白地告诉你们我们的想法吗？与其说你们把我们当作你们宗教的敌人，不如说是你们把我们看作你们本身的仇敌。因为，如果你们真的爱你们的宗教，你们就不应该用野蛮无知的方式来破坏你们的宗教。

“我们必须正告你们的是：假如将来有人敢说在我们今天所生活的时代，欧洲的各民族是文明的，人们一定会以你们为例来引证当时的民族是蒙昧未开化的。人们对你们的认识、看法将会使你们的时代受到羞辱，并会使人们憎恨你们所有同时代的人。”

日本厌恶基督教的原因

我已经谈论过日本人精神上的残酷的性格。基督教要求人们要坚定，不要轻易放弃宗教信仰，而日本官吏则认为人们对宗教信仰的坚定是很危险的，他们认为人们坚定对宗教的信仰会增加人们的胆量，而日本法律对任何微小的不服从均给予严惩。因此，日本的法律规定人们必须放弃基督教，若不放弃就被视为违抗罪行。这种罪行就要受到惩罚，继续违抗将会遭到进一步的惩罚。

日本人的刑罚被看成是对君主不敬的一种报复行为。我们的殉教者所唱的《得胜歌》在日本被认为是对君主的犯罪，并且殉教者这一称号使官吏们惶恐不安。因为在他们的头脑中，这一称号与“造反”一词同义，因此他们千方百计地阻止人们获得这一称号。结果人心愤慨，人们看到在审判的法庭和受审的被告之间，在民事法律和宗教法规之间，爆发了一场极为惨烈的战斗。

宗教的传播

大多数东方民族都认为各种宗教其本身都一样，并无差异。他们害怕建立新的另外的宗教，就像害怕其政府更迭一样。日本人有很多教派，而国家长期以来仅有一名宗教领袖，但是人们从来没有因宗教而发生纠纷。暹罗人也是这样的，卡穆克人更甚，他们把能容忍所有的宗教看作一个良心问题。在卡里古特，“所有的宗教都是善良的”已成为国训。

但是这也并不是意味着，从一个遥远的国度传来的和当地气候、法律、风俗习惯截然不同的宗教能获得其神圣尊严所允诺的成功。在那些强大的专制帝国里确实如此。在这些国家里人们首先能容忍外国人，因为那些不会伤害君主的事物是不会引起人们注意的。他们对一切都是极其无知的，一个欧洲人可以凭借自己的知识在那里很愉快地生活。开始之时一切都好，然而一旦获得某些成功，纠纷也就随之而起。原先能获得利益的人受到了警告。这种国家其性质决定了它需要安宁，小小的动乱就有可能使王朝倾覆。官吏们开始禁止这种新的宗教，并驱逐宣教的人。由于在宣教士之间也发生纠纷，当地的人们也开始厌恶这一宗教，因为宣传这一宗教的人们自己谁也无法说服谁。

第三节
法律和它所裁定的事物秩序的关系

神定法与人定法

应该由人的法律裁定的事物，就不能用神的法律来裁定，反之亦然。

这两种类型的法律其渊源、目的和性质是不同的。

大家都承认，人的法律在性质上完全不同于宗教的法律，这是一个重大原则。然而这一原则要服从其他一些原则，对此我们应加以研究。

1. 人的法律的性质受制于发生的一些突发事件，并随着人类意志的变化而变化。恰恰相反，宗教法律的性质是永远不变的。人的法律裁决事物是为了“好”，而宗教法律的宗旨则是为了“最好”。“好”还可以有另外的别的目的，因为有许多个“好”，但“最好”却只能有一个，因此是不能改变的。人们可以修改法律，因为法律只要被认为是好就行。然而宗教制度却始终被认为是最好的。

2. 有一些国家，其法律的存在等于零，或者是其君主反复无常时的意愿而已。在这样的国家里，如果宗教法律的性质同人的法律的性质一样，那么宗教法律也将等于零。然而，一个社会必须要有一些固定的东西，宗教就成了这类固定的东西。

3. 宗教的主要力量来自人们对它的信仰，而人的法律的力量则来自人们对它的恐惧。古老的东西适合于宗教，越是久远的东西我们常常越是相信，因为我们没有这些时代的知识可以进行反驳。而人的法律则恰恰是以其新鲜为优势，即立法者特别注意让人们遵守它们。

民法和自然法的对立

柏拉图说："假如一个奴隶因自卫杀死了一个自由人，他将被按杀害父母罪论处。"这就是惩罚天赋的自卫权利的民法。

亨利八世时的法律规定，判处一个人有罪时无须证人指证，这也违背了天赋的自卫权利。实际上，要给某人定罪，证人必须知道他所指证的人就是被告本人，而且被告本人也必须能反驳："你说的人不是我。"

亨利八世还通过了一项法律，这条法律规定，凡是与他人发生不正当性关系的女子，在与这个人结婚前没有将这一情况上告国王将被判罪。这条法律违反了天赋的保卫贞操的权利。强迫一名少女作出这样的声明同样也是没有道理的，这就同强迫一个男子放弃保卫自己生命的权利一样。

亨利二世的法律规定，少女怀孕没有报告官府，其所生婴儿又死亡，法律将处死这名少女。这条法律也违反了天赋自卫权。实际上，只需要求少女将怀孕一事告知她最近的一个亲属，将来由这名亲属监护照料婴儿也就足以了。

当天赋的贞操遭受折磨时，她还能再供认些什么呢？教养加深了她维护贞操的思想观念。此时此刻，除了一死，她还会有别的想法吗？

人们曾经谈论的很多的是一条英国的法律，这条法律允许七岁的女童自行择夫。这条法律在以下两个方面引起人们的反感：一是这条法律根本没有尊重天赋的心理成熟期；二是这条法律也没有尊重天赋的生理成熟期。

罗马时代，父亲可以强迫自己的女儿抛弃她的丈夫，尽管他自己曾经同意过女儿的婚事。但是假如离婚是婚姻的第三者作出的决定，那么这样的离婚是违背天理的。

只有婚姻的双方都同意离婚，至少要有一方同意离婚，离婚才符合天理。而婚姻双方都不同意离婚，那么这样的离婚是十分残忍的。总之，离婚的权利只能授予那些对婚姻已十分厌烦，并认为结束这些厌烦能使自己获得利益的这一时机已经到来的人。

勃艮第国王贡德宝制定了一条法律，这条法律规定：小偷的妻子或儿子如不揭发这个小偷的罪行，将被沦为奴隶。这是一条违背天理的法律，妻子怎能指控其丈夫犯罪呢？儿子又怎能告其父犯罪呢？为了向一种有罪的行径复仇，法律居然规定了更为有罪的行径。

列赛逊得的法律允许与他人通奸的女人的丈夫或子女对其提出指控，并可以拷问家奴。这是一条极不公正的法律，这条法律为了维护伦理道德，却要推翻产生伦理道德的天理。

在我们的戏剧舞台上，我们十分荣幸地看到了一位年轻的英雄。当他发现了其继母的罪行时，他对他的发现感到十分恐惧，就像对其继母的罪行本身十分恐惧一样。虽然他在惊吓中被指控、被审判、被定罪、被驱逐，受尽了侮辱，但他却不敢对费德尔的那令人可憎的家族有任何想法。尽管他放弃了他的所爱——那最令他感到温柔的东西，放弃了能与之倾心交谈的东西和使他愤怒的东西，他把自己交给了神灵，让神灵来惩罚他自己。他是无罪的，这是来自大自然的声音，它给了我们这份欢乐，它也是这个世界上最甜美的声音。

雅典的法律规定子女有赡养陷于贫困之中的父亲的义务。但是以下几类人不在此限：妓女所生的子女、因父亲操持淫业而失去贞节的子女、父亲没有给传授任何谋生手艺的子女。

法律认定：第一种情况，因父亲无法确定，那么子女的天赋义务也就无法确定；第二种情况，父亲使他给予的生命蒙受了极大的耻辱，父亲对其子女做了他能做的最大的坏事，那就是剥夺了子女的个性；第三种情况，父亲使得子女生活贫困不堪，充满艰辛。法律认定父与子的关系仅为两个公民的关系，法律也仅能从政治和民事的角度来确认这两者的关系。法律认为一个良好的共和国首先应有良好的风俗道德。

我认为，梭伦的这一法律对第一种和第二种情况来说制定得很得体。也就是说，第一种情况是大自然没有告诉子女其父是何许人。第二种情况是大自然不允许子女去承认自己的父亲。然而对第三种情况我们却难以赞同，因为这里的父亲只不过是违背了民事法规。

继承的顺序应根据民法和政治法，而不应取决于自然法

《沃克尼安法》不允许女性为继承人，即使仅有独生女也不例外。圣·奥古斯丁说，从来没有比这更不公平的法律条款了。马尔库夫的一条箴言认为，剥夺女子继承父业的权利的做法是对神的不敬。查士丁尼把这种只能男性继承而女性不能继承的法律称为野蛮的法律。这些观点均来自这样一个认识，即子女继承父业的权利被认为是自然法推论的结果，实际不然。

自然法规定父亲应抚养子女，但没有强制把子女立为财产继承人。财产的分割以及与这一分割相关的法律和财产分割人死后财产的继承等，只能由社会来处理，只能由政治和民事的法律来处理。

政治和民事的命令常常要求子女们继承父业，这是真的，但却不总是如此。

我们封地制的法律规定，只有长子或直系亲属中的男性才能继承一切，而女性则什么也不继承。这有它的道理。而伦巴底人的法律规定，只有死者的姐妹、私生子和其他亲属才能继承遗产。而当没有上述这些继承人时，其遗产由国库和死者的女儿分享，这也有它的道理。

中国的某些朝代，皇位由皇帝的兄弟们继承，而不是由其子女继承。如果人们希望皇帝应是一个有经验的人，如果人们害怕继位的皇帝是一个未成年人，如果要防备太监们把许多小孩连续捧上皇位，那么制定这样的继承顺序是非常有用的。尽管有一些学者把这些皇帝的兄弟看作皇位的篡位者，但是他们是按照中国的法律来作出判断的。

按照努米底亚的习惯，继承王位的将是瑞拉的兄弟德尔法斯，而不是儿子马西尼斯。直至今天居住在巴巴里亚的阿拉伯人仍然如此，每个村落都有一位首领，人们依然按照这一古老习俗挑选叔父或其他亲属作为首领的继任人。

还有一些纯粹的选举制的君主国，只要由政治的和民事的法规作出的继承顺序明了化，这些法规就将决定在什么样的情况下由子女继承才合理，在什么样的情况下应选择他人继承。

在实行多偶制的国家，君主有很多子女。有些国家君主的子女比另外一些

国家君主的子女要多，君主子女多的国家，人民无力供养君主的子女。于是这些国家就规定君主的子女不得继承王位，而是由君主的姐姐或妹妹的孩子继承王位。

君主子女特别多时会给国家带来可怕的战争，而继承顺序将王冠戴在国王的姐姐或妹妹的孩子的头上，则可以避免这样的战乱。国王姐妹的孩子的数目是不会超过不只有一个妻子的国王的孩子的数目的。

有些国家，出于国家的原因或宗教的训诫，需要某一个家族永久执政。例如，印度就是这样，并由此产生了种姓上的嫉妒和没有后代的恐惧。人们认为要使君主永远具有王室血统，就应选择国王姐妹的孩子继承王位。

总的原则是：养育子女，是自然法的义务；给子女继承权，则是政治法和民事法的责任。由此说来，世界上不同的国家对私生子作出了不同的规定，这些规定是随着政治和民事法规的发展而变化的。

自然法和民法问题不应用神定法裁决

阿比西尼亚人的封斋期长达五十天，封斋期极其艰苦，以至于封斋结束后很长一段时间，人们无法做事。土耳其人就不失时机地在封斋期过后进攻阿比西尼亚人，出于天赋的自卫权利，宗教应对此类的宗教活动加以限制。

犹太人有严守安息日之规矩，而遵守安息日的规矩成了犹太民族的愚蠢行为，因为当敌人在安息日这一天向他们攻击时，他们竟然不进行自卫还击。

冈比西斯围攻佩鲁兹城时，把许多埃及人认为是神圣之物的动物放在第一线，守城部队见之竟然不敢放箭。谁不清楚天赋的自卫权利是高于所有的宗教箴言的呢?

根据罗马的民法，在神圣场所偷窃私人物品，仅按盗窃罪处罚。而按照寺院法，则应按渎圣罪论处。寺院法注意的是犯罪地点，而民法注重的是偷窃事实。然而如果仅仅注重犯罪地点，那就不仅没有考虑偷窃罪的定义和性质，而且也没有考虑渎圣罪的定义和性质。

丈夫因妻子的不忠可以要求离异，在过去妻子也可以因丈夫的不忠而要求离异。这种习俗，违背了罗马法规，然而却被教会法庭所采用。教会法庭只看重寺院法的戒条。实际上，如果仅从纯粹精神的观念出发，从与来世相关的事物出发看待婚姻，夫妻双方对婚姻的违背都是一样的。然而所有各民族的政治和民事的法律都合理地将这二者区分开来。这些法律要求妇女有一定的节制并能禁欲，而对男性则无此要求。对于妇女来说违背贞洁，就等于抛弃了所有的美德，妇女违背了婚姻法规，就等于离开了她天然的依附状态。因为大自然用明确的标记标明了妇女的不忠。还有，妻子的奸生子女也必然会成为其丈夫的子女，并成为丈夫的负担。而丈夫的奸生子女则不会成为妻子的子女，也不会成为妻子的负担。

宗教产生的“至善尽美”的法律是以遵守这些法律的个人行为的完善为宗旨的，而并非以存在着被遵守的法律的社会状态的完善为目的。而民法则恰恰相反，它是以普遍的人类道德的完善为宗旨，而并非以某个个人道德的完善为目的。

所以，无论由宗教产生的观念如何受人尊敬，都不能把它们看作民法的原则。因为民法另有原则，那就是社会的普遍利益。罗马人制定法规的目的是为了保持共和国妇女的美德，这是一个政治制度。当君主制建立后，他们就在这个政治制度之上按照国民政体的原则制定了民事法律。基督教产生后，人们制定的新的法律很少同风俗的完美有关，而更多的是同婚姻的神圣性有关。人们不再从民事的角度考虑两性的结合，而是从精神的角度来考虑两性的结合。

首先，按照罗马的法律，丈夫若把被判有通奸罪的妻子再带回家中，他将被视为其妻子淫荡罪的同谋而受到惩罚。查士丁尼在另外一种意图支配下，规定两年后，丈夫可以前往修道院把妻子领回。

早期的妇女，如果丈夫出征打仗，杳无音信，她们就能轻易地再婚，因为此时的妇女掌握着离婚的权利。君士坦丁的法律规定妻子应等待丈夫四年，四年后她就可以把离婚状递交给军队首长。即使她的丈夫日后归来，也不能指控她犯有通奸罪，但是查士丁尼规定，丈夫出征后不管多长时间，妻子若没有军队首长的证词能证明其丈夫已经阵亡，她就不能再婚。查士丁尼的观点是想说明婚姻的不可分开性。但是我们说，他的观点太过分了。当有了一个消极的证据就足够时，他却提出要有一个积极的证据。他强人所难，非要证明一个身在远方、历经千劫万难的人的命运。当人们能很自然地推断丈夫死亡之时，他却

▶ 查士丁尼的法律

《查士丁尼法典》明确宣布皇权无限，维护教会利益，巩固奴隶主的统治地位；法典要求“人人都应安分守法”，否则，要依法给予严厉制裁；法典还特别强调奴隶必须听命于他的主人的安排，不许有任何反抗。据此可见，查士丁尼编纂法典的出发点和归宿是完全一致的，他试图通过法律规范的系统化，达到巩固皇权的目的，并运用这个法典来为其挽救奴隶制的统治服务。

认定妻子有罪，即犯有背叛夫君罪。因为他使得妇女无法结婚，所以他触犯了公众的利益。因为他把妇女置于无数危险之中，所以他也触犯了个人利益。

查士丁尼的法律把夫妇同意进修道院列为离婚的原因之一，这完全背离了民法的原则。离婚的原因产生于婚前所未能预料到的一些障碍之中，这是很自然的。然而，保持贞洁的愿望却是能够预见的，因为它就在我们的身上。这条法律使得婚姻关系很不稳定。然而就婚姻关系的性质而言，在一些状况下婚姻应当是永恒的。这条法律触犯了离婚的基本原则，那就是允许解除一个婚姻仅仅是希望缔结另外一个婚姻。况且，就按宗教的观念，这条法律也只是把人作为非祭祀时的牺牲品供奉给了上帝。

当一种禁止多偶制的宗教传入一个实行多偶制的国家时，仅从政治上讲，我们很难相信这个国家的法律能允许一位有好几个妻子的男人信奉这种宗教，除非官府和丈夫能用某种方式恢复妻子们原来的身份地位，并给予赔偿。如果不这样做，这些妻子们的境遇将是十分凄惨的。她们虽然服从了法律，但却被剥夺了最大的社会利益。

以民法为依据的事情不应依政治法裁定

因为人类放弃了他们天赋的独立权而要生活在政治性法律之下，那么人类也就放弃了天赋的财产共享权而要生活在民法的约束之下。政治性法律使人类获得了自由，而民事法律使人类获得了所有权。正如我们曾经说过的，自由的法律仅仅是国家实施统治的法律，因此，凡是应该用有关所有权的法律裁决的东西均不能用自由的法律来裁决。说个人利益要服从于公众利益，这是不合逻辑的推论。因为仅仅是涉及国家实施统治的问题时，也就是说，涉及公民自由的问题时，这样的情况才能发生；当涉及财产所有权的问题时，就不会产生这样的推论。因为公共利益永远是每个公民永恒不变所享有的民法所赋予的所有权。

西塞罗认定土地均分法是有害的，因为建立国家的目的仅是为了使每个人都能保存自己的财产。

那么，就应该建立一个准则，即涉及公共利益的问题时，公共利益绝不能通过政治的法律和规定来剥夺私人的利益，或者是削减最微小一部分的私人利益。在这种情况下，应严格地遵循民事法，而民事法就是所有权的保护神。

因此，当公家需要某一个人的地产时，绝不能利用政治法行事，而使用民法则能获得成功。在民法那母亲般的眼里，每一个个人都被认作是国家本身。

如果一位行政官员想建造一座公共建筑、一条新的马路，他就应赔偿人们的损失。此时的公家应以私人的身份去和另外一位私人交涉。如果可以强制一个公民将其产业出售给公家，并能剥夺民法赋予每一个公民的“不能强迫公民出让财产”的重要权利，那的确就做得太过分了。

毁灭了罗马的民族在滥用了他们的战利品后，自由的精神使他们回想起了公道的精神，他们有节制地推行那些最野蛮的权力。假如有人对此怀疑的话，就请拜读一下十二世纪波马努瓦所著的关于法学的佳作吧！

和我们今天所做的一样，在他那个时代，道路也需要养护。波马努瓦说，如果一条道路已经无法养护了，那么就在可能靠近旧路的地方修筑一条新路。但是要向那些在这条道路上通行，从而获利的人征税以补偿业主们的损失。当时，人们是用民法作出这一裁定的，然而今天，我们则是用政治法来作出同样的裁决。

以政治法为依据的事情不应依民法裁定

如果没有把由国家的所有权而产生的规则同由国家的自由所产生的规则混为一谈的话，就一定能看清所有问题的实质。

一个国家的国有财产是能出让还是不能出让，这应是一个由政治法决定的问题，而民事法则对此不能作出决定。说它不应该由民事法作出决定，是因为国家需要用国有财产来维系国家的生存。这就如同国家需要用民事法来处理财产的支配事项一样，都是必要的。

所以，假如国有财产被出让了，那么国家不得不筹措一笔新的款项购置另一份国有财产。但是这一临时措施会把国家的政治体制搞垮。因为按照事物的性质，每购置一份国有财产，国民就要拿出更多的钱，同时君主获得的钱就会减少。一句话，国有财产是必要的，而国有财产的出让则是不必要的。

在君主制国家里，王位的继承顺序是根据国家的利益而建立的。国家利益要求这一继承顺序必须确立以免发生我曾谈过的在专制国内出现的麻烦。专制国家里一切都是不确定的，都是独断专行的。

建立王位继承顺序并不是为了执政家族的利益。如果国家有了一个执政家族，这对国家是有利的。规定私人继承关系的法律是民法，民法的宗旨是为了私人的利益。而规定王位继承关系的法律是政治法，政治法的宗旨是为了国家的利益和维持国家的存在。

由此可以看出，当政治法为国家制定王位继承顺序，并且这一顺序已经完结时，假如按照另外一个不管是什么样的国家的民法来要求获得王位继承权，这是极其荒谬的。

一个特殊的社会不能给另一个社会制定法律。罗马的民法就不比所有其他国家的民法更适用。就连罗马人自己在审判他们的国王时也没有使用他们的民法，他们审判国王时使用的准则极其恶劣，所以不应该让它们再现。

由此还可以看出，当政治法废黜某一家族的王位继承权时，如果依照民法希望恢复王位继承权，这也是荒谬的。恢复是民法规定的东西，也许对遵循民法生活的人们是适用的，而对那些为民法而设立，为民法而生存的人们来说是不适用的。

让我借用西塞罗的一句话，如果可以根据我们裁决一条檐槽的使用权时所使用的准则，用来决定一个王国、一个民族甚至整个世界的权力问题，那真是可笑的。

应从政治法的规则，而不是从民法的规则对“贝壳放逐法”加以研讨。这一做法并没有羞辱平民政体，恰恰相反，这种做法非常适宜地证明了平民政体的宽厚。我们总是把流放看成一种刑罚。假如我们能把“贝壳放逐法”的观念与惩罚的观念区分开来，我们就会感到“贝壳放逐法”的宽厚了。

亚里士多德对我们说，当时大家都认为这种做法既有人道主义成分，又深得人心。如果说人们在作出“贝壳放逐法”这一审判的当时当地并不觉得这种做法是令人憎恶的，而我们今天这样遥远地看待当时的事情，那么我们今天得出的看法能同当时原告、法官以及被告的看法相一致吗？当时人们的这种判决是把极大的荣誉给了被审判者。而当雅典人把这种审判滥用到一个毫无价值的人身上时，人们马上停止使用这种审判。可以说“贝壳放逐法”是一条令人赞赏的法律，它预防了一个已经得到荣誉的公民又获得一次荣誉而可能产生的不良后果。

政治法使得国家建立起了王位继承人顺序。当这种政治法成为它所建立的这一政治体系的破坏因素时，就应当选择另外一种政治法来改变这一继承顺序。后者并非与前者相对立，它与前者基本上是一致的。因为两者均取决于一个原则，人民的福祉是至高无上的法律。

我曾经说过，当一个大国沦为另一个大国的附庸时，它本身将会衰弱，甚至它的宗主国也要衰弱。我们知道，一个国家拥有自己的国家元首，财政收入得到很好的管理，金钱没有流出国门使得国富民强，这对国家来说是很有利的。治理国家的人不能陶醉于外国的行为准则，这一点很重要。外国的行为准则总不如自己本国所固有的行为准则更适用于本国的情况。再则，人们总是不可思议地珍视本国的法律和风俗习惯，而这些法律和风俗习惯则使得每个民族的人们幸福、愉快。正如各国历史向我们所展示的那样，如果没有大动乱和大的流血事件发生，人们很少会改变自己的法律和风俗习惯。

由此说来，如果一个大国的王位要由另外一个大国来继承，那么前者可以完全拒绝后者成为它的新国君。那么此时改变一下王位的继承顺序，对这两个大国都是有益的。俄国伊丽莎白王朝初期制定的法律就慎重地规定，任何一位他国的君主均不能继承俄国的王位。葡萄牙的法律也拒绝了所有外国以血缘权利为由提出继承王位的请求。

如果一个国家能够做到拒绝外国国君继承本国王位，那它就更有理由让外国国君放弃本国王位继承权。假如这个国家害怕某些联姻会产生使该国丧失独立或被瓜分的后果，它就可以要求缔结婚姻的双方以及他们的子女放弃对该国所拥有的一切权利。因为国家可以制定法律来排除他们的继承权利，所以放弃继承权的人和反对放弃继承权的人也就更不应该对此加以抱怨了。

▶ 贝壳放逐法

贝壳放逐法是古希腊雅典等城邦实施的一项政治制度，由雅典政治家克里斯提尼于公元前 510 年前后创立。雅典公民可以在陶片上写上那些不受欢迎以及极具社会威望、广受欢迎、最可能成为僭主的人的名字，并通过投票表决将企图威胁雅典民主制度的政治人物予以政治放逐。

属于国际法的事情不应依民法裁定

自由的主要含义就在于人不能被迫去做法律所没有规定的事。只有受到民法的支配，我们才能自由。因为我们生活在民法之下，所以我们是自由的。

由此可以得出，因为君主们相互之间并没有生活在民法之下，所以他们是不自由的。他们受暴力的支配，他们无论是用暴力签订条约还是自愿缔结条约都具有强制意义。我们则是生活在民法之下，当我们被迫签署并非法律所要求的契约书时，就可以借助法律的力量反抗这种暴行。但是，作为一国之君的君主，他不是强制别人就是被别人强制，是不能埋怨他人用暴力强迫他签署条约的。他如果这样做了，就好比他在抱怨他自己的天然地位一样。这就如同他想成为其他君主的君主，并让其他君主成为他的臣民一样。这也就是说，他的这一做法是违背事物的本质的。

不按民法一般规则来处理的特殊情况

在航行途中，水手在船上签订的所有民事契约全部无效，这是一条好法律吗？弗朗索瓦·比拉尔告诉我们，在他那个时代，葡萄牙人并不遵守这条法律，而仅仅是法国人遵守它。人们只是暂时地待在一起，没有任何需求。君主给他们提供了一切，他们的目的只有一个，那就是航行。他们不再是社会的一员，而是船上的公民，因此不应缔结这些契约。这些契约只是为了承担文明社会的责任而被引进到船上的。

罗得人在沿海岸航行的时代也制定了一条具有同样精神的法规。这条法律是：遭遇暴风雨时，留在船上的人有权占有船只及船上的物品，弃船而去的人则一无所有。

在任何一个国家或任何一个时代，宗教介入婚姻的事经常发生。当人们认为某些东西不纯洁或违法而又必不可缺时，人们就一定会把宗教请来。在一种场合下是让宗教使它们合法化；在另一种场合下则是通过宗教来谴责它们。另外，婚姻又是人类一切行为中最令社会感兴趣的事情，原本应由民法加以规定。

所有与婚姻的性质、形式、缔结良缘的方法及婚姻产生的后代繁衍等有关的东西，使各民族都明白了婚姻是上帝赐福于人类的物品。虽然婚姻与上帝不是总有关系，但婚姻却依赖于上苍的恩惠。所有这些都是宗教的管辖范围。

就财产而言，男女结合产生的后果，男女相互间的利益，以及所有与这个新的家庭，与产生这个家庭的家以及要由这个家庭产生的家庭有关的事情都属于民法的管辖范围。婚姻的一个主要目的是消除不合法的变化，不稳定的男女结合。为了使婚姻具有确定性，所以，宗教赋予了婚姻宗教的特性，民法也赋予了婚姻民事的特性。因此，为了使婚姻有效，除了宗教的条件外，民法也可以提出其他条件。

民法之所以具有这种权力，是因为民法所提出的正是对婚姻需要进行补充，而并不是与婚姻相互矛盾。宗教的法规要求婚姻有一些仪式，而民法希望婚姻须征得父亲的同意。民法在婚姻的问题上比宗教法律多提了一点要求，但它没有提出任何与宗教法律相对立的要求。

由此得出一个结论，应当由宗教的法律去决定是否解除婚姻关系。因为，如果宗教法律认为婚姻关系不可解除，而民法则规定婚姻关系可以中断，那么二者不就互相矛盾了吗？

有时，民法制定的有关婚姻的条款并非绝对必要。比如，民法规定的这样的条款，它并不撤销婚姻关系，仅是对缔结婚姻的人进行惩罚。

罗马的《巴比恩法》宣布：凡此法禁止的婚姻为不正当婚姻，但仅仅是加以处罚。而根据马尔库斯·安托斯的讲话而制定的一条元老院法案则宣布这些婚姻全部无效。也就是说，婚姻、妻子、嫁妆、丈夫再也不存在了。民法应根据情况变化作出相应的决定，有时要注意修补缺陷，有时要防患于未然。

关于禁止近亲婚姻，这是一件十分细致的工作，应很好地确定关于这一问题自然法的终点和民法的起点。因此，要建立一些原则。

儿子要同母亲结婚，就会搞乱事物的秩序。儿子应无限地尊重母亲，妻子应无限地尊重丈夫。如果儿子要同母亲结婚，那就要把他们之间天然的身份地位推翻。

再有，大自然赋予妇女的生育时间要早一些，而给予男子的要晚一些，这样，妇女结束生育期要早一些，而男子则要晚一些。如果母与子之间的婚姻可以成立，那么出现的问题就是，这种婚姻男子一方的生育力十分旺盛时，而妇女一方则已不能生育了。

父与女的婚姻也同母与子的婚姻一样，也是违背自然法的。只不过与自然抵触得少一些而已，因为父与女的婚姻没有上述两项障碍。鞑靼人就可以娶自己的女儿为妻，但不娶母亲为妻[①]。这些我们在旅行家们所著的游记中都已看到了。

---

① 鞑靼人的这条法律十分古老。普里斯库说，阿提拉在某个地方停下来要娶自己的女儿为妻。他说这是西叙亚人的法律所允许的。

父亲监护子女的贞洁，这一直是极为自然的事。因为父亲负有关心子女婚嫁的责任，父亲应力图使子女身体健康、心灵纯洁。对一切能激发子女良好愿望的东西和宜于使子女产生温情的东西均应保留。总想使子女保持良好风尚的父亲，肯定对一切能使子女堕落的东西有一种自然的厌恶感。人们将会说，结婚并不是堕落。但是在结婚前，应该说爱，应该求爱，应该引诱，令人憎恶的就是这个引诱。

应当在教育和受教育两者之间建立起一道不可逾越的屏障，以避免各种堕落。即使是合法的原因，也是如此。这也是父亲为什么不允许要娶他的女儿的人在婚前陪伴他的女儿并与之亲密相处的原因。

对兄妹姐弟之间的乱伦的厌恶也出于同一原因。只要父母亲希望子女保持高尚的习俗，家庭纯洁，以便使子女对一切可能导致他们发生男女两性结合的事情产生憎恶，这就足够了。

出于同样的根源，堂兄弟姐妹之间通婚也在禁止之列。在人类初期，也就是在那样一个圣洁的时代，一个根本不知何为奢侈的时代，所有的下一代均生活在一个家庭里，并在这个家庭里娶嫁完婚。一座小房子就可以居住一个大家庭。哥哥和弟弟的孩子，也就是说堂兄堂弟，被认作兄弟，他们自己也把自己看作兄弟①。因为兄弟姐妹之间的通婚令人厌恶，那么堂兄弟姐妹之间的通婚也同样令人厌恶②。

这些理由如此强大，又如此合乎自然，以至于在整个世界，即便是在那些没有任何交通往来的地区，这些理由都在发挥着作用。罗马人并没有告知台湾人，四等亲以内通婚就是乱伦；罗马人也没有把这些告诉阿拉伯人，他们也没有把这些告诉马尔底维人。

即便有些民族没有抛弃父女之间、兄弟姐妹之间的通婚习俗，但是我们在本书第一章中就已经看到，有智慧的“存在物”也不总是遵循自己的规律的。谁能预料到呢？宗教的思想观念经常使人迷路。亚述人和波斯人娶自己的母亲为妻，那是因为亚述人这样做是想对西米拉斯表示宗教上的敬意；而波斯人这

---

① 在罗马，堂表兄弟实际上用一个姓氏，他们也就是兄弟了。

② 在古代罗马，堂表兄妹是禁止通婚的。后来为了庇护一位极得人心的人物，人们制定通过了一条法律，准许堂表兄妹结婚。这位人物娶了自己的表妹。

样做是因为琐罗亚斯得教教义偏爱这种婚姻。埃及人娶自己的姐妹为妻，这也是埃及宗教狂热的原因。埃及宗教把这种婚姻供奉给爱西丝女神，以表示对她的崇拜。由于宗教的精神就是让我们尽力去做伟大而又困难的事情，所以，我们不能因为虚伪的宗教把某一事物奉为神圣的，就认为这件事是合乎自然的。

禁止父女之间、兄弟姐妹之间通婚以使家庭保持合乎自然的贞洁这一原则使我们可以发现什么样的婚姻应由自然法去禁止，什么样的婚姻应由民法来禁止。

因为子女是居住在或被认为是居住在父亲家中的。所以女婿和岳母、公公与儿媳，或与自己妻子的女儿均居住在一处。他们之间的通婚是自然法禁止的。在这种情况下，“意象”的效果同实在的效果是一样的。因为实在的原因与“意象”的原因相同。民法不能也不应该同意此类婚姻。

正如我已阐述过的，有一些民族堂表兄弟被视为亲兄弟，因为他们平常总是同居一处。然而也有一些民族就没有堂表兄弟同居一处被视为亲兄弟的习俗。在前一类民族中，堂表兄弟姐妹通婚被认为不合自然法规，而后一类民族堂表兄弟姐妹通婚就不会被这样认为。

然而自然法不能成为地方性法规。所以当这类婚姻被禁止或被允许时，均应视情况由民法作出是禁止还是允许的裁决。

女婿和儿媳，没有必要也没有习惯居住在一个家庭里，为保持家庭的贞洁也就无须禁止这两者之间通婚。禁止或允许这两者通婚的不是自然法，而是民法。民法将根据实际情况依照各国的惯例作出规定。这些就是法律以风俗和习惯为依据的实例。

根据一个国家固有的风俗习惯，当某些婚姻状况与自然法所禁止的婚姻状况相同时，民法就要禁止这些婚姻。如果状况不相同，民法就不会禁止此类婚姻。自然法的禁令是不变的，因为产生禁令的事物是不变的，即父亲、母亲和子女必须居住在一起。而民法的禁令却具有偶然性，因为产生这些禁令的情况具有偶然性，堂兄弟姐妹及他人是偶然同居一处的。

这也就阐述了摩西的法律，也就是埃及人的法律为什么允许女婿和儿媳通婚的原因，这样的通婚在其他民族是被禁止的。

印度允许此类婚姻有极其自然的道理。在印度，叔叔、伯伯和舅舅被视为父亲，他们有义务像对待自己的孩子一样培养甥侄，并给甥侄完婚。这归功于这个民族的特性，充满善良和人道。这条法律或习俗又产生了另外一类婚姻，当妻子去世后，丈夫可以立即娶自己妻子的姐姐或妹妹为妻。这样的婚姻极其自然。因为丈夫的新人将会成为她的姐妹的子女的母亲，而不是一位不公道的虐待子女的继母。

第六章

民法的起源、变革及法律的立法方式

The Spirit of Laws

本章孟德斯鸠以严谨的论证和丰富的史实，对欧洲各国法律的起源、历史和变革进行了深入细致的探讨，并对建立这些法律的理论根据、历史渊源、人物和事件进行了考证，阐述了许多封建法律中的诉讼程序、判决方法、惩处方式的起源和实施过程，对于读者了解法律、剖析历史具有经典性的指导意义。

第一节
古罗马继承法的起源与变革

当时有关土地分配的法律要求每个家庭不得将财产转让给其他家庭。所以，只有两类继承人得到法律的认可：一是子女和生活在父权之下的所有后裔。二是在没有上述继承人的情况下，则由最近的男系亲属来继承。

子女绝对不能继承母亲的财产，母亲亦然。因此，《十二铜表法》不允许这样的继承，而只允许“男族亲”继承，儿子和母亲之间不存在任何继承关系。也正是由于这个缘故，《十二铜表法》有关此项的法律对继承人是男性或女性就没有加以特别注意。

对男方来说，孙子女可以继承祖父的财产；但是外孙子女则不得继承其外祖父的财产。所以，女儿可以继承父亲的财产，而她的子女却不能继承她父亲的财产。所以在古罗马的家庭里，妇女就没有继承权。这就是古罗马初期有关继承权的法律。

我们已经看到，按照罗马的古法，母亲不得继承子女的财产。《沃克尼安法》成为剥夺母亲继承权的新依据。在亚德里安时代，《德笃利安元老

▶ 十二铜表法

公元前 5 世纪时，罗马的法律还是习惯法，它的解释权掌握在贵族法官手里。法官利用这个权力为贵族谋利益。平民要求制定成文法，经过长期的斗争，于公元前 449 年逼使贵族成立十人委员会（十人团）制定和公布了成文法。因这个文法刻在十二块牌子（铜表）上而得名。

院法案》规定，如果母亲是自由民，并有三个孩子的话，可以有继承权。脱离奴籍的妇女，如果有四个孩子也可以有继承权。很显然这项元老法令仅仅扩大了《巴比恩法》的范围而已。在同样的条件下，《巴比恩法》曾准许妇女继承没有血缘关系的人的遗产。后来查士丁尼则赋予妇女财产继承权，而不管她子女的数量。

由于阻止妇女继承的法律的一些因素被削弱，因此阻碍女系亲属继承的法律被逐渐地推翻了。这些法律非常适合一个具有良好精神的共和国。在这样的共和国里，妇女不能以自己挥霍财富和占有财富的欲望而自傲。相反，君主制的奢侈使得结婚更加负担沉重和花费巨大。应该用妇女能给予的财产和妇女可以带来继承的希望来鼓励人们结婚。这样，当罗马君主制建立之后，在继承问题上的所有制度都发生了变化。在没有父系亲属的情况下，法官允许母系亲属来继承遗产。尽管，古罗马法从来不允许女系亲属拥有继承权。《奥尔斐捏元老法案》准许子女继承母亲的遗产。瓦连提尼耶诺斯、提奥多西乌斯和阿加底乌斯诸帝王允许外孙子女继承外祖父的遗产。最后，皇帝查士丁尼几乎完全废除了古继承法，没留下一丝旧法的痕迹。他规定有三类继承人：直系亲属、直系尊亲属、旁系亲属。男人和女人之间，女系和男系亲属之间没有任何区别，他废除了所有关于阻止妇女继承的法律。查士丁尼相信当他将所谓的古代法学障碍扫到一边时，他就顺从了自然本身。

第二节
法兰西民法的起源与变革

日耳曼各民族法律的不同特征

法兰克人离开自己的国家之后，就让本民族贤明的人编纂《撒利克法》。墨洛温时期的君王们删掉了《撒利克法》和《利普里安法》中与基督教格格不入的部分。但是这些君王们保留了全部基本的部分。

勃艮第人的法律，特别是西哥特人的法律非常崇尚体刑，但《撒利克法》和《利普里安法》禁止施行体刑，这些法律更好地保留了本民族的风格。

野蛮人的法律

法律不拘泥于某个地域，这是蛮族人法律的一个特点。法兰克人按照《法兰克法》来裁决；阿尔曼人按照《阿尔曼法》来裁决；勃艮第人按照《勃艮第法》来裁决；罗马人按照《罗马法》来裁决。在那时，人们根本没有想到能把各征服者的法律统一起来，甚至也没有想到成为被征服者的立法者。

我们在日耳曼各民族的习惯中，可以找到日耳曼人的法律渊源。这些部族被沼泽、湖泊和森林所分隔。我们甚至在恺撒的著作中，可以看到这些部族的人喜欢分开居住。他们最惧怕罗马人将他们统一。在这混杂的民族里，每一个人都应该依据本民族的习惯和风俗来接受裁决。所以，当这些民族分开居住时，他们都是自由和独立的；当他们混居时，仍然是独立的。他们共有一个国家，一个特别的共和国，共居一片土地，但各自都有各自的民族。因此，在各部族的人离开自己的家园之前，在这些民族之中，已经产生了属人的法律精神，而且这些民族还把这种精神带到了他们的征服地。

▶ **日耳曼武士及其生活方式**

当日耳曼人找到适合居住的地方时，他们建造城镇，周围有木墙保护，城镇中心就是部落首领的大厅，里面居住着这一部落首领一家和他的忠实卫队及仆人。每当举办宴会时，首领会在大厅大摆筵席，各种当时的美食摆上一大桌，长桌中间坐着首领，周围是其家人及部落里最勇敢的勇士。

我们看到，这一习惯建立在了马库尔富斯《法律程式》里、在蛮族人的法典中、尤其是在《利普里安法》中、在罗马初期诸君王的法令中。第二朝代所颁布的关于这个问题的敕令，就是从这些法律引申出来的。子女遵从父亲的法律，妻子遵从丈夫的法律，寡妇又重新遵从她们自己的法律，脱离奴籍的人遵从原奴隶主的法律。不仅如此，每个人都可以选择乐于遵从的法律。但罗达利乌斯一世的法律规定，这种选择必须公布于众。

罗马法消失与保存的地方

在西班牙，西哥特法取得了胜利，罗马法却消失了。申达逊突斯和列赛逊突斯禁止使用罗马法，甚至禁止在法庭引证罗马法。列赛逊突斯又制定了一项法律，解除了哥特人与罗马人通婚的禁令 。通过 672 年登基的瓦姆巴的历史，我们可以看到，当地人在这一地区占了上风，因此罗马人在这里失去了权威。哥特法的权威也有所削弱。西班牙的法律与当地的生活习俗和当时的情况是很不适应的。当地人很有可能坚持使用罗马法，因为他们把罗马法与当地人的自由意识结合在一起。哥特人是最先受到压迫的，因为他们曾经是统治的民族。我们从普罗哥比乌斯的著作里看到，在灾祸降临的时候，哥特人从纳尔波内兹高卢退到了西班牙。毫无疑问，在不幸到来的时候，他们避难来到了正在抵抗的西班牙地区。在南部高卢地区，生活在哥特法律之下的人的数量在大幅度减少。

▶ 布鲁图之死

公元前 42 年，为了恢复罗马的共和国体制，布鲁图、卡修斯和安东尼之间发生了激烈的战争。最终布鲁图战败后自杀。

《伦巴底法》是很公平的。然而罗马人对放弃自己的法律转而使用《伦巴底法》没有任何兴趣。那些在法兰克人统治下的罗马人选择《撒利克法》的念头从来没有在意大利产生过。所以罗马法和《伦巴底法》在意大利同时存在。

甚至有时《伦巴底法》也向罗马法让步，而不再是统治民族的法律了。新共和国的这些公民都不愿意选择《伦巴底法》，因为它是建立在“决斗裁决”这一习惯基础上的法律，而且这项法律制度保留了许多骑士的风俗和习惯。当时极有权势的僧侣们几乎都生活在罗马法的统治之下。因此，那些遵从《伦巴底法》的人的数量日益减少。

野蛮人的法律与罗马法的变革与消失

当日耳曼民族征服了罗马帝国的时候，这些民族从罗马帝国学会了使用文字。他们模仿罗马人，用文字把自己的习惯整理出来，并编纂成法典。在查理曼王朝之后，历代王朝不善统治，入侵诺尔曼和内战等又重新把取胜的民族带入他们刚刚挣脱的黑暗之中。不会读书写字，使得人们在法兰西和德意志忘却了蛮族人的法律、罗马法律和敕令。在教皇和希腊皇帝统治下的意大利有一些繁荣的城市，文字保留得比较完好，经营着当时绝无仅有的商业。由于和意大利的邻里关系，使得罗马法在曾被哥特人和勃艮第人征服的高卢地区得到了更好的保护。不仅如此，罗马法成为这一地区的属地法和一种特权。由此看来不懂文字是使得《西哥特法》在西班牙消亡的主要原因。由于许多法律的消亡，各地的习惯就形成了。人们更多的是用习惯，而不是用法律文本来调整赔偿金和所谓的安全税金。这样在君主国建立之后，人们把日耳曼的习惯变成了成文法。但几个世纪之后，人们又从成文法回到不成文的习惯中去了。

人们会非常惊奇地发现，我们的先辈用来决定公民的荣誉、财产和生命所取决的事物，理性的东西少，偶然性的东西多。他们不断地使用某些证据，但是这些证据什么也证明不了，而且也不能证明谁与此有关、谁有罪、谁无罪。

决斗取证为何能广泛传播开

从阿果巴尔给宽容路易的信中我们可以得出这样一个结论，那就是法兰克人不采用决斗立证的方法。因为，自从这个君王发现贡德鲍法遭到滥用之后，他就要求在勃艮第依照法兰克人的法律来裁决诉讼案。然而正如人们所知道的，在这一段时间里，决斗取证已在法兰西得到了应用，因此人们陷入了某种困惑中。这也就如同我上面所讲的那样，撒利克法兰克人不接受这种取证法，而利普里安法兰克人却接受了这种取证法。

伦巴底法给我们提供了这种取证方法。奥托二世法在序言中这样讲道："相当长一段时间以来，一个令人生厌的方法被引入了，这就是如果某个继承遗产的证书被人们认为是假证书，而出示证书的人只要立誓此证书是真的，那么不需要经过任何预备审判，这个人就变成了遗产的主人。这样立伪誓也就产生了。"当奥托一世皇帝在罗马加冕时，在教皇让·保罗十二世召开的一个会议上，所有意大利的领主们齐声呐喊，要求皇帝制定一项法律，以纠正这种恶习。教皇和皇帝决定在随后的拉温那会议上来处理此事。在拉温那会议上，领主们提出了同样的要求，而且呼声越来越高。但在某些人没有出席的借口下，这件事又一次被推延了。当奥托二世和勃艮第的国王康拉德来到意大利的时候，他们在地维罗那与意大利的领主们举行了会谈。在领主们的不断要求下，皇帝终于同意了大家的意见，制定了一条新的法律。这条法律规定，在遗产继承上发生争议，一方出示遗产证书，而另一方却坚持认为此证书是假的的情况下，可以采用决斗方法来解决问题。这条法律也适用于解决封地问题。在选择决斗取证时，每个民族都会遵循自己尚武的精神。

与决斗相关的习俗

在伦巴底法律中，我们可以看到，如果两个决斗者之一随身带有魔力草的话，裁决官就让人把他的魔力草拿去，并让他发誓不再带有魔力草。这样的法律只能建立在普通人的基础上。人们认为恐惧最能使人发明许多情节，引起各种幻想。在个人决斗中，决斗者全副武装，拿着沉重的进攻和防御性的武器。假如一种武器具有某种特性和威力，就可以使持有这种武器的决斗者占据上风。这样就产生了奇迹般的骑士制度。

游侠骑士们总是全副武装，出没于古堡、要塞和强盗中。他们为弱者打抱不平并以此为荣。在我们当今的小说中，建立在爱情思想上的艳侠之风与武力和保护的思想交织在一起。

▶ 决斗

随着日耳曼势力的扩张、对罗马的征服和日耳曼法的发展，决斗逐渐演变为正式的司法制度，并为中世纪的欧洲广泛采用。

于是人们就幻想出一个非凡的男士。这个男士看到一位品貌非凡但却纤薄娇弱的女子，于是就乐意挺身而出为她冒一切风险，并在日常的生活行为上取悦于她。艳侠的风气就这样产生了。

决斗裁决的规则

在决斗之前，裁判官要发布三项命令，第一，命令各方亲属离场；第二，命令大家保持安静；第三，禁止援助决斗的任何一方，违者施以重刑。如果决斗者之一因为这种救助的原因而失败，违者甚至会被处以死刑。

裁决的人员看守着决斗场。决斗过程中如果一方提出议和，裁决人员要牢记此时双方所处的位置，如果讲和不能成功的话，决斗双方就可以按先前各自的位置继续决斗。如果双方为犯罪案件或因案件错判而决斗，没有领主的同意，双方则不能讲和。即使一方战败，没有得到伯爵的许可也不得言和。这种许可令十分类似我们今天的恩赦令。

没有能力提出和接受决斗的人大有人在。弄清楚原因后，可以准许他们找人替他们决斗。为了使代替他们决斗的人能尽力与对方决斗，便规定如果此人被打败的话，他的手就会被砍掉。

在决斗中一方失败之后，并不意味着肯定败诉。比如，只是预审判决的决斗，那么，他就只是预审判决的失败。

诸多法律中的诉讼

当事人与领主家臣的决斗以及对裁决不公的上诉：因为决斗裁决的性质意味着案件的终审判决，不得重新裁决或重新追诉，所以，像罗马法和寺院法所规定的那样，上诉是为了改变原法院的判决而向更高级的法庭申诉的做法，当时在法兰西并不为人所知。

对这个尚武的民族来说，上诉就意味着对武装决斗的应战，它往往以血的代价而宣告结束；上诉不是要求打笔墨官司，打笔墨官司是后来人们才明白的。

圣·路易在《立法》里说过：上诉的做法是不忠不义的。波马努瓦也曾告诉过我们，如果一个人欲向加害于他的领主提出控告，他就应该首先向领主宣告放弃自己的封地，然后再向领主的宗主上诉，提出决斗。同样，如果领主向伯爵起诉自己的下属，他就失去了下属对他的臣服关系。

控告家臣们裁决不公，是非常危险的。如果这些人愿意作出公正的裁决，而且这一裁决已作出了，并且宣布了，控告人则必须同他们全体决斗。如果在所有裁决官还没有全体发表意见之前提出起诉，那就应该同所有已经发表了相同意见的裁决官进行决斗。为了避免这样的危险，人们可以请求领主要求每个家臣大声讲出自己的观点。当第一个家臣讲完自己的意见之后，第二个家臣即将要发表意见之前，控告人就可以指控第一个家臣是谎言家、恶棍、诽谤者，这样就可以只同发表了意见的第一家臣一个人决斗。

决斗失败的裁决官或家臣既不会失去自己的生命，也不会失去家庭成员。但是如果是重大案件，假如起诉他们的人在决斗中失败了，这些人将会被处以死刑。

这样做的目的是使人们感觉到家臣有决斗和裁决的义务。这个义务甚至是：裁决就是决斗。

如果一个领主在自己的法庭控告家臣而被判有罪的话，他可以指控他的一个家臣裁决不公。但是，由于家臣曾发誓要忠诚于领主，所以家臣必须尊敬领主。领主已经接受了家臣效忠的誓言，就应该对家臣施恩。因此，人们对下面两种情况加以区别：其一，领主只是泛泛地讲裁决是不公正的，是极其恶劣的；其二，他只是把裁决不公归罪于某个家臣自己的渎职。在第一种情况下，他攻击了他自己的法庭，在某种意义上讲就是攻击他自己，因此他不能提出决斗。然而第二种情况是可以决斗的。因为他攻击的是家臣的荣誉，这种决斗对双方来说，失败的一方将失去生命及财产，用以保持公众的安宁。

▶ 主持宗教审判的圣多米尼克

中世纪的宗教法庭可以自行获取供词，而不必考虑程序甚至道德上的正义，这对蒙昧时代的人们而言似乎是不言而喻的，但是当人们的心智不再沉睡时，就会对此感到愤怒。

在第二朝代，伯爵手下有几个官吏，尽管他们身属宗主，但是其司法审判权却不隶属伯爵。这些官吏在庭审会上进行最终裁决。他们与伯爵之间的区别仅在于司法管辖权的范围上。例如，伯爵可以判死刑案，审理有关自由和限制财产的案件，而百人长却没有这样的权力。

可是后来，出现了无数小的领地，建立起不同等级的臣属关系。一些封臣在他们的法庭上怠慢了案件的审理从而产生了这类上诉案件。而且，这类上诉案件还使得封建宗主获得更大量的罚金。

决斗裁决的习惯渐渐地被广泛应用。在某些地方、某些时候、某些情况下，常常难以把家臣聚集起来，因此就产生了司法上的玩忽职守，也就产生了对这些司法失误的上诉。这种上诉往往是我们历史上的一些重大问题。因为当时绝大部分战争都起因于违反政治法规，就像我们今天的战争一样，总是以违反国际公法为起因和借口而爆发的。

第三节
制定法律的方式

立法者的精神

▶ 查士丁尼

查士丁尼皇帝（527—565 年在位）为重建和振兴罗马帝国，从公元 528 年至 565 年，先后完成了三部法律法规汇编。至公元 12 世纪它们被统称为《国法大全》或《民法大全》。《国法大全》的问世，标志着罗马法已发展到最发达、最完备的阶段。

我要说的一句话是，而且我认为写这本书的目的就是为了证明这句话：立法者的精神应该是中庸；政治上的善良与道德上的善良一样，总是处于两个极端之间。下面就有一个这样的例子：在奥露·戈勒的著作里，塞西利乌斯谈到了《十二铜表法》，该法允许债主把无力偿还债务的人砍成碎块。该法甚至以它的残酷来证明它的正义。它的残酷阻止了人们去借贷超出人们偿还能力以外的债务。难道说最残酷的法就是最好的法律吗？善良就是过分无度吗？事物的所有关系不就被毁于一旦了吗？

法律程序对自由来说是必不可少的。但是，程序过于烦琐以至于违背了制定这些程序的法律的初衷，案件的诉讼将了无终日。财产的所有权不能得到确定，人们不加审查就把一方当事人的财产判交给了另一方，或者经过强行审查，毁掉了双方当事人。

公民将会失去自己的自由和安全。不仅原告将无法指控被告，而且被告也将无法为自己申辩。

与立法者精神看似相反的东西往往与立法者意图相符合

按照梭伦的法律，在叛乱时那些不参加任何一方的人是可耻的。这条法律看上去非常特别。但是我们应该注意一下希腊当时的情况。那时候希腊由众多的诸侯小国组成。在一个饱受内讧之苦的共和国里，如果那些最为狡猾的人隐藏在幕后，就有可能致使事态走向极端，这是人们最为担心的。

当这些小国家发生骚乱时，大多数公民都参与了争吵，或者挑起了争吵。在我们的大君主国中，闹事的人总是少数，而广大民众则总是希望能平平安安地生活。在这种情况下，自然是要让骚乱者回归到广大的国民中来，而不能把广大国民推到骚乱者中去。在当时的希腊，就应当让那一小部分聪慧但又不露声色的人加入骚乱者中去。这就好比在一种发了酵的酒中仅仅加入一滴其他酒就会终止发酵是一样的。

违背立法者意图的法律

有一些法律条款就连立法者本人也不太了解，这些法律甚至与立法者的初衷背道而驰。法兰西法律规定，当一种利益有两个受益者，而其中一个受益者死亡后，该利益便归未死的受益者享受。制定这些法律的目的无非是为了减少讼案，但却引起了相反的效果。人们看到僧侣们就像英格兰的守门犬似的互相攻击和打斗，直至死亡。

相似的法律未必总有相同的效果

恺撒禁止在家里存放超过六十塞斯德斯数目的钱。在罗马，人们认为这项法律非常适应调和债务人和债权人之间的关系。因为它迫使富人借钱给穷人，

▶ 杰斐逊

托马斯·杰斐逊是美国独立战争中伟大的领袖人物之一。他的一个重要贡献是单独起草了被后世称为民主政治典范的《独立宣言》，他后来成为美国的第三任总统。

就使得穷人对富人比较满意。法国在体制时代也制定了同样的法律，但这一法律却给法国带来了灾难性的后果。这是因为法国是在十分恐怖的情况下制定的这部法律：在禁止所有投资方法后，甚至剥夺了人们在自己家中存放钱财的权利。这就等于是在用暴力强行掠夺。恺撒制定的法律是为了促使钱在人们中间流动。法兰西大臣制定的法律是为了把钱掌握在一人手中。恺撒允许个人用土地或土地抵押来换取钱财，法兰西大臣却建议用那些毫无价值而且从本质上看根本不会有价值的东西换取钱财，理由是他的法律强迫人们接受那些无价值的东西。

相似的法律未必总会有相同的动机

法兰西接受了罗马法律中关于“替代继承”的大部分条款。但是法兰西人的“替代继承”法的动机却与罗马人的动机完全不同。在罗马，继承意味着继承者的某种祭献，这样的祭献在祭司法中有明确的规定。罗马人认为人在死亡时没有继承人是非常丢面子的事。因此，他们就用奴隶来替代继承人，于是就产生了“替代继承”的制度。关于这一点，世俗的替代继承就是最好的例证：世俗的“替代继承”制度是最早被创立的，它只是在指定继承人拒绝接受继承的情况下才可执行。它的目的不在于把遗产世代世袭相传，而是为找到一个接受遗产的人。

相似的法律未必总会有相反的动机

柏拉图说：一个人，如果不是奉官吏之命，也不是为了避免耻辱，而是由于懦弱，杀死了和他有密切联系的人，也就是说杀死他自己，他将受到惩罚。而罗马法则认为，如果他的这种行为不是由于精神懦弱、厌世、不堪忍受痛苦，而是由于对某种罪行感到绝望，这种做法将会受到罗马法的惩罚。希腊人认为有罪的情况，罗马法则认为无罪，而希腊法所宽恕的情况，罗马法则予以定罪。

柏拉图的法律是根据拉栖代孟的法令而制定的。在拉栖代孟的法制令里，官吏的命令是绝对的。在那里，耻辱为最大的不幸，怯懦为最大的罪恶。罗马法放弃了所有这些美丽的观念，它仅仅是一种财政的法律。

在共和国时代，罗马还没有惩罚自杀的律令。在历史学家笔下，自杀行为往往受到善意的对待，从来没有法律条款惩罚那些自杀的人。

在帝国时代的初期，罗马的大家族被接连不断的审判所毁灭，就产生了以自愿死亡来防止判罪的习俗。自杀的人可以得到莫大的好处：他可以被体面地埋葬，他的遗嘱也会得到执行。这都是由于古罗马没有针对自杀的法律。但是，当皇帝变得非常贪婪和残酷时，他们不再留给那些想要保留自己财产的人任何机会。因此，他们宣布：由于对一种罪的悔恨而剥夺自己的生命的做法是一种犯罪行为。

在古罗马，这种传唤受审是一种暴力行动，如同对人身的拘禁。因此，人们不能到一个人家里传唤他去受审，就如同我们今天不能因民事债务而去一个人家里限制这个人的人身自由一样。

罗马法和我们的法律都接受了这个原则，每个公民都有家这个避难所，在那里，人们不应当受到任何暴力。

法学家们就走得更远了。他们认为窝赃者比盗贼更为可憎。他们说：如果没有窝赃者，盗窃就不能隐藏得很久。再者，如果是罚款，这也许对窝赃者是一件好事，这只涉及赔偿损失，而窝赃者往往是最有能力赔偿损失的。但对他们处以死刑，那就应该另当别论了。

不应把法律与它制定的目的分开来谈

如果一个盗贼在尚未把赃物带到他要窝藏的地方之前就被人抓住的话，在罗马就被称为“现行盗窃犯”。如果是在这之后才被抓住，则被称为“非现行盗窃犯”。

《十二铜表法》规定对“现行盗窃犯”处以笞鞭刑。如果他是成年人，他将被降为奴隶。如果他不是成年人的话，则仅施以笞鞭刑。对“现行盗窃犯”还处以所盗物品价值双倍的罚款。

▶ 释令

英格兰国王颁布释令，穿苏格兰裙的战俘被释放了，他终于得以和自己的家人团圆。在苏格兰的历史上，为争取独立自主的权利而同英格兰进行了多次战争，但他们总是以失败而宣告结束。后来冲突渐趋缓和，双方达成谅解，苏格兰取得了半自治的地位，战争中的战俘们得以被释放。

当《鲍尔西法》废除对公民施以笞鞭刑和降为奴隶的习惯时，“现行盗窃犯”被处以所盗物品价值四倍的罚款，对“非现行盗窃者”还是处以双倍的罚款。

这些法律使得这两种罪行的性质以及所处刑罚有着很大的区别，这是非常奇怪的。实际上，盗窃人无论是在把赃物转移到预定地点之前或之后，这种情况并不能改变犯罪的性质。我只是怀疑罗马法对盗窃罪司法审判的所有理论是从拉栖代孟的法令引申而来的。莱喀古为了使其公民机智、狡诈和灵巧，就训练孩子们进行扒窃，并粗暴地鞭打那些在行窃时被抓住的小孩。这就是希腊人以及后来的罗马人对“现行盗窃”和“非现行盗窃”的刑罚极为鲜明地加以区别的由来。

罗马人把犯有盗窃罪的奴隶从塔

卑安悬崖上扔下去。这不再是拉栖代孟法令的问题。莱喀古关于盗窃的法律并不是为奴隶而制定的。在这点上，背离其法律正是为了遵从其法律。

在罗马，如果一个未成年的人在行窃中被抓住，大法官会任意对其实施笞鞭刑。如同拉栖代孟的做法一样，所有这些做法都来源久远。拉栖代孟的习惯源于克里特人的习惯，柏拉图可以证明克里特的法令是为战争而定的，他说“要有能力忍受在个人决斗和行窃中所遭受的痛苦的能力”。

民法取决于政治法律，因为这是为一个社会而制定的。当人们要把一个国家的民法带到另一个国家，最好预先检查这两个国家是不是有相同的法律和相同的政治法。

因此，当这些关于盗窃的法律从克里特转移到拉栖代孟时，因为它们是连同经济和基本法一起转移的。所以，这些法律在克里特是合理的，那么在拉栖代孟也是合理的。但是，当这些法律从拉栖代孟传到罗马的时候，因为罗马的政体与拉栖代孟是不同的，所以这些法律在罗马就显得与罗马整个社会格格不入，而且也与罗马的其他民法没有任何联系。

不应把法律与制定法律时的情况分开来谈

雅典的一条法律规定：当一个城市被围困时，应当把所有无用的人处死。这是一条可恶的政治法，它源于一条可恶的国际公法。在希腊，当一个城市被占领时，它的居民就失去了自由，可以被当作奴隶来买卖。城市的沦陷，也就意味着整个城市的毁灭。这不仅是那些顽强抵抗和丧失人性的行为的原因，而且也是人们时常制定某些残酷法律的由来。

罗马的法律规定，对玩忽职守或拙劣无术的医生要施以刑罚。这样的情况发生后，法律对身份高一点的医生处以终身流放，对身份较低的医生则处以死刑。我们的法律就不同了。制定罗马法与制定我们的法律的情况是不同的。在罗马，只要愿意就可以从医就业，但在我们法兰西，医生必须通过学习和考级，所以人们知道医生是精通医术的。

有时法律应当自我矫正

《十二铜表法》允许在夜间处死盗贼。如果在白天追击盗贼时，为了自卫也可以杀死盗贼。但法律还规定，杀死盗贼的人必须大声呼喊，呼叫其他公民，这是允许国民自行执法的法律经常坚持的要求。这种呼喊被称为无罪呼喊，就是说行为人在行为时在呼唤证人，呼唤法官。应该让他人知道自己的行为；应该让他人在自己的行为时间对自己的行为有所了解。此时所有现场的人的表情、面容、感情、沉默等都是无声的语言；此时所有在现场的人的每一句话都在宣布行为人有罪或无罪。一条可能变得与公民的安全和自由背道而驰的法令也许就要在现场的这些公民中间执行。

制定法律应当注意的事项

法律的文体应该是简明的。《十二铜表法》是精确严谨的样板：孩子们都能把它铭记背诵。可是，查士丁尼的《新法》则非常烦冗拗口，所以必须加以删节。

法律的文体应该是质朴的，直接表达往往比影射表达要好得多。东罗马帝国的法律是没有任何威严的。人们把东罗马帝国诸君王说成是用词华丽的演说家。当法律的文体变得十分夸张时，法律则被看成一部卖弄炫耀的作品。

法律的语言在所有人身上都会唤起相同的观念，这是最基本的。红衣主教黎希留同意，人们可以向国王指控一个大臣。但是他又规定，如果人们所指控的事情无关紧要，指控人将受到处罚。这就阻碍了人们讲出对大臣不利的实话。因为一件事情重要与否完全是相对的。一件事情，对一个人是重要的，而对另一个人就不一定重要了。

当用法律作出刑罚时，应尽量避免使用金钱来处罚。因为有无数原因会改变金钱的价值。货币价值改变后同一数额的金钱已不再是同一种东西了。人们知道那个鲁莽的罗马人的故事，这个鲁莽的罗马人见谁就打谁的耳光，然后按《十二铜表法》的规定给每个被打的人二十五苏的赔偿金。

当法律已经把事物的观念很明确地加以定位之后，就不应该再回到那些含糊不清的表达方式上来。路易十四的刑事法令就是如此，在精确地列举了国王的案件之后又加上了这样一句话："以及那些始终都由国王的法官审理的案件。"人们刚刚走出专横的境域，但又被马上推了回去。

伦巴底法规定，一个没有献身给宗教而仅穿教服的妇女是不可以结婚的。该法说："如果一个男人仅仅用戒指同一个女人订婚，和另一个女人结婚就不可能不犯罪，那么对上帝和圣母的配偶来说，甚至就有更强大的理由了。"我认为，这些法律的推理应该是从现实到现实，而不是从现实到设想，或者从设想到现实。

法律不应该是深奥的，因为它是为具有一般理解力的人制定的。它不应该是一种逻辑艺术，而应该像一位家庭父亲的简单推理。

当一项法律不需要例外、限制条件和修饰语句时，最好不要把这些东西放进法律条文中去。因为有了这样的细节就要有新的细节。

如果没有充足的理由，就不要修改法律。查士丁尼法律规定，一个男子订婚两年后未能成婚，被抛弃的女子可以退婚而不损失她的嫁妆。后来这个法律改变了，对穷苦人改为三年。但是，在相同的案件里，两年与三年一样，三年并不比两年的作用大。

法兰西的法律把一个商人在破产前十天内的一切活动看成欺诈行为。这是法律推定。按照罗马法，一个丈夫在妻子与他人通奸之后，仍然把妻子留下，将被处以刑罚，除非他是害怕诉讼或者对自己的耻辱无所谓。这是人的推定。法官应该对这位丈夫的行为动机作出推定，并对其混乱的思想状况作出判决。当判官作出推定时，判决就专横；当法律作出推定时，法律就给了法官一条确定的准则。

应该特别注意的是，法律应如何构想才能使法律不违背事物的本质。在奥伦治君王被流放的时期，菲利普二世承诺给能杀死亲王以及他的子嗣的人两万五千埃居和爵位。这是国王的承诺，上帝仆人的承诺，如此高贵的承诺！这种行为竟是出自上帝仆人的指令！所有这一切同样把荣誉的观念、道德的观念和宗教的观念搞了个天翻地覆。

法律应该具有一定的坦率性。法律本身应该是最为纯洁无瑕的，它的制定应该是为了惩罚人的邪恶。在西哥特人的法律中可以看到这个可笑的要求，那就是尽管犹太人可以不吃猪肉，但却必须吃所有与猪肉一起烹制的食物。这是非常残忍的：犹太人已经被迫服从一个与自己的法律相反的法律；而除了不吃猪肉这点标志外，犹太人的法律早已荡然无存。

整齐划一的观念

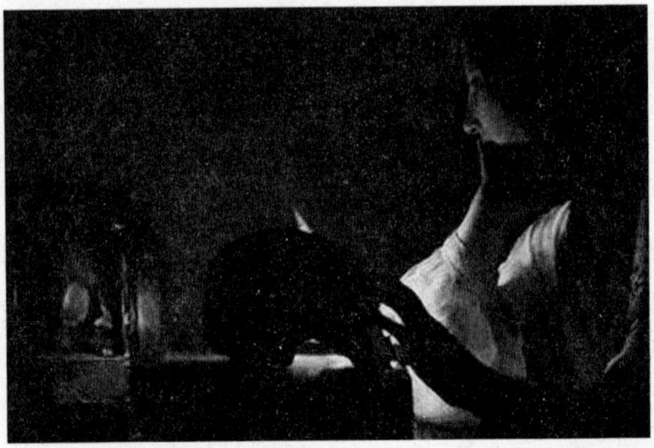

▶ 忏悔的抹大拉的玛利亚

抹大拉的玛利亚是一位被基督感化的妓女，她在弃暗投明之后开始专心修道，后来成为有名的圣女之一。关于道德善恶的转换，是宗教教义中最重要的论述和目的所在，它在法律之外引导着人们在正常社会秩序中的自觉和默契，是社会关系中不可或缺的重要部分。

某些一致的观念有时能够占据伟大人物的思想（因为这些观念曾触动过查理曼），但是必然会猛烈地打击那些小人物的心灵。在一致的观念中，他们找出了一种他们所熟知的“至善尽美”，因为他们不可能没发现这种“至善尽美”，即在施政上有相同的政策，在贸易上有统一的尺度，在国家中有统一的法律，在各地有同样的宗教。但是这种状况总是永远适应而毫无例外的吗？变革的弊端要比忍受痛苦的弊端还要小吗？知道在什么情况下应该一致，在什么情况下应该有区别，这不更体现天才的伟大吗？在中国，汉族人遵守汉族人的礼节，鞑靼人遵守鞑靼人的礼节；但是中国是全世界最希望生活太平的国家。假如公民都遵纪守法，是否遵守统一的法律又有什么关系呢？

第四节
法兰克人的封建法律理论与君主国的建立

有这样一件事情曾在世界上发生过，但也许将永远不会再度发生；有这样一些法律曾在整个欧洲出现过，但是与以前人们所知道的法律并没有任何关系。这些法律做出了数不胜数的善事和恶事：在辖地被割让时，却把法律的权威保留下来；把建立在相同的人和物之上的不同类型的领主管辖权分别交给数人执掌，从而弱化了整个领主权利的重要性；它们给疆域辽阔的帝国划分出种种界线；它们产生了一些类似无政府主义的法规，一种趋于有序和谐的无政府主义的趋势。如果我在我的著作中对以上这件事和这些法律不加以论述的话，我想那将成为这本书的缺憾。

这就需要写一本专著来阐述这些问题。但是鉴于这本专著的性质，人们宁可在书中找到我曾经预料过的法律，而不再需要我曾经阐述过的法律。

封建法律有着非常美丽的景色：一棵古老的橡树巍然挺立，远看荫冠蔽日，近看枝杈繁盛。但是我们看不到它的根，必须挖土掘洞才能找到树根。

征服罗马帝国的民族来自日耳曼。尽管记述日耳曼人的习俗的古代著作者微乎其微，但是有两个著作者是非常重要的。由于恺撒与日耳曼人争战，因此恺撒记载了日耳曼的习俗。根据这些习俗，他制定了一些法规，来规范日耳曼人的行为。恺撒在其论著中谈到关于日耳曼人的习俗的地方虽然只有几页，但其分量却不亚于好几卷。

塔西佗写了一部关于日耳曼人习俗的专著。这本专著虽然篇幅有限，但这却是塔西佗的手笔。塔西佗具有敏锐的观察力，他的著作总是十分简练、扼要。

这两位著作者的论述与我们所知的蛮族人的法典是非常一致的。拜读恺撒和塔西佗的著作，就可以处处发现这些法典的内容；研读这些法典，又可以处处看到恺撒和塔西佗的身影。

在研究封建法律的时候，我仿佛坠入了黑暗的迷宫中。然而面对错综复杂的小路曲径，我相信我抓住了研究的线索，是能够勇往直前的。

恺撒说过："日耳曼人不思农耕，大部分人都以奶、奶酪和肉类为生。人们没有自己的土地，更没有划分自己土地的界线。各国君王和官吏随意把土地划分给个人，可是来年他的土地又被换到了别的地方。"塔西佗说每个君王身边都有一群人随从。他用自己的语言给他们起了一个与他们的地位相关的名字，叫作"侍从"。这些侍从有一种奇异的好胜心，如想从君王那里获得某种与他人不同的殊荣；在君王之间也有一种类似的好胜心，如自己侍从的人数和士气要超过别人。塔西佗还说："被一群精心挑选的年轻人簇拥着，这本身就是尊严，就是权威。它既是太平盛世的装饰品，也是战争时期的防御物。如果一个君王其侍从的人数和士气超过另一个君王，那么他就会在其本国以及在邻国声名大震：他会收到许多礼品，各地的使节也会纷至沓来。声誉往往能决定战争的命运。在战争中，君王勇气不足被视为最大耻辱。如果侍从没有与君王相同的品德也是可耻的。君王战死而自己却苟且偷生被视为终身的奇耻大辱。保卫君王就是最神圣的义务。如果一个城市没有战争，君王就会去正在发生战争的城市。正是通过战争，君王们结交了大量的朋友。这些朋友从君王那里得到战马和令人生畏的标枪。他们的军饷就是获得膳食，虽然味道不佳，但却异常丰盛。君王们是通过战争用掠夺物品维持他给予朋友们的施舍的。说服他们经受危险、向敌人挑战要比说服他们耕种土地等待来年的收获更为容易。能用鲜血得到的东西，他们就不会用汗水来换取。"

这样，在日耳曼只有封臣，没有封地。之所以没有封地，是因为国王没有土地分封。更准确地说封地就是战马、兵器和膳食。有封臣，这是因为有忠心耿耿的家臣。他们受到誓言的约束有义务去打仗。他们做出的服役几乎与后来为封地所做的服役相同。

恺撒说过："当这些君王中的一个在公民会议上宣布，他拟订了出征的计划，并要求大家随从他一同出征的时候，那些赞成这一计划同时也赞成执行这一计划的统帅的人就会站出来，并承诺所能提供的人力和物力。这些人会受到民众的称赞。但是如果他们没有履行其诺言，他们就会失去公众的信任，人们就把他们看作逃兵和叛贼。”

恺撒这里所讲的以及我们在前一节依据塔西佗的论著所作的论述，就是第一朝代的历史根源。

在每次出征时，诸国王往往要组建新的军队，动员原来的军队，招募新的人手；为了能获得更多的人手，他要花费很多，因此他们大肆掠取；他们通过分配土地和掠夺财物不断获取大量东西，又不断地把这些土地和战利品分出去；他们的辖地时而不断地扩大，时而不断地缩小；如果父亲想把一个王国交给他的儿子，就应同时把国库交给他：人们认为，君王的国库是君主国必不可少的东西；一个君王没有征得其他君王的同意，不得把国库里的东西分给外人，甚至也不能作为他女儿的嫁妆。所有这些做法都是不足为奇的。因为君主国是靠不断上紧的发条而发展的。

认为法兰克人是为了把高卢变成封地，才进入高卢，从而占据了这个地区的整个土地的认识是不正确的。之所以有人这样想是因为他们看到，在第二朝代的末期，几乎所有的土地都变成了封地、附属封地，或者封地和附属封地的属地。这有一些特别的原因，我随后会对这一问题加以论述。

从上述内容似乎得出了这样一个推论，即蛮族人为了到处建立封建领地的地役制度而制定了一项通用的规则。很显然这样的推论以及这个结论本身都是不正确的。在封地可以任意转换的时期，如果王国的所有土地都是封地或是封地的属地的话，如果王国所有的人不是封臣就是隶属于封臣的奴隶的话，由于有财产的人往往也很有权势，所以那个不断分封土地的国王，也就是说，那位能够处置当时唯一财产的国王，不就具有了一种与土耳其东部地区的苏丹一样的专制权了吗？显然这一说法是违背历史事实的。

日耳曼人侵占了高卢。西哥特人占领了纳尔波内兹和几乎整个南部地区。勃艮第人则在东部地区定居下来。法兰克人占领了几乎所有的剩余地区。

毫无疑问，在占领期间这些蛮族把占领区原有民族的风俗、爱好和习惯保留了下来；因为占领者不能马上改变一个民族的思想方法和行为模式。在日耳曼地区，日耳曼人很少耕种土地。按照塔西佗和恺撒的说法，他们主要过着游牧生活。所以蛮族人的法律条文几乎都是关于放牧的。在撰写法兰克人历史的罗利康就是一位牧羊人。

哥特人和勃艮第人以各种借口，侵入罗马帝国腹地。罗马人为了终止哥特人和勃艮第人对罗马帝国的蹂躏，不得不承担他们的生活费用。一开始罗马人供给他们小麦，后来，罗马人却更喜欢分给他们一些土地。罗马皇帝或代表皇帝的罗马官吏与他们签了一些分配国家土地的协议。这些协议在西哥特人和勃艮第人的编年史里和法典中都能找到。

法兰克人没有采用这样的分配国家土地的计划，我们在《撒利克法》和《利普里安法》中没有发现这种土地分配法的任何痕迹。法兰克人征服了这些地方后就把他们想要的东西拿走了。除制定了某些自己内部的分配关系之外，他们没制定其他任何法规。

因此，应当把勃艮第人、西哥特人在高卢的做法，西哥特人在西班牙的做法和奥古斯杜路斯与欧都阿塞的辅助军队在意大利的做法与法兰克人在高卢的做法、汪达尔人在非洲的做法区分开来。前者与当地原有的居民签订了一些协议，其结果是他们共同分配土地；而后者在此问题上则什么也没有做。

第五节
法兰克人的封建法律理论与他们的君主国变革

起初，伯爵们被派到他们辖区任期为一年。不久，他们就用金钱买来了继任的官职。人们早在克罗维斯的孙子统治初期就找到这样的一个例证。一个叫作贝欧尼乌斯的人是奥赛尔城的伯爵。他派自己的儿子携重金去穆莫路斯献给贡特兰，以使他继任官职。他的儿子也为自己出钱，得到了父亲的位置。君王们已使他们的恩赐开始腐化。

尽管按照王国的法律，封地是可以撤销的，但是并不可以任意而专断地授予或随意撤销封地。这种权力通常是国家代表会议的主要讨论议程。人们完全可以这样认为，封地与伯爵的爵位一样产生了腐败，人们可以出钱来继续维持封地的所有权，就如同人们出钱获得继任的伯爵的爵位一样。

▶ 欧洲君主制度

欧洲君主专制制度是从封建国家向资产阶级国家转变过程中出现的一种政治形态。16世纪，欧洲诸国封建制度逐渐解体，资本主义经济获得发展，是实现这种转变的经济基础。趋于没落的封建贵族和羽翼未丰的资产阶级势均力敌，均不足以压倒对方，君主以双方仲裁者和保护者的角色取得了他们的支持，确立了君主专制制度，法国、英国、西班牙和俄国都形成了君主专制制度。

在这一章的后面，我将使人们看到，君主的恩赐，有时是暂时的，有时却是永久的。有时法院想撤销他所赐给的恩赏，便会引起全国的普遍不满，不久人们就看到了法兰西历史上著名的革命的爆发，这场革命的初期便演出了处死布伦荷那令人甚为惊愕的一幕。

布伦荷王后既是一位国王的女儿，又是另一位国王的姐妹，还是另一位国王的母亲，至今她还以某些无愧于古罗马市政官或总督般气魄的公共建筑工程而闻名于世。她具有令人称赞的治国天赋和天赐的优良品质，长期为人所敬重。突然间却受到另一位君王如此长时间的、如此令人发指和残暴的酷刑。这位君王的权威在国内并不十分巩固，要不是布伦荷因为某些特殊原因而失去了国人爱戴的话，所发生的这一切就会使国人觉得不可思议。格罗大利乌斯指责她害死了十位君王，但其中两位是格罗大利乌斯亲自处死的，其他几位君王之死是由于命运或另外一个王后的奸诈所致，而且一个听任让·佛列德贡德的君王是在自己的床榻上安然故去的，而反对惩罚她十恶不赦的罪行的国家对布伦荷的罪行漠然视之。

布伦荷王后被放在骆驼上，在所有军队面前游街示众，这表明整个军队对她的唾弃和厌恶。佛烈德加利乌斯说过，格罗大利乌斯是布伦荷的宠信，他羞辱过贵族，剥夺了领主们的财产以填充国库，所以没有人能肯定他还能保住原有的职位。军队密谋反对他，最终他被刺死在自己的帐篷里。布伦荷王后或许

▶ 法国民法典

1804 年公布施行的《法国民法典》是一部典型的近代民法典，是第一部资本主义国家的和以资本主义经济制度为基础的民法典。它在 1804 年（甲子年）公布时的名称是《法兰西人的民法典》。

是要为他的死来进行报复，或许是继续实施格罗大利乌斯的做法，进而被整个国家所厌恶。

满怀独揽国政野心的格罗大利乌斯同时也充满了可怕的复仇心。他清楚地知道，如果布伦荷的子女掌握国政大权的话，必定没有他的活路。于是他参与了一个对自己不利的阴谋。或许他太不高明，或许被形势所迫，竟扮演了布伦荷的指控者的角色，并用令人恐怖的手段惩罚王后，以警示天下。

瓦那卡利乌斯是阴谋反对布伦荷的重要人物。他担任着勃艮第的宰相。他希望他在活着的时候不被撤职。因此，这位宰相的情况与法兰西领主的情况不尽相同，这个职务的权威开始与国王的权威相分离。

布伦荷不明智的摄政激怒了全国。当法律仍有效地存在着的时候，没有人抱怨封地被剥夺，因为法律并没有将封地永久地给予他。但是，既然是用贪婪、恶劣的行为和腐败的手法取得了封地，当人们用恶劣手段夺去他们用恶劣手段得来的东西的时候，就会怨声载道。如果取消恩赐的动机是为了增加公共财产的话，人们也许不会抱怨什么。不过，当时的人们主张的是秩序，但腐败行为却肆无忌惮。当时人们要求拥有动用国库的权利，借此肆意挥霍国库财产。恩赐已不再是服务的报酬和希望了。布伦荷试图用某腐化的风气来纠正先前腐化的流弊。她的出尔反尔并非是精神软弱的表现，忠臣们和高级将领预感到自己的末日即将来临，于是他们就率先将她送上了不归路。

我们非常缺乏当时发生的一切事件的资料。年代史的编纂者对这段历史的知识与今天村夫们对当今的历史知晓程度相差无几，所以他们对历史的记述空泛无物。所幸的是，我们掌握格罗大利乌斯为革除流弊在巴黎会议上制定的一部《律令》。这部法律使人们可以看到，是他排除了引发那次革命的某些因素。一方面，他在此确认了先辈国王给予和肯定的所有恩赐；另一方面，他规定一切剥夺忠臣或义士的恩赐都得予以返还。

这不是这位国王在这次会议上所做的唯一让步，他规定，对所有反对僧侣特权的行为都要加以改正。他减弱朝廷对主教选举的影响。他还规定，取消所有新的贡赋，不再征收任何自贡特兰、锡治柏和查尔柏立克以来所设立的通行税。也就是说，他取消了佛烈德贡德和布伦荷摄政时期所制定的一切。他还禁止把羊群赶入私人的山林。下面我们看到，这项改变比上面所讲得更为普遍，并且扩展到了整个民事事务中。

至此，我们看到了一个国家的国民对他们的主人们的喜好或行为产生的急躁情绪和轻蔑态度。我们看到了他们如何调整与主人之间的冲突，并强制主人们重归于好。但是，以前人们还没有看到国家做过此事。他们把着眼点放在社会的现状上，冷静地审视其法律，补充法律上的欠缺，抑制强暴，节制权利的滥用。

佛烈德贡德和布伦荷的摄政具有强制性，并充满豪胆粗暴和蛮横无理。在强权之下，与其说是使整个国家的国民惊恐不已，不如说是使国民警醒。佛烈德贡德曾以他的弊恶为他自己的弊恶行为辩护。他用投毒和暗杀为他的投毒和暗杀行为辩解；他的行为使他罪行的因私的属性多于因公的属性。佛烈德贡德恶贯满盈，而布伦荷使人畏惧的地方更有甚之。在这次危机中，国民不满足于安定的封建政体，从而制定了健全的民事政体的法律。不幸的是，后者比前者更为腐败，这种腐败由来已久，从某种意义上说，风俗上的流弊多于法律

▶ **霍布斯的《利维坦》**

霍布斯对于政治哲学如此重要，他关于人类社会命运不妥协的断言，至今仍影响着政治科学。他最重要的著作《利维坦》中所提出的关于国家与人际关系的观点，具有相当的现代性。但在当时发表之后却受到几乎是普遍的谴责。

上的流弊，因此，这种腐败更危险。

在格列高里·德·都尔的法兰西历史书和其他历史文献中，一方面我们看到了一个凶残、野蛮的民族，另一方面也看到了同样凶残、野蛮的国王们。这些君王是群杀人狂，而且是极不公正和残酷的，因为整个民族也具有同样的特征。基督教有时似乎使他们变得温和了一些，那是因为基督教对罪犯施威的缘故。教会用他们圣人的神奇感召力抵御他们以保护自己。国王们不敢亵渎神灵，因为他们害怕因亵渎神灵罪而受到惩罚。但除此之外，他们仍旧在盛怒之下或在冷静之中犯下累累罪行，做出各种不公正的事。然而，神明对他们所犯的罪行和不公正的行为并没有立即伸出惩罚之手。我已经讲过，法兰克人非常能容忍有杀人嗜好的国王们，因为他们自己就是刽子手。他们对自己国王的不公正和掠夺行为并没有感到惊奇，因为他们与他们自己的国王们一样，原本就是掠夺者和非礼之人。当时国王们制定了一些法律，但是，他们却以称为“训谕书”的文书推翻了这些法律的敕书，使得这些法律成为一纸空文。这种敕书与罗马皇帝们的“敕答”几乎相同，这或许是因为这些君王采用了罗马皇帝的习惯做法，或许是自己的天性所致。在格列高里·德·都尔的著作里，我们可以看到，他冷酷无情的凶杀行为是经过深思熟虑的；他们不作任何质询，便将被告处死。他们发布所谓的“训谕”、纵容非法婚姻、转移财产、剥夺亲族的权利、要求和修女结婚。实际上，他们没有单独制定关于自己活动的法律，但是他们却私自终止实施过的既定法律。

格罗大利乌斯的诏谕弃除了所有这些流弊。没有人再会不经质询而被判罪。亲族总是可以按法律规定继承财产。那些允许娶少女、寡妇或修女的“训谕”均为无效。对那些坚持和使用这类“训谕”的人将严加惩处。如果该诏书的第十三条、第十四条、第十五条不是因为时间的久远而残缺的话，我们会准确地知道该诏谕关于“训谕”的有关规定。我们只找到了第十三条的头几句话，它规定“训谕”必须得到遵守。这不能被认为是以上所讲的被法律废除的那个“训谕”。我们还有这位君王制定的另一个条例，这项条例与该诏谕有紧密联系，它对所有训谕的流弊丝毫不差地加以纠正。

的确，巴路兹先生发现这个既无发布时间又无发布地点的条例，就将其算作格罗大利乌斯一世制定的法规，而我却认为它们属于格罗大利乌斯二世。我有以下三个理由。

首先，这项条例讲，国王将保留他父亲和他祖父给予教会的豁免权。查尔柏立克是格罗大利乌斯一世的祖父，他并不是基督徒，而且出生在君主王朝建立之前，他能给予教会什么样的豁免权呢？但如果把这道诏谕看作格罗大利乌斯二世所制定的话，他的祖父则是格罗大利乌斯一世本人，格罗大利乌斯一世曾为他的儿子克拉姆之死赎罪，他给予教会很多恩惠，他甚至准许他的儿子与妻子和子女一起被处以火刑。

其次，这项条例所试图铲除的流弊一直延续到格罗大利乌斯一世死亡之后，而在积弱的贡特兰，残暴的查尔柏立克和佛烈德贡德以及令人厌恶的布伦荷摄政统治时期，这些流弊的盛行之风达到了顶峰。如果格罗大利乌斯一世曾严厉地遏制过的流弊又在重新到处蔓延的话，国民们怎能容忍其泛滥而不群起而攻之呢？在查尔柏立克二世重新施行旧有的暴虐政策时，国民迫使他颁布让人们在审判中尊重法律和习惯的命令，而在过去，国民为何不会像对待现在的君王那样行事呢？

最后，这个条例是为铲除流弊而制定的，不可能与格罗大利乌斯一世产生关联，因为在格罗大利乌斯一世的统治时期，王国里并没有不满情绪。而且他的权威极为巩固，尤其是在人们所假设的这个条例的制定时期。反之，这一切却与格罗大利乌斯二世当朝时所发生的事件相吻合。这些事件曾引起王国政治的一次革命。我们应该用法律来阐明历史，用历史来阐明法律。

我已经说过：格罗大利乌斯二世曾经约定瓦那卡利乌斯的宰相一职将终身不被撤换。但是这次革命却引起了另一种现实。此前宰相直接隶属国王，此时这一职位属于国家了。此前宰相是由国王指定，而现在则由国民选举。革命前，梯欧多立克任命格罗大利乌斯为宰相，佛烈德贡德任命让•兰第立克为宰相。但自革命之后，宰相便由国民选举了。

因此，我们不应该像一些作家那样，把这些宰相与那些在布伦荷死亡之前的宰相相混淆。在勃艮第人的法律中我们可以看到，在他们的国家里宰相的职位并不是国家的最高长官之一。在法兰克人的国家君王的统治初期，这一职位也算不上最为显赫。

格罗大利乌斯安定了那些拥有职位和封地者的人心。瓦那卡利乌斯死后，这位君王在德洛伊召开全体会议，在会上他问领主们，由谁来接替瓦那卡利乌斯的职位。众领主高喊他们不愿意参选，只恳求君王恩准某人就职，并称已将自己托付给君王。

而达果柏却效仿了他的父亲，将君主国的权力集于一身，国民信任他，而不选举宰相。这位君王自然心安理得，另外又因自己的胜利而陶醉，于是他又重新启用了布伦荷的施政计划。然而这一计划的实施却很不成功。斯克拉旺人任意攻击奥斯特拉西亚的“忠臣”，迫使奥斯特拉西亚的“忠臣”回到了自己的家乡。奥斯特拉西亚的边境地区便白白断送在蛮族人的手中。

因此，他作出决定向奥斯特拉西亚人割让奥斯特拉西亚，连同一个国库一起让给他的儿子锡治柏，并将王国的政府和王宫管理权交给了科隆的主教古尼柏和阿达尔济兹公爵。佛烈德加利乌斯没有叙述出当时所定条款的细节，但国王在他的各条例里对这些条例加以确认，使奥斯特拉西亚的危机得以解决。

达果柏在弥留之际将他的妻子捻特季尔德和他的儿子克罗维斯托付给了贻佳。纽斯特利亚和勃艮第的“忠臣”们选择了这位年轻的太子作为他们的国王。贻佳和捻特季尔德主持朝政，他们把达果柏过去拿走的财产全部返还。因此，钮斯特利亚和勃艮第民众的抱怨停止了，像奥斯特拉西亚的抱怨停息一样。

贻佳死后，王后捻特季尔德让勃艮第的领主们将佛罗卡都斯选为宰相。佛罗卡都斯曾给勃艮第王国的主教和主要的领主致函，在信中向他们发誓要始终如一，也就是说在他健在之时，能够终身保留他们的荣誉和官职并且立誓确认了自己的诺言。《王室宰相》一书的作者将这一时期作为宰相治理王国的开端。

作为勃艮第人的佛烈德加利乌斯对于我们所谈及的革命时代勃艮第的宰相们的了解程度，远比奥斯特拉西亚和纽斯特利亚所记述得多。但是，由于用同样的理由，在勃艮第所制定的那些条款，也同样在奥斯特利亚和纽斯特利亚制定了。

国民相信，把权力交给他们自己所选择的宰相，要比交给国王任命的宰相稳妥些。他们对自己所选择的宰相可以提出一些条件，而国王任命的宰相的权利则是世袭的。

自从布伦荷服刑之后，群臣们在国王之下治理着国家；虽然群臣们指挥着战争，然而国王仍然是军队的最高统帅，群臣们和国民在他俯视之下进行着战争。但是，由于柏彬公爵与他的宰相在梯欧多立克之战的胜利降低了国王们的地位；而查理马特尔与他的宰相在佛洛哇之战的胜利进一步降低了国王的地位。奥斯特拉西亚两次战胜纽斯特利亚和勃艮第，于是他的宰相一职就像专属柏彬家族似的，而且这一宰相权威高于其他所有的宰相，柏彬家族也优于其他家族。胜利者们担心某个代理人无法将国王控制在手中而引起动乱。于是，他们将国王们禁闭在深宫中，就像将他们囚禁在监狱里一般。每年一度，他们将国王推出向人民展示。此时，国王们颁布各种政令，然而实际上都是些群臣们的政令，国王们回答着各国大使们的提问，实际上是群臣们在作回答。这就是史学家们向我们记述的由群臣们支配国王们的时代的情形，那时的国王屈从于他们的臣子们。

国民们对于柏彬家族的狂热达到了忘乎所以的地步，他们竟将柏彬家族的一个尚处幼年的孙子立为宰相，还将他设置于某个所谓的达果柏王之上，这完全是将一个虚幻的偶像置于另一个臆造的幻影之上。

宫廷的众臣无意使地位和官职频繁地更换。他们之所以能够实施其统治，完全是因为他们保护了贵族的官职。因此，重要的官职依然能够享用终身，这种惯例被逐渐确定下来。

但是关于封地的事宜，我有一些特殊的看法。我不怀疑从那个时代起，绝大多数封地都变为了世袭领地。

在《安得利条约》里，贡特兰和他的侄子柴尔德柏都承担其义务，他们力图维持从前君王们所赐予忠实君王的近臣们和教会的种种恩惠；此法还允许国王们的王后、公主、遗孀们依据国王的遗嘱从国库中获取财物的永久性权利。

马库富斯在他的宰相时代就撰写他的《法式书》。在其中的某些法律定式中，可以看到国王不但将某些封地赐予某些个人，还赐予他们的后嗣。这些法律定式既然被视为生活中司空见惯的行为，那么也足可以证明，在黎明时期的末代（第一朝代），一部分封地已经过渡为世袭领地。当时的人们还远不具备“辖地神圣不可剥夺”的观念；这种观念是极为近代的思维，无论从理论上还是在实际中都是当时的人们不曾知晓的。

关于这种思维，我随即能够列出事实依据。如果我们能够指出有某一个时期不给予军队恩赏，也不提供任何资金维持其生存的话，我们的确可以肯定旧有的恩赏制度已经被取消。这便是查理马特尔执政时期。他建立了一些新的封地，但这些封地却与旧时的封地有着很大的区别。

当国王们开始给予永久性恩赏的时候，无论是由于政府滋生腐败，或者是律令本身规定国王有义务不断地提供酬劳，国王们开始这样做与其说是想使封地永久化，不如说不想使伯爵领地永久化，这是在情理之中的事。丧失某些土地无碍大局，放弃重要的职位就意味着丧失权力本身。

将自由土地变为封地的方法在马库富斯制定的一条法律定式中可以找到。土地的所有者将土地献给国王，国王再将这些土地作为一种被称为“使用权益地”或“恩赏地”的形式返还给土地奉献者，土地奉献者又向国王指定自己的继承者。

为了探寻土地所有者为何改变自由土地的原因，就得像坠入深渊一般，去探究当时贵族们古老陈旧的特权；这些贵族们十一个世纪以来，周身布满了尘埃、血迹和污泥。

拥有封地的人们享有极大的利益。当他们受到伤害时得到的和解金比自由人丰厚得多。从马库富斯制定的法律定式中可以读到，“杀死国王所封朝臣的人要被斥罚和解金六百苏”，这便是国王所封朝臣的特权。这种特权在《撒利克法》和《莱茵河畔法兰克部族法》中得以确立。这两项法律都规定由国王所封朝臣的死亡应得和解金六百苏，而一个自由公民的死亡则仅有二百苏的和解金，诸如法兰克人、野蛮人或是在《撒利克法》笼罩之下生存的人们都是如此；而一个罗马人的死亡却仅有一百苏。

这并非国王所封朝臣们唯一的特权。我们应该知道，如果某一个人被传唤受审而拒不到庭，或是不服从法官的指令的话，他将被传唤去面对国王；如果他仍然不到场的话，就会被排除在国王的保护之外，而且没有人收留他，甚至不给他提供面包。如果他出身于普通人家，他的财产将被没收；但是，如果他是国王所封的朝臣，就不会是如此的境遇了。前者由于拒不到场，会被定罪；后者却不然。前者即使是极轻微的犯罪，也要受到沸水立证的惩罚，而后者只有在犯下凶杀罪的情况下才会受到此种审判。在最后审判时，也不得强制国王所封的某个朝臣作出不利于另一个朝臣的誓言。此类的特权不时地增加。卡尔罗曼的敕令给予朝臣们这样一个荣誉，那就是并不强制他们自己立出誓言，而只是通过其他朝臣们的嘴这样做。此外，如果享有这种荣誉的人不去从军的话，对于他的惩罚，只是在他未去服兵役期间禁止吃肉、饮酒；然而一个自由人如果不跟随伯爵去征战的话，就要被处以罚金六十苏，而且要服役至交付此项罚金为止。

因此，我们可以想象得到，那些不是国王所封朝臣的法兰克人，更有甚之的则是罗马人都竭尽全力试图成为国王的朝臣。而且为了不使土地被剥夺，便想出一个办法，就是将自己的土地奉献给国王，再由国王以封地的方式返还给他们，随后向国王指定其土地继承人。这种做法被长期沿用；在第二时期（第二朝代）的动乱年代尤为盛行；那时所有的人都需要某个人成为其保护者，并且力图与其他领主联合起来，进入一个被称为“封建君主国”的社会。因为所谓的“政治君主国”已不复存在。

这种做法在第三时期（第三朝代）仍然继续实行着，从当时的某些条例中能够看到，要么土地所有者将自己的土地献出，又用同样的方式将其收回；要么首先宣布其土地为自由领地，然后又称这些土地为封地，这就是所谓的“收回的封地”。

这样做并非可以证明，拥有封地的人就如同一个善理家政的家长一般管理着封地。尽管自由人竭尽全力试图获得封地，然而他们对待这类财产的方式，仍然如同我们如今管理用益权一样。鉴于此种原因，我们看到君主查理曼极为谨慎，且小心翼翼地制定了许多法规阻止人们为了自己产业的利益而贬低封地的神圣地位；这种做法只能证明，在他执政时期，绝大多数的恩赏是终身享用的，鉴于此，人们对于自由土地的关注程度要大于对恩赏的关注；但是，这并没有阻止人们热衷于成为国王所封的朝臣，而不是心甘情愿地作为自由人。鉴于种种理由，某个领主可以任意处置其封地的某一些特殊部分，但却不情愿丧失自己的爵位。

我完全理解查理曼在他的敕令中的抱怨所在，那是由于某些地方有人将封地作为产业给予他人，随后又作为产业买了回来。然而，我并没有说人们在产业和用益权之间更钟情于前者。我只是想说，当人们如同我上文谈及法律的定式一样，将某一块自由土地转变为可以作为世袭封地的时候，就可以从中获取巨大的利益。

国库的财产除了作为国王的恩赐借以诱使法兰克人去进行新的冒险行为之外，不应有其他的用途。从另一个角度说，新的冒险行为可以使国库的资产有某种程度的增加，如同我已经陈述过的，这会被称为民族的精神。然而赏赐资产已经被导入歧途。我们从克罗维斯的孙子的一篇演讲中看到这种情形，他在演讲中抱怨说，国库的财产几乎都被教会侵吞。

他说："我们的国库已经空虚；我们的财富已经被转移到了教会手中。只有主教们在统治着一切。他们声名显赫，我们却已风光不再了。"

这就促使那些不敢触动领主们的群臣们去劫掠教会。柏彬进入纽斯特利亚的理由之一，就是受主教们的请求，去阻止国王们，也就是群臣们的冒险计划，因为他们会将教会的财产洗劫一空。

奥斯特拉西亚的群臣们，也就是柏彬们家族，对待教会的态度要比纽斯特利亚和勃艮第的群臣们的所作所为宽和些，在历史记载中这一点是显而易见的。据历史记载，僧侣们极为欣赏柏彬们对宗教的乐善好施和慷慨大度。柏彬们也各自身居教会的各种最高职位。正如同查尔柏立克对主教们所讲的一样："一只乌鸦是不会啄掉另一只乌鸦的眼睛的。"

▶ 土地耕种证明

公元前1700年前后以苏美尔语书写的泥板历书（共109行）是目前所知历史上最早的一部农人历书。就其内容（从灌溉、耕耘到收获）而言，是一部小自耕农的农业手册。它反映了古巴比伦奴隶制社会小农占优势，主要粮食作物是大麦，农业工具已趋复杂，并重视灌溉系统。

柏彬征服了纽斯特利亚和勃艮第。由于他是以教会遭受压迫为借口而消灭了那里的众臣和国王，所以他不能再洗劫教会，这与他所标榜的信条相违背，而使人们看到他在捉弄国民。但是征服了两个庞大的王国，并且消灭了反对党，这使他有足够的资财满足他的将领们的欲望。

由于柏彬作为僧侣的保护神，也就成为了君主国的主人。但是，他的儿子查理马特尔却只能以压迫维持其统治。这位君王看到皇家的财产和国库的资财的一部分被贵族终身享用，还看到僧侣们从富人和穷人手中收受物品，甚至还获得了大量的自由土地，所以他便开始抢掠教会了。而且第一次分封的领地此时已不复存在了，他重新进行了第二次土地分封，为了他自己和他的将领，大量攫取教会的财产，甚至包括教堂也被占据。这样做的结果反而杜绝了一种弊病，一种有别于普通弊病的社会顽症，正因为它超乎寻常，反而更为容易医治。

大肆劫掠僧侣的查理马特尔却处于极为幸运的境地：军人们对他既畏惧又爱戴。他为军人们而竭尽全力，并且寻找借口与撒拉森人作战。由于他对僧侣们不屑一顾，僧侣们也对他恨之入骨。教皇意识到拉拢他的必要性，向他伸出双手。众所周知，格里高利三世派遣了一名著名的使节去拜会他。这两种力量紧密地结合了起来，因为它们是相互利用和依存的。教皇需要得到法兰克人的支持，从而去反对伦巴底人和希腊人；查理马特尔也需要教皇压制希腊人的嚣张气焰，钳制伦巴底人，从而提高他自己在国内的声望，借以稳固自己已获得的头衔，并且使自己或子女能够获取可能的头衔。鉴于此，他的打算是不会落空的。

奥尔良的主教圣欧奢利乌斯看到的一个“怪诞的天象”，惊动了四方的君主。有关这个问题，我得引用一封在兰斯集会的主教们写给入侵秃头查理领土的日耳曼国王路易的信件的内容，因为这封信可以使我们清楚地了解当时事态发展的状况和事物的精神实质。主教们说：“圣欧奢利乌斯被掠上天去，他看见了在圣人们的命令下，查理马特尔在地狱中受尽苦刑。那些圣人们本应陪同耶稣参与末日审判的。查理马特尔之所以提前被处以这种刑罚，是因为他大肆掠夺了教会的财产。因此，所有捐助施舍者所犯下的罪孽都应由他承担。柏彬王曾为此召集了一次会议，他要求将一切可以收回的属于教会的财产返还给教会。由于他与阿规丹的魏佛尔公爵发生了纠纷，所以他只收回了其中的一部分财产。于是他便出具了有利于教会的一些名为‘暂行权利’的执行。他还规定俗人占有的教会财产应该缴纳所谓什一税，每一所房子的主人还要缴纳十二德尼尔。查理曼曾将财物赐予别人，但是恰恰相反的是，他又为自己和他的继任者颁布一道敕令，约定永远不将教会的财产给予他人。这一约定都被事先记录在案，他们中的许多人甚至听到两位国王的父亲‘宽容路易’叙述这件事。”

主教们谈及的规章是在莱布第因召开的主教会议上制定的。这一规章对于教会的益处在于使人们对教会财产的拥有处于一种不确定的状态之中。教会可以对其财产的拥有者征收什一税，并且从属于教会的每一所房屋的主人手中获取十二德尼尔。然而，这只是一剂治标的药物，顽症的弊端却依然如故。

这种做法甚至遭到了反驳，而柏彬被迫颁布了另一条赦令，命令拥有教会财产的人不但要缴纳什一税和住宅金，并且命令他们维护隶属主教管辖的地区以及所属的所有房屋，否则他们将受到“丧失所得财产的享有权”的惩处。尔后的查理曼又重新修订了柏彬的这一条规章。

在这封信中主教们提到，查理曼承诺了他自己和他的继任者不会再将教堂的财产分给军人，这与他为了解除僧侣们在此问题上的恐惧感，而在 803 年通过爱克斯拉沙柏尔颁布的赦令别无二致；但是，已经被瓜分的财物仍然不能收回了。主教们还指出，鉴于同样的理由，“宽容路易”继续了查理曼的做法，未将教堂的财产分给士兵们。

然而，旧有的弊端根深蒂固，“宽容路易”的儿子们统治时期，俗人们就将教士们安置在教堂中，或是未经主教允许就将教士们驱逐出去。而教堂却由他们自己的继承者瓜分。当人们肆无忌惮地侵占教堂之时，主教们除了撤走圣人们的骸骨之外别无他法。

孔皮埃涅的赦令规定，国王的钦差大臣可以在主教们同意陪同下莅临和巡视所有属于他的寺院。这条具有普遍意义的规定证明了一个普遍存在的弊端。

这并非说明缺乏将财产返还教会的法律规定，教皇曾经责难主教们疏于重建寺院之后，主教们便致信秃头查理，表示他们并没有被这种责难所触动，因为他们是无辜的；他们提醒国王陛下曾在无数次的国民全会中就此允诺、作出决议、加以规定。确实，类似的决议曾在九次国民全会中形成过决议。

人们总是在争论不休。当诺尔曼人到来后，所有人的看法都一致了。

柏彬王执政时期所制定的法规，使教会力图减轻其灾难的希冀多于实际解除他们痛苦的行动。查理曼觉察到财产都掌握在军人手中，就如同当年的查理马特尔所看到的一样，那时公共财物都控制在僧侣们手中。人们试图从军人手中收回已分给他们的财产是极其难以做到的。收回财产的做法从事物的性质方面而言也是难以操作的。从另一个角度说，也不应该使基督教因为缺乏教士、教堂和教化而归于消失。

这便促使查理曼设立了什一税。这是一种新的财产形式，而且对于僧侣们具有益处，因为，它是专门给予教会的财产，将来有朝一日，这一财产一旦被抢夺，日后也极易被重新确认。

有人曾试图将这一纳税制度的建立年代追溯至更为久远的年代；但是依我之见，他们所引证的权威资料却恰恰是他们主张的反证。格罗大利乌斯的《律令》中只是提及对教会的财产不征收某种什一税。当时的教会绝对没有征收什一税的说法，所以，《律令》中的整体宗旨在于减免什一税。585 年在玛康召开的第二次主教大会规定了人们得缴纳什一税，在古代人们确实缴纳过类似的赋税，但是，大会又证实，当时的人们已不再缴纳什一税了。

在查理曼之前就有人翻开《圣经》，将书中《利未记》中捐施和祭献的有关章节虔诚地向众人进行说教，对此有谁会持怀疑态度呢？然而，我所要表达的则是，在查理曼设立什一税之前，有人可能对此加以弘扬，但是并未建立起这种税收制度。

我曾说过，柏彬王统治时期制定的法规中规定，以封地的形式侵占教会财产者要缴纳什一税以及修缮教堂的费用。以某一项无可争议的公正法律促使国内的头面阶层人物以身作则，是一个重大举措。

查理曼时期的做法则更进了一步。我们可以从由维利斯颁布的敕令中看到，他要求自己缴纳有关地产的什一税，这又是一个令人惊讶的范例。

然而，下层百姓几乎不会在榜样的感召下放弃自己的利益。法兰克福主教会议向百姓们提出了一项更为紧急的缴纳什一税的修正案。在会议制定的敕令中指出，在最新的饥荒中，人们发现麦穗中竟然空

▶ **查理曼大帝**

查理曼大帝（约 742—814），后人称他查理曼，法兰克王国加洛林王朝国王（768—814），罗马帝国的奠基人。他建立了囊括西欧大部分地区的庞大帝国，公元 800 年由罗马教皇加冕称帝，号为罗马人皇帝。他在行政、司法、军事制度及经济生产等方面都有杰出的建树，并大力发展文化教育事业。

无麦粒，果实是被魔鬼吞噬的，并说曾听到魔鬼在诅咒人们不缴纳什一税的号叫声。鉴于此，除了命令所有拥有教会财产的人缴纳什一税之外，还责令所有的人缴纳什一税。

查理曼的意图起初也未获成功，这种负担似乎过于沉重了。犹太人缴纳什一税原本是他们建立共和国财政规划的一部分，但是在此所要缴纳的什一税却与君主国的建设税收毫无关系。在《伦巴底法》的附加条款中我们可以看到，通过民事法使人们接受什一税制度曾经遇到过障碍，从主教会议制定的不同的寺院法之中，便可以判定要僧侣们从什一税中受益的艰难程度。

普通百姓最终接受了什一税，但是却以能够赎回其缴纳的税物为先决条件。而"宽容路易"的律令以及他儿子罗达利乌斯皇帝的律令却不允许这样做。

查理曼制定的什一税的相关法律完全出于必要。虽然它只与宗教相关联，却并不是迷信行为。

他将什一税分给四种类型的受益者：一部分用作教会的发展资金，一部分用于接济穷人，一部分给予主教，还有一部分则分给了教士。这个著名的划分方式足以证明，他力图使教会业已丧失的地位重新得以恢复，并且使其固定化、永久化。

从他的遗嘱中可以使人看到，他力图完全弥补他祖父查理马特尔的过失，他将自己的动产平均分为三份，再将其中的两份分为二十一份，分别赐予帝国的二十一个首府；其中的每一份交由各首府和它们所属的主教区再行分配。他将其第三份又分为四份，一份留给自己的儿孙们，另一份补充到第一份、第二份之中，其余的两小份则用于慈善事业。他似乎不把这种对于教会的慷慨捐赠视为某种宗教行为，而是一种政治性的分配。

教会的日益穷困使国王们放弃了对主教和领俸神职人员的选派工作。这就使君主们为教会任命教士的种种烦恼减少了许多，教会职位竞争者求助于君王权威的行为也在减少。于是，被人们剥夺其财产似乎成为一种被迫接受的补偿形式。

此外，如果"宽容路易"任凭罗马人民有权选举教皇的话，也是他所处时代普遍精神的实际影响力的体现。他对罗马教皇的选举主张与其他教区主教的推选方式别无二致。

在讲到王位移交给卡罗林人之手这一著名历史时期之前，首先讲述查理曼。而那一时期的王位移交与普通的历史事件有很大的区别，而今天或许比当时事件发生的时候更加令人瞩目。

在墨罗温王朝时期，国王们并没有实权，只有一个空头名义；国王的尊号是世袭的，事实的颠倒顺序使我对时间的顺序产生了混乱。于是，我没有阐述柏彬执政时期，那时宰相是选举产生的。尽管在王朝的末期，某些宰相们有权将他们中意的墨罗温王族的人选推上国王的宝座，但是，他们却无法从另外的家族中推举国王；古代法律中确定的王冠特属某些家族的模式，难以从法兰克人的心中抹去。在君主国里，国王个人几乎无人知晓，而王位本身则是无人不知的。查理马特尔的儿子柏彬认为将王权和宰相两种身份同时由一个人占有是合适的；这种新型的混合身份使王位是否具有世袭性质永远具有不确定的因素。

对他而言这就足够了，这样他便完成了宰相权力与国王权力的组合。这两种权威的混合会产生一种折中。在这之前宰相是选举产生，而国王却是世袭的；到第二朝代时期，人们开始选举国王，虽然国王由人民推选，但是仍然具有世袭的性质，因为人民往往在同一个家族中推选国王。

尽管有大量的史证为据，勒冠特神父仍然否认教皇准许过这一重大变革。他的理由之一是，如果教皇允诺了这一变革的话，他便作出了一个不公正的裁决。当我们看到某个历史学家以人们应该做些什么去判断已经发生的史实的话，岂不让人瞠目结舌！运用这种思辨方式，历史也就不复存在了。

无论如何，可以肯定地说，自从柏彬公爵获得胜利后，其家族便统治了国家，此时的墨罗温家族已丧失了统治者的地位。当他的孙子柏彬加冕为王的时候，只是多举行了一次加冕礼，一次徒有虚名的仪式罢了；他除了国王的华丽装饰之外，便一无所获；国家则没有任何变化。

我之所以这样说，其目的是确定革命发生的时机，而不至于使人们将革命所产生的结果误认为是革命本身。

当第三时期（第三朝代）之初雨格·卡佩被加冕为王的时候，又发生了一次更为巨大的变革，因为国家经历了由无政府状态向随意选择的政府方式的过渡。但是，当柏彬加冕登基之时，仍然是那个原封不动的政府。

当柏彬加冕为王的时候，他只是改变了名称；但是雨格·卡佩登基之时，情况却改变了，因为大片的封地与王位的结合终止了无政府状态。

当柏彬加冕为王的时候，国王的称号与最具权威的官职结合在一起；当雨格·卡佩称王之时，王位与最大的封地结合了。

人们可以从柏彬加冕的仪式书的记录中看到，查理曼和卡尔罗曼也被涂了圣油，并且接受了祝福。法兰西的领主们也承诺了永不将其他家族的人选推举为国王，如违背这一承诺将受到停职和开除教籍的处罚。

在查理曼和“宽容路易”的遗嘱中可以看到，法兰克人是从国王的后代中推选国王的，这种做法与上述条款相吻合。而当帝国落入查理曼之外的家族之手时，先前对选举的限制和先决条件演变为纯粹而简单的选举形式了，人们已远离了旧有的法律体制。

当柏彬感到自己的生命即将结束之时，便在圣得尼召集了一次由僧俗领主们参加的会议，并且将他的王国分给了他的两个儿子查理曼和卡尔罗曼。我们手头上没有此次会议的决议案卷，但是，巴路兹先生从卡尼西乌斯所收集和发表的古代历史文献，以及他的《麦次史记》为我们提供了那次会议进程的情况。从这些资料中，我看到了两件相互抵触的事情。起初，柏彬表示瓜分他的王国征得了权贵们的赞同，而随后他又说是依照父权行事的。这恰恰证实了我以上的说法，即在第二时期（第二朝代），人民的权利只是在王族中选举国王。确切地说，这种权利与其说是获得选举的权利，不如说是遭受被排斥的权利。

这种选举权，在第二时期（第二朝代）的历史文献中也可以得到证实。查理曼将他的帝国分给他的三个儿子而颁布的一条敕令就足以证明这一点。在敕令中，他陈述了其分配方案后说：“如果我的三个儿子中的一个人生了儿子的话，这个儿子又被人民推举为他父亲的王位继承人，那么他的叔伯父们就必须同意他称王。”

837年“宽容路易”在爱克斯拉沙柏尔会议中将他的帝国分给他的三个儿子柏彬、路易和查理的时候，也出现了类似的条款。还是这个皇帝提前二十年将国土分给了罗达利乌斯、柏彬和路易时，又颁布了同样的条款。我们还可以浏览一番口吃路易在孔皮埃涅的加冕仪式上的誓词：“我，路易，由于上帝的怜悯和人民的选举被设立为王；我保证……”在890年于华伦斯举行的选举博逊的儿子路易为阿尔国王的会议决议也证实了我的说法。人们在那里选举了路易，人们所持的主要理由便是他出身于皇族，还因为胖子路易曾给予他国王的爵位，又因为阿诺尔皇帝曾依据自己的君权以及自己的钦差们赋予他权力。阿尔王国同其他被肢解的王国，或者隶属于查理曼帝国的王国一样，其王位的取得既是选举的，也是世袭的。

查理曼力图使贵族的权力限制在他所划定的范围内，并且阻止他们压迫僧侣和自由人。他缓和国内各阶层的矛盾，使其形成相互制衡的态势，这样他便可以稳坐国家主人的交椅。他的统治才能使所有的力量都团结了起来。他率领贵族不断地进行一次又一次的征战，不给他们时间玩弄诡计，而促使他们全力以赴地追随着他的意志行事。帝国由于伟大的君主得以巩固；他是一个伟大的君主，人品也更为超凡脱俗。他的儿子们作为国王是他的首席臣属，是他行使权力的工具，而且是忠实服从他命令的典范。他制定了绝妙的法令，然而更为绝妙的是，他将其付诸实施。他的卓越才华帝国上下无人不晓。我们看到，这位君王制定的法律中明察秋毫的预见精神和某种驱动一切的感召力。推脱职责的借口被消除，玩忽职守的行为得到纠正，弊端被整肃或预防。他懂得如何实施刑罚，他更懂得宽恕为怀。他有宏伟的计划，但实施时却简单易行，他从容地成就最伟大的事业，迅速地处置各种艰难困苦场面的高超艺术是无人企及的。他不停地巡查他辽阔的帝国，他的执政手法所及之处，人们无不为之降伏。哪里发生事端，他就在哪里予以平息。没有哪一个君主能够像他那样勇敢地面对危险，也没有哪一个君主能够像他那样善于避免危险。他玩味所有的危难，尤其是几乎所有的伟大征服者都要经历的那种危难，我所指的是阴谋。这位神奇的君主又是极端宽容的，他具有温柔的性格，其举止风度简洁而纯朴，他喜欢与宫廷中的人们共同生活。他或许过于沉湎女色，但是作为一个独自主政将自己的毕生精力献给国家的君王，这一点是可以被原谅的。他为自己的花哨规定了令人赞叹不已的准则：他明智、审慎、节俭地管理着自己的庄园和地产，一家之主的父亲可以从他所制定的法律中学到如何治理家庭的良方。从他的政令中可以看出，他的财富来源是清白而神圣的。我还想加上一句话，那就是他命令部下卖掉他庄园中家禽饲养场的鸡蛋和他花园中无用的杂草；然而，他却将伦巴底人的财富和曾经劫掠过整个世界的匈奴人的巨额财宝全数分配给了人民。

奥古斯都在埃及期间曾命令掘开亚历山大的陵墓。有人问他是否要掘开托勒密王们的陵墓时，他回答说，他要看到的是君王，而不是死人。同样，在第二时期（第二朝代）的历史中，我们力图探寻的是柏彬和查理曼的业绩，也并非死人。

一个君王被自己的情感所玩弄，被自己的品德所欺骗，他从来就不了解自己的力量和弱点所在。他既不善于使人畏惧，也不知道使人爱戴。他内心绝少邪恶，但精神中充满劣迹，正是他掌握着帝国的权柄。

当全世界都为他父亲的辞世而垂泪之时，当所有的人所乞求的查理曼的那种震撼力一时间不复存在的时刻，当他加紧步伐去填补他父亲王位的空缺时，他差遣某些亲信去逮捕那些曾对他姊妹的不轨行为负有责任的人们。于是，便发生了一系列血淋淋的悲剧。这完全是一种仓促的、不谨慎的行为。在他还未进驻皇宫之前就开始惩处家中的犯罪行为，在他还未成为一国之君的时候，就已经引起了公愤。

他的侄子——意大利国王伯尔纳前来乞求他宽容为怀。他却令人挖去了他的眼睛，几天之后他就悲惨地死去了。这使他树敌过多，出于恐惧他将自己的兄弟们削发为僧送进修道院，这使憎恨他的人进一步增多。这两件事使他备受责难。人们谴责他曾经违背了自己的誓言，以及他在加冕之日面对他父亲所作出的庄严承诺。

当为他生下三个儿子的荷门嘉得皇后去世后，他娶茹迪斯为妻，并为他生下一子。不久，他就把年迈丈夫的殷勤讨好的做派以及高龄国王的所有弱点都混合起来了，使皇室一片混乱，最终导致了君主国的覆灭。

他不停地改变分配给儿子们的疆土，尽管分配的疆土已由他自己立法予以确定，也由他的儿子们宣誓确认，领主们也对此确认无疑。他试图亵渎臣民们的忠诚；寻求将服从置于混乱、质疑和模棱两可方式的境地之中；想混淆君主们的各种权利，特别是在一个少有堡垒的时代，权利的首要堡垒就是君主所接受的臣民的许诺的忠诚。

皇帝的儿子们为了保住自己分得的疆土，便向教士们大献殷勤，并且给予他们前所未有的权力，这都是一些特许的权力；他们要教士们保证一项人们曾经认可的事情。阿果巴尔进谏“宽容路易”，说路易曾经差遣罗达利乌斯去罗马，而宣布他为皇帝；并提示路易，说他曾禁食、向上苍祷告三天后将疆土分配给了他的儿子们。一个崇尚迷信的君主，却受到了迷信意识的冲击，这又如何是好呢？我们感到元首的最高权威的丧失受到双重因素的影响，首先君王好像是身陷囹圄，其次他将作出公开的忏悔。人们试图诋毁国王，而结果却诋毁了王国。

我们起初难以理解，一个具有某些优秀品质、且不乏智慧、本质上崇尚善良，而且说到底他也是查理曼的儿子的君主，竟有如此众多的敌人，而且这些敌人还如此暴戾，毫不妥协、激烈地触怒他，蛮横无理地羞辱他，义无反顾地要毁灭他。本质上还算忠于他的儿子们放弃了两次遵循计划和达成协议的机会，而使路易的敌人没有得到消灭他的机会。

我说过，打仗时，自由人由伯爵率领，封臣们由领主率领。这样就使国家的各个社会等级的权力得到平衡，尽管效忠王室的近臣们手下也有封臣，但是他们会受到伯爵的控制，因为伯爵是君主国内一切自由人的首领。

起初，自由人是不能拥有封地的，后来就可以了。我发现这个变化是在贡特兰王朝到查理曼王朝期间内发生的。我们从以下三个文件的比较中，就可以证明。这就是贡特兰、柴尔德柏和布伦荷王后所缔结的《安得丽条约》，查理曼分割国土给其儿子们的契约和“宽容路易”分割国土给儿子们的契约。这三个有关封臣的条款差不多是相同的。他们几乎是在相同的情况下制定了相同的要点，所以它们的精神实质和文字内容也差不多是一样的。

但是，关于自由人，它们之间有重大差别。《安得丽条约》没有提到自由人可以申请封地。而在查理曼和“宽容路易”分割国土的契约中则有条款明确规定他们可以申请封地。由此可见，在《安得丽条约》之后，便有了新的惯例，即自由人可以取得这一重要的特权了。

这是正值查理马特尔把教会的财产分给他的士兵的时候发生的，分配时，查理马特尔把一部分作为封地，一部分作为自由土地，这是封建法律时代的一种革命。很可能在接受这些赏赐时，本来就有封地的贵族们显得更为神气。自由人欣喜若狂地接受了封地。

封地所发生的变化并不比自由地的变化少。我们从柏彬国王时期制定的由刚比昂颁发的《敕令》中看到，接受国王恩赏封地的人自己要把这恩赏封地的一部分再分给各个封臣，但是这些部分与整个恩赏封地没有区别开。所以，当国王要收走整个恩赏封地时，连同这些分出的部分也收走了。当一个效忠王室的“宠臣”死亡时，他下属的封臣也随之丧失了他的“附属封地”，一个新的恩赏封地的受领者又来了，他又重新设立新的“附属封地”。因此，附属封地并不属于封地，而是属于人。一方面，附属封臣终究是属于国王的，因为他并不是永远属于封臣的；另一方面，附属封地也同样是属于国王的，因为它是封地本身，而不是封地的从属。

这就是封地可以撤销时期的附属封臣制度。在封地可以终身拥有的时期也是如此。当封地可以继承的时候，这个制度就发生了变化。附属封地也同样可以继承。原来直属于国王的，这时也只是间接地属于他了。可以说国王的权力似乎稍有减弱，有时候看起来像后退两步，而实际上往往后退得更多。在论述封地的著作中我们看到，尽管国王的封臣可以把封地给予别人作为国王的封地，但是这些附属封臣或小封臣就不能同样把封地分给他人了。这样，国王的封臣们对于他们分出去的封地，想什么时候收回就什么时候收回。此外，这种让予地不能作为封地传给子女，因为人们不认为它是根据封地的法律而产生的。

如果我们把两位米兰元老院议员写这部《封地论》著作时附属封地制度的状况和柏彬国王时代的状况作比较的话，我们就会发现附属封地保持自己的原始性的时间要比封地还要长。

但是，在这两位元老院议员写书的时候，人们为上述的规定加了那么多的例外，以至于使这些例外几乎取消了原来的规定。因为如果一个从小封臣接受封地的人，随小封臣出征至罗马的话，他就取得封臣的一切权利。同样，如果这个人给小封臣钱来取得封地的话，小封臣在钱返回之前就不得收回他的封地，也不得阻止他把封地传给子女。最后，上述规定也不再被米兰元老院所遵守。

在查理曼时代，人们必须参加不论为什么战争而举行的召见，违者处以重刑，不许以任何借口不参加。如果伯爵宽容某人的话，伯爵自己就要受到处罚。但是三兄弟的条约对此加上了某种限制，这样就可以说把贵族从国王的手下救了出来。贵族除了防御性的战争外，就不必跟随国王上阵作战。在其他性质的战争中，他们可以自由选择，或者跟随领主作战，或者专心从事自己的事务。这个条约与五年前秃头查理同日耳曼王路易，这两位兄弟之间所缔结的另一个条约有关。根据这后一个条约，如果二位兄弟相互攻打的话，他们的封臣们就可以不必跟随他们上阵作战，这两位君主对此发过誓，并要双方的军队也起誓了。

丰德奎战役死了十万法兰西人，这使还活下来的贵族们看到，国王为争夺自己的国土，最终使贵族走向毁灭，看到国王们的野心和嫉妒将会使所有还有血可流的人们去流血。制定了这条法律后规定贵族除了保卫国家反对外来入侵的自卫战争外，没有义务随从君主上阵作战。这条法律曾使用了几个世纪。

好像一切都染上了一种怪病，而且又都同时变坏了。我说过，在初期，有许多封地是永久性让予的。但是那是一些特殊情况，一般来说封地总是保留它固有的性质。如果国王失掉一些封地，他就用其他封地来代替。我还说过君主没有把重要的官职永久地让予。

但是，秃头查理制定了一条通用法规，它影响到重要的官职和封地。他在其敕令中规定，伯爵的领地将由伯爵的子女受用，他又规定这条法规也适用于封地。

我们很快就会发现这条法规的适用范围被扩大了，以至于使重要的官职和封地甚至传给了远方的亲属。随之而来的是，大多数原来直属于国王的领主，这时只是间接地属于国王了。那些过去国王的庭审大会上审案的伯爵们，那些率领自由人上阵作战的伯爵们，这时处于国王与自由人之间，国王的权力又后退了一步。

另外，从敕令中可以看出，伯爵也有属于伯爵封地的恩赏性附属封地，而且他们也有封臣。当伯爵的领地变为世袭的时候，伯爵的这些封臣就不再是国王的直接封臣了。附属于伯爵领地的恩赏性封地也不再是国王的恩赏封地了，伯爵们的权力更大了，因为他们已有的封臣使他们可能再得到其他的封臣。

要了解第二朝代末引起衰败的原因，只要看一看第三朝代初所出现的情况就够了。在第三朝代初期，附属封地的大量增加将重要封臣推向绝望的境地。

王国曾有一种习俗，当哥哥把土地分给弟弟时，弟弟要向哥哥表示臣服。这样，最高领主只能把这些土地当作附属封地对待。菲利普奥古都斯、勃艮第的公爵，涅瓦、布龙、圣保罗、唐比埃等地的伯爵，以及其他领主共同宣布，从那时起一个领地即使因为被继承或其他原因被分割，整个领地仍应属于同一个领主，不得有中间领主。这条法规并没有得到普遍的执行，因为我在别的地方已经说过，在当时的情况下不可能制定出普遍性的法规。但是，我们的很多习俗是受以上法规影响的。

我已说过，秃头查理规定，身居要职或拥有封地的人死后有儿子时，应将官位或封地让予他的儿子。这条法律带来的弊端在于各地的发展和扩大很难被追究。我在《封地论》中发现，在康拉德皇帝二世之初，在他统治的地区封地是不能传给孙子的。只能传至领主选定的最终拥有者的儿子，所以封地是通过领主在其儿子们当中经过选择而授予的。

在第二朝代，王位在某些情况下是选举的，在另一些情况下是世袭的。说它是世袭的，是因为人们总是在这一家族中选出君主，它仍然在世袭相传，由儿子们做继承人。说它是选举的，是因为民众从这些儿子中作出选择，事物总是一步一步地向前发展，一条政治法规总是与另一条政治法规相关联的。人们在封地继承上的想法和过去人们在王位继承上的想法是一样的。因此，封地按继承权和选举权传给儿子，封地就如同王位一样，既是选举的又是世袭的。

这种对领主的选举权利，在《封地论》的作者所处的那个时代，即佛烈德利克皇帝统治时期，是不存在的。

封地的世袭和附属封地的建立，消灭了政治政府，而产生了封建政府。这时国王不再有无数的封臣，而只有几个。其他封臣依附于这几个封臣。国王们几乎不再有直接的权力了：一种权力要经过其他那么多、那么大的权力来贯彻，因此未达终点就停止或消失了。国王的领地被剥夺，只剩下兰斯和拉旺两个城市，他们只好听任封臣们的摆布。树枝长得太长，使树冠受损而干枯。王国没有领地，就像今天的帝国一样。于是最强大的封臣之一就夺得了王权。诺尔曼人使王国遭到破坏。他们乘坐各种木筏或小船进入河口，溯河而上，蹂躏破坏两岸地区。奥尔良和巴黎使这些强盗受阻，他们既不能经过森河，也不能经过罗亚尔河。这时雨格·卡佩只有这两个城市，他手里只有王国不幸的残存地的两把钥匙。人们就把王权授予他，因为只有他是唯一能够捍卫它的人。后来人们将帝国交给那个将土耳其人阻挡在边界上的家族，就是采取了同样的方式。

帝国脱离了查理曼家族的统治，当时封地世袭制度的建立好像仅仅是为体现一种优越感。这种世袭制的实行，在德意志比在法兰西甚至还要晚一些。这就使得人们把帝国看作封地，因此对帝位进行选举。相反，当法兰西脱离查理曼家族的时候，封地才在这个王国里真正成为世袭的了。所以，王权和大封地一样，也变成世袭的了。

此外，人们把这次变革以前和以后发生的事情都说成这次变革时的事，那是一个很大的错误。所有这一切归纳为两件事，即王族的更换以及王权和大封地联为一体。

附：孟德斯鸠生平大事年表

年代	事件
1689 年	1 月 18 日，生于法国贵族家庭。
1696 年	母亲去世。作为长子，继承了母亲的遗产和拉布莱德男爵爵位。
1700 年	8 月，进入巴黎附近的教会学校朱伊公学读书。
1705 年	8 月，学业结束，回到故乡进入波尔多大学专修法律。
1708 年	获得法学学士学位和硕士学位，并获得律师资格。
1709 年	离开波尔多来到巴黎。
1711 年	写作《异教神甫》一文。
1713 年	结识中国华侨黄嘉略，认识中国儒家文化。11 月 15 日，为父奔丧。回到故乡波尔多，继承父亲的遗产。
1714 年	2 月，被任命为波尔多高等法院的推事。
1715 年	与贵族小姐让娜·德·拉尔蒂克结婚。
1716 年	4 月，被评选为波尔多科学院院士。随后，继承伯父的全部产业、孟德斯鸠男爵爵位和波尔多高等法院庭长职位。6 月，在波尔多科学院宣读《论罗马的宗教政策》一文。与有权势的贝里克公爵成为莫逆之交。
1718 年	分别演讲《论回声的起因》《论肾腺的功能》。
1719 年	写作《古今地球历史的设想》一文。
1720 年	5 月，在波尔多科学院宣读《论物体重力产生的原因》。8 月，在波尔多科学院宣读《论物体透明性产生的原因》。
1721 年	在荷兰阿姆斯特丹出版《波斯人信札》。
1721—1728 年	跻身于巴黎宫廷社交界，成为沙龙常客。
1724 年	写作《尼德的神殿》《塞菲斯与爱情》《苏拉与欧克拉底的对话》。
1725 年	经济状况恶化，开始负债，5 月 1 日，在波尔多科学院宣读《论义务》一文摘要。
1726 年	7 月 7 日，卖去庭长之职。
1728—1731 年	周游欧洲列国。

续表

年代	事件
1731 年	返回拉布莱德，撰写《罗马兴衰原因论》。
1734 年	《罗马兴衰原因论》在荷兰阿姆斯特丹出版。
1734—1748 年	往返于波尔多和巴黎之间，主要集中精力撰写《论法的精神》。
1736—1743 年	写作《影响精神与性格的诸因素》。
1739—1740 年	写作《路易十一史》。
1748 年	《论法的精神》在瑞士日内瓦问世。年末在波尔多赈济灾民。
1750 年	2 月，匿名发表《为〈论法的精神〉的辩护》以及《关于〈论法的精神〉的几点澄清》一文。
1752 年	写作《珍珠菜》。
1752—1754 年	写作《对神学院的答复与解释》。
1753 年	4 月 2 日，被选为法兰西学士院院长，写作《致达西埃》。
1753—1755 年	完成美学论文《论趣味》。
1754 年	给《波斯人信札》增添了 11 封信。
1755 年	1 月 25 日，在巴黎染上流行性热病。2 月 10 日，在巴黎圣多米克大街寓所与世长辞。